中國歷代書目題跋叢書

〔清〕沈初 等撰

杜澤遜 何燦 點校

浙江採集遺書總録

上

圖書在版編目(CIP)數據

浙江採集遺書總録 /(清)沈初等撰；杜澤遜，何燦點校.—上海：上海古籍出版社，2019.4
(中國歷代書目題跋叢書)
ISBN 978-7-5325-9170-1

Ⅰ.①浙… Ⅱ.①沈… ②杜… ③何… Ⅲ.①古籍—圖書目録—中國 Ⅳ.①Z838

中國版本圖書館 CIP 數據核字(2019)第 058717 號

中國歷代書目題跋叢書
浙江採集遺書總録
(全二册)
[清]沈 初 等撰
杜澤遜 何 燦 點校
上海古籍出版社出版發行
(上海瑞金二路 272 號 郵政編碼 200020)
(1)網址：www.guji.com.cn
(2)E-mail：guji1@guji.com.cn
(3)易文網網址：www.ewen.co
蘇州越洋印刷有限公司印刷
開本 850×1168 1/32 印張 33.25 插頁 10 字數 702,000
2019 年 4 月第 1 版 2019 年 4 月第 1 次印刷
ISBN 978-7-5325-9170-1
Z·443 定價：148.00 元
如有質量問題，請與承印公司聯繫

《中國歷代書目題跋叢書》出版説明

漢代劉向、劉歆父子編撰《別録》《七略》，目録之學自此濫觴，在傳統學術中發揮了重要作用。歷代典籍浩繁龐雜，官私藏書目録依類編次，繩貫珠聯，所謂「類例既分，學術自明」（《通志・校讎略》），學者自可「即類求書，因書究學」（《校讎通義・互著》），實爲讀書治學之門户。而我國典籍屢經流散之厄，許多圖書真容難睹，甚至天壤不存，書目題跋所録書名、撰者、卷數、版本、内容即爲訪書求古的重要綫索。至於藏書家於題跋中校訂版本異同、考述版本淵源、判定版本優劣、追述藏弆流傳，更是不乏真知灼見，足以津逮後學。

我社素重書目題跋著作的出版，早在二十世紀五十年代，我社就排印出版了歷代書目題跋著作二十二種，後彙編爲《中國歷代書目題跋叢書》第一輯。此後，我社又與學界通力合作，精選歷代有代表性和影響較大的書目題跋著作，約請專家學者點校整理。至二〇一五年，先後推出《中國歷代書目題跋叢書》第二至四輯，共收書目題跋著作四十六種，加上第一輯的二十二種，計六十八種，極大地普及了版本目録之學。面對廣大讀者的需求，我社將該叢書陸續重版，並訂正所發現的錯誤，以饗讀者。

上海古籍出版社

二〇一八年八月

目録

己集子部……三一四

庚集子部……三九九

辛集集部……五〇一

點校説明

《浙江採集遺書總録》，清沈初等撰，是乾隆間浙江省奉旨採集遺書的提要目録。

乾隆三十七年，乾隆皇帝詔諭各省督撫學政購訪遺書，初爲擴充内府藏書，益昭石渠美備，不久即更有纂修《四庫全書》之舉。浙江人文淵藪，遺籍珍藏較别省更富。而諸多藏書之家，如范氏天一閣、項氏天籟閣、祁氏澹生堂、朱氏曝書亭、趙氏小山堂、吴氏瓶花齋、汪氏振綺堂等，皆夙所著稱者。爲此乾隆皇帝曾特意降旨令浙江巡撫加意購訪遺書。據王亶望序，自乾隆三十七年秋至三十九年夏，浙江共分十二次進呈書籍，計四千五百二十三種，「一方之書，浩穰若是，將合天下而譔次之，盛美可想見矣」。

據當時的要求，各地進呈遺書時需開具書目並初擬各書大意，以供四庫館甄選採録。時浙江書局即延請丁憂在籍之翰林院侍講沈初任總裁，張羲年、黄璋、朱休度任總校，范鏵、朱文藻等任分校。每進一批，輒分工撮記各書撰人姓氏、爵里、内容節略。事竣後，復按四庫成例，加以編次，整比其摘記，刊刻成書，即《浙江採集遺書總録》(以下簡稱《總録》)。

《總録》共分十一集，以第一至十次進呈書目編成甲至癸十集，十一、十二次補編爲閏集。甲集至癸集統以經、史、子、集四部爲次，每部分若干類，一些類目下又再分小類，條分頗細。閏集亦依四部編次，但不列細目。每書于書名下標明卷數、版本，附以簡明提要，詳其著者之朝代、爵里、姓氏並書之大意及刊刻流播。

與《四庫全書總目》重在介紹評價書之内容、剖析學術源流稍有不同，《總録》對書之外部特徵作了詳細著録，如版本、册數、書貌、弆藏之家等，這些内容正可作爲《四庫總目》的有益補充，對研究《四庫全書》的底本情況有很大幫助。若比較《總録》與《四庫總目》所著録之書，則《四庫總目》的收書標準也可從中略窺一斑。

《總録》在提要的撰寫上，除據原書擬寫外，還充分參考了之前的各家公私目録和其他相關圖書，如《郡齋讀書志》、《直齋書録解題》、《文獻通考·經籍考》、《千頃堂書目》、《經義考》、《讀書敏求記》、《明儒學案》、《静志居詩話》等。不但摘録它們的評語，還往往對其訛誤處加以考辨。《總録》的許多提要也被《四庫總目》所吸收。在《四庫總目》之前，提要式的目録並不多見，惟有《郡齋讀書志》、《直齋書録解題》、《崇文總目》、《文獻通考·經籍考》、《經義考》、《讀書敏求記》等少數幾家。《總録》在借鑑它們的基礎上，又有自己的特色，即大量摘録原書之序文、題跋。書前凡例云：「兹録檢校原書，如序文、跋語可以略見書之梗概，并其書之刊刻歲月久近，亦誌之……兹録所著，以古書不易獲覯，因考其制作原委，總蘄于顯出是書面目，使好古者有述，弗敢蹈率略之譏。」古書留存不易，有許多《總録》著録之書今日已不可見，然賴其一二序文跋語，我們仍可約略推知其書其人之大概。

《總録》匯集浙江一省之藏書，對浙江地方文獻研究可以提供許多有用資料，尤其是在藏書史的研究上更是有功。浙江雖不乏藏書之家，但很多藏書家如孫仰曾、吴玉墀、鮑廷博、汪啓淑、汪汝瑮、鄭大節、趙昱等都没有留下系統的藏書目録，雖然當時傳抄的《進呈書目》有各家進書清單，但版本情況卻大都闕如。而《總録》對一些珍貴的版本，往往于卷帙下標明爲某氏所藏刊本、抄本或宋刊本、元刊本、影宋抄本，由此我們可以梳理出那些藏書家的私人藏書綫索，這是非常寶貴的史料。

《四庫全書總目》卷帙浩繁，一向被認爲是古典目録學之集大成者，是從事中國傳統學問的向導，但其中不乏疏誤。由於《浙江採集遺書總録》成書在前，而且是據原書著録的，因此在書名、卷數、著者、里籍、朝代、序跋等方面往往可作爲訂正《四庫提要》疏誤的參考。

《總録》於乾隆三十九年至四十年刊刻，此後未再重刻。盧文弨曾對這個刻本做過批校，盧批本後被羅以智收藏并復加批校。此次整理即以盧文弨、羅以智批校本爲底本，參校其他書目，并將盧、羅二人批語過録到注中。原書中避諱字及明顯誤字均逕改不出校。其他書名、人名、卷數、版本及關鍵内容有訛誤者，據相關書目進行改正并出校，校語標於每條之後。本書的甲集至庚集由何燦點校，杜澤遜審訂；辛集、壬集、癸集、閏集由杜澤遜點校。書後附書名著者索引，由何燦編製。疏誤之處，請讀者不吝教正。

杜澤遜　何燦

二〇〇八年七月十六日于山東大學文史哲研究院

上諭

乾隆三十七年正月初四日内閣奉上諭：

朕稽古右文，聿資治理，幾餘典學，日有孜孜。因思策府縹緗，載籍極博，其鉅者羽翼經訓，垂範方來，固足稱千秋法鑒。即在識小之徒，專門撰述，細及名物象數，兼綜條貫，各自成家，亦莫不有所發明，可爲游藝養心之一助。是以御極之初，即詔中外搜訪遺書，並命儒臣校勘《十三經》、《二十一史》，遍布黌宫，嘉惠後學。復開館修纂《綱目三編》、《通鑑輯覽》及《三通》諸書，凡藝林承學之士所當户誦家絃者，既以薈萃畧備。第念讀書固在得其要領，而多識前言往行，以畜其德，惟蒐羅益廣，則研討愈精。如康熙年間所修《圖書集成》，全部兼收並録，極方策之大觀。引用諸編，率屬因類取裁，勢不能悉載全文，使閲者沿流溯源，一一徵其來處。今内府藏書，插架不爲不富，然古今來著作之手，無慮千百家，或逸在名山，未登柱史，正宜及時採集，彙送京師，以彰千古同文之盛。其令直省督撫，會同學政等，通飭所屬，加意購訪。除坊肆所售舉業時文及民間無用之族譜、尺牘、屏幛、壽言等類，又其人本無實學，不過嫁名馳鶩，編刻酬倡詩文，瑣碎無當者，均毋庸採取外，其歷代流傳舊書，内有闡明性學治法，關係世道人心者，自當首先購覓。至若發揮傳註，考覈典章，旁暨九流百家之言，有裨實用者，亦應備爲甄擇。又如歷代名人洎本朝士林宿望，向有詩文專集，及近時沉潛經史，原本風雅，如顧棟高、陳祖范、任啓運、沈德潛輩，亦各著成編，並非勦説卮言可比，均應概行查明。在坊肆者，或量爲給價，家藏者，或官爲裝印。其有未經鐫刊，祇係抄本存留者，不妨繕録副本，仍將原書給還。並嚴飭所屬，一切善爲經理，毋使吏胥藉端滋擾。但各省蒐輯之書，卷帙必多，若不加之鑑别，悉令呈送，煩複皆所不免。著該督撫等，先將各書敘列目録，注明某朝某人所著，書中要指何在，簡明開載，具摺奏聞。候彙齊後，令廷臣校覈，有堪備閲者，再開單行知取進。庶幾副在石渠，用儲乙覽，從此四庫七畧益昭美備，稱朕意焉。欽此。

乾隆三十八年閏三月初一日内閣奉上諭：

前經降旨，令各督撫等訪求遺書，彙登册府。近允廷臣所議，以翰林院舊藏《永樂大典》詳加別擇校勘。其世不經見之書，多至三四百種。將擇其醇備者付梓流傳，餘亦録存彙輯，與各省所採及武英殿所有官刻諸書，統按經、史、子、集編定目録，爲《四庫全書》。俾古今圖籍薈萃無遺，永昭藝林盛軌。乃各省奏到書單寥寥無幾，且不過近人解經論學、詩文私集數種，聊以塞白。其實係唐宋以來名家著作，或舊版僅存，或副稿畧具，卓然可傳者，竟不概見。當此文治光昭之日，名山藏弆，何可使之隱而弗彰。此必督撫等視爲具文，地方官亦第奉以故習，所謂上以實求，下以名應，殊非體朕殷殷諮訪之意。且此事並非難辦，尚爾率畧若此，其他尚可問乎。況初次降旨時，惟恐有司辦理不善，藉端擾累，曾諭令凡民間所有藏書，無論刻本、寫本，皆官爲借抄，仍將原本給還。揆之事理人情，並無阻碍。何觀望不前，一至於此。必係督撫等因遺編著述非出一人，疑其中或有違背忌諱字面，恐涉手干碍，預存寧畧毋濫之見。藏書家因而窺其意指，一切秘而不宣，甚無謂也。文人著書立説，各抒所長，或傳聞互異，或紀載失實，固所不免。果其畧有可觀，原不妨兼收並蓄。即或字義觸碍，如《南北史》之互相抵毀，此乃前人偏見，與進時無涉，又何必過於畏首畏尾耶。朕辦事光明正大，可以共信於天下，豈有下詔訪求遺籍，預於書中尋摘瑕疵，罪及收藏之人乎。若此番明切宣諭後，仍似從前疑畏，不肯將所藏書名開報，聽地方官購借，將來或別有破露違碍之處，則是其人有意隱匿收存，其取戾轉不小矣。且江浙諸大省，著名藏書之家指不勝屈。即或其家散佚，仍不過轉落人手。聞之蘇湖間書賈書船，皆能知其底裏，更無難於物色。督撫等果實力訪覓，何遽終湮。惟當嚴飭地方官，勿假手吏胥，藉名滋擾，衆人自無不踴躍樂從。即有收藏吝惜之人，泥於借書一癡俗説，在友朋則然，今明旨徵求，借後仍還故物，於彼毫無所損，又豈可獨抱秘文，不欲公之同好乎。再各省聚書最富者，原不盡皆本地人之撰著，祇論其書有可採，更不必計及非其地產，則搜緝之途更寬，方不致多有遺逸。著再傳諭各督撫等，予以半年之限，即遵朕旨，實力速爲妥辦。俟得有若干部，即陸續奏報，不必先行檢閲。若再似從前之因循搪塞，惟該督撫是問。將此一併通諭中外知之。欽此。

乾隆三十八年五月二十五日内閣奉上諭：

前經降旨，博訪遺編，彙爲《四庫全書》，用昭石渠美備，並以嘉惠藝林。旋據江浙督撫及兩淮鹽政等奏到購求呈送之書，已不下四五千種，並有稱藏書家願將所有舊書呈獻者，固屬踴躍奉公，尚未能深喻朕意。方今文治光昭，典籍大備，恐名山石室儲蓄尚多。用是廣爲蒐羅，俾無遺佚，冀以闡微補闕。所有進到各書，並交總裁等同《永樂大典》内現有各種詳加核勘，分別刊抄。擇其中罕見之書，有益於世道人心，壽之梨棗，以廣流傳。餘則選派謄録，彙繕成編，陳之册府。其有俚淺訛謬者，止存書名，彙入總目，以彰右文之盛。此採輯《四庫全書》本旨也。今外省進到之書，大小短長，參差不一。既無當於編列縹緗，而業已或刻或抄，其原書又何必復留内府。且伊等將珍藏善本應詔彙交，深可嘉尚，若因此收存不發，轉使躭書明理之人不得保其世守，於理未爲公允，朕豈肯爲之。所有各家進到之書，俟核辦完竣之日，仍行給還原獻之家。但現在各省所進書籍，已屬不少，向後自必陸續加多。其如何分別標記，俾還本人不致混淆遺失之處，著該總裁等妥議具奏。仍將此通諭知之。欽此。

乾隆三十九年五月十四日内閣奉上諭：

國家當文治修明之會，所有古今載籍，宜及時蒐羅大備，以光策府，而裨藝林。因降旨命各督撫加意採訪，彙上于朝。旋據各省陸續奏進，而江浙兩省藏書家呈獻者種數尤多。廷臣中亦有紛紛奏進者。因命詞臣分别校勘應刊、應録，以廣流傳。其進書百種以上者，並命擇其中精醇之本進呈乙覽，朕幾餘親爲評詠，題識簡端。復命將進到各書，于篇首用「翰林院印」並加鈐記，載明年月姓名于面頁。俟將來辦竣後，仍給還各本家，自行收藏。其已經題詠諸本，並令書館先行録副，將原書發還。俾收藏之人益增榮幸。今閲進到各家書目，其最多者如浙江之鮑士恭、范懋柱、汪啓淑，兩淮之馬裕四家，爲數至五六七百種，皆其累世弆藏，子孫克守其業，甚可嘉尚。因思内府所有《古今圖書集成》爲書城鉅觀，人間罕覯。此等世守陳編之家，宜俾專藏勿失，以補留貽。鮑士恭、范懋柱、汪啓淑、馬裕四家，著賞《古今圖書集成》各一部，以爲好古之勸。又如進書一百種以上之江蘇周厚堉、蔣曾瑩，浙江吳玉墀、孫仰曾、汪汝瑮，及朝紳中黄登賢、紀昀、勵守謙、汪如藻等，亦俱藏書舊家，並著每人賞給内府初印之《佩文韻府》各一部，俾亦珍爲世守，以示嘉奬。以上應賞之書，其外省各家，著該督撫鹽政派員赴武英殿領回分給。其在京各員，即令其親赴武英殿祗領。仍將此通諭知之。欽此。

纂録職名

大總裁

太子太保兵部尚書都察院右都御史總督閩浙提督軍務糧餉加三級臣鐘　音

兵部尚書都察院右都御史四川總督前浙江巡撫提督軍務糧餉兼鹽政海防加二級臣富勒渾

兵部侍郎都察院右副都御史巡撫廣西前浙江巡撫提督軍務糧餉兼鹽政海防加三級臣熊學鵬

兵部侍郎都察院右副都御史巡撫浙江提督軍務糧餉兼鹽政海防世管佐領加三級臣三　寶

提督浙江學政内閣學士兼禮部侍郎加三級臣王　杰

提調

浙江布政使司布政使加三級臣王亶望

浙江布政使司布政使加三級臣郝碩

署理浙江布政使司按察使兼鹽驛水利道加三級臣徐　恕

署理浙江按察使司分巡杭嘉湖兵備道兼海防加三級臣孔毓文

督理浙江通省糧儲漕務道加三級臣李慶棻
分巡寧紹台海防兵備道監收浙江海關稅務加三級臣馮廷丞
分巡温處兵備道兼管水利加三級臣楊　潼
分巡金衢嚴兵備道加三級臣王　勳

監理

原任浙江杭州府知府加三級臣彭永年
浙江杭州府知府加三級臣噶爾弼善
原署浙江杭州府知府嘉興府海防同知加三級臣舒希忠

總裁

内廷供奉日講官起居注翰林院侍講臣沈　初

總校

杭州府於潛縣訓導乙酉選貢生臣張羲年
嘉興府嘉善縣訓導丙子科舉人臣黄　璋
紹興府嵊縣訓導癸酉科舉人臣朱休度

分校

杭州府錢塘縣教諭丁卯科舉人臣范　鐸
杭州府錢塘縣訓導甲子科舉人臣吴宗玠
台州府天台縣教諭癸酉科選貢生臣陳文豹
嚴州府壽昌縣訓導乙酉科選貢生臣翟方震
處州府景寧縣訓導壬申科舉人臣任　濤
候選教諭壬午科舉人臣俞　派
辛卯科舉人臣陶廷珍
辛卯科舉人臣孫麗天
杭州府仁和縣生員臣朱文藻
紹興府學廪生臣唐　虞

繕録

杭州府錢塘縣副貢生臣吴桓武
杭州府錢塘縣學生員臣盧登俊
杭州府餘杭縣學廪生臣俞廷掄

杭州府錢塘縣學生員臣吳　純
杭州府學生員臣李　蓮
杭州府學生員臣汪日炎
杭州府學廩生臣闕　槐
杭州府錢塘縣學生員臣唐瀛洲
杭州府錢塘縣學生員臣陳　玢
杭州府錢塘縣學生員臣周廷模
杭州府錢塘縣學生員臣顧雨宜
杭州府學廩生臣湯　誥
杭州府學生員臣洪學賢
寧波府鄞縣學生員臣范源沛
紹興府餘姚縣生員臣黄徵肅
紹興府餘姚縣生員臣黄徵乂

序

乾隆壬辰之歲，天子緝熙典學，發明詔，下各直省，徵訪遺書。於是浙前撫臣富勒渾、署撫臣熊學鵬、今撫臣三寶，會同學臣王杰暨臣王亶望，奉命愨恭設法開局，移諸監司郡守，各諭所部，徵書上送。延致在籍侍講臣沈初總其事。遴取教官之有學識黄璋、張羲年、朱休度、范鏵等，日夕分校其中。隨所得叙目以進。繼以故家之長篇鉅牘，山林之偏見僻論，懼有所觸忤，懷阻而弗克殫也。用廑聖懷，屢降温旨。而縉紳士尤踴躍争先，善本四出。浙中藏書之家，夙所著稱，首鄞縣范氏天一閣，至今猶克世守。餘若越中祁氏、鈕氏，禾中項氏、朱氏、曹氏，錢塘趙氏，其間不無輾轉剖散，而流落人手，尚多可稽。近當文治久長，好學嗜古之士輩出，若杭城之吴玉墀、鮑士恭、汪啓淑、汪汝瑮、孫仰曾，慈谿鄭大節，續皆儲貯篇籍，頗有可觀。凡是諸家，欣值表章盛際，鼓舞奮興，各願整比所藏，稽首上獻。即寒俊士，一編一册，或有世不習見，亦不敢抱爲秘文，挾策而至者源源不絶。措頓列室，常充牣乎其間。校閲諸員，日益淬厲乃心，黽勉求稱盛意。薈萃檢理，除還複重，一一條其篇目，據其指意。自壬辰秋訖甲午之夏，作十二次綜録奏進，統計之，凡爲書四千五百二十三種，爲卷凡五萬六千九百五十五，不分卷者二千九十二册。一方之書，浩穰若是，將合天下而譔次之，盛美可想見矣。臣備位浙藩，獲與董督之末，親見夫獻納輸送之勤，未嘗不嘆古人之遣人搜括爲未善經理也。事既竣，僚屬謀以所條目録，謹遵四庫成例，略爲次序刊刻，以備浙中掌故。臣竊唯蒐得故書，往往爲臣等所未經見，祇奉明訓，不復先行檢別。其中文義純駁，流傳真僞，刊寫訛正，應不免于參差。且僅以一省所採，雖不拘計地産，而究屬一偏之藏，未能通遍外臺中秘，翰墨成林，斤斤焉詡爲異本，欲藉以展芹曝之忱者，又未必非策府所先備。他時九有畢彙，編摩自鴻碩廷臣之手，呈斷宸衷，勒成一代鉅典，所謂昭鴻運，垂休光者，方于是乎在，而此特瑣細者耳。然天聲和于上，而大地之一水一木悉應于下，風動之休，不嫌于推廣也。况國家良法美政，凡直省所經奉行，大小悉具，簿録登載，俾後來有可考，豈于稽古右文大典而不爲垂示乎。爰據各教官類次之本，謹加釐正，捐貲以付諸梓。

乾隆三十九年歲次甲午四月上浣日浙江布政使司布政使加三級臣王亶望謹序。

凡例

一　欽奉諭旨，徵訪遺書，自無取乎習見。兹録所採雖不盡幽僻，但凡頒立學官暨勅撰諸書，并内府刊播以及海内流傳盛行之本，概弗敢登。唯上之有裨于經世，下之有切日用，其書一時未見流傳，即不拘時代遠近，亦不拘本省外省，亟甄録之，以副闡揚之意。

一　宋元以來名人所著經解，如已收入徐氏《通志堂經解》中，則不復採，惟遇舊刻、舊抄流傳在徐氏未刻之前，間登一二。此外坊間所行巨帙，如何氏之《漢魏叢書》、陶氏之《説郛》、毛氏之《津逮秘書》諸編，所收種目甚夥，但諸編所刻頗有删本、缺本，不盡古書面目，遇舊刻、舊抄查與諸編有詳畧多寡之殊，亦仍録之，以資檢較。

一　浙省儲書之家，前代甬上范氏天一閣，禾中項氏天籟閣，越中鈕氏世學樓、祁氏澹生堂，國朝曹氏倦圃，朱氏曝書亭，趙氏小山堂，其著也。然故家不幾時易至失墜，而輾轉流傳，往往多所湮滅。此數家者，惟天一閣巋然獨存。古香一瓣，不乏繼起之人。近時杭城五家：鮑氏知不足齋、吴氏瓶花齋、汪氏飛鴻堂、汪氏振綺堂、孫氏壽松堂，慈水鄭氏二老閣，購弆頗不寂寞，恭逢聖世右文，各家不惜秘本，踴躍呈獻，因嘉予其意，並請入告，此亦儲書家不易遘之榮也。兹録如前列數家，于書名卷帙下，遇有希罕之本，别載某氏所藏刊本、抄本，或宋刊本、元刊本、影宋抄本。其餘各屬購辦紳士零星所繳者，亦間著之，以見古書流傳有自，並不没其寔云。

一 歷次進書，衹遵諭旨，每書詳其卷帙、爵里，并摘叙著述大指。兹録檢校原書，如序文、跋語，可以畧見書之梗概，并其書之刊刻歲月久近，亦誌之，與原奏書所列清單有詳畧互異之處。蓋原奏書清單務在簡明，弗事旁及，對敭之體宜然。兹録所著，以古書不易獲覯，因考其制作原委，總蕲于顯出是書面目，使好古者有述，弗敢蹈率畧之譏。

一 前代簿録之學，如《七録》、《七志》、《七畧》，類皆標題彙次，惟唐人之四部爲不可易。兹録大綱亦分四部，而綱之中有目，條分頗細，則參用列代正史藝文志及馬氏《通考》、晁氏《讀書志》、陳氏《書録解題》各書。博考而愼取者，使學者繹其書名、按其部位，而大指已瞭然心目矣。

一 兹録所採各書，衹遵諭旨，隨到隨辦。其時校閲，俱屬分手，間有疎畧牴牾，旋即據原書，或參證他書，一一改正。然寔有因原書已經裝潢解送，無從核對，又不便時日久稽以資考索，只得約畧仍舊，以存闕疑之意。

一 歷次奏書，各種摘叙書中大旨，唯别集衹著爵里、卷袠，以各種俱有體例可詳，别集則詩文雜著而已。兹録畧爲綴其出處本末，暨前賢詩文評隲間蒐采之，以便觀覽，非必謂知人論世也。但别集諸人多見于列代正史各書，固無俟繁稱，亦有其集稍僻、其人尚未經表見者，仍倣晁《志》、陳《録》之例，只存爵里、卷袠，不敢强爲之説云。

一　歷次奏書，隨時陸續採集，以所得之先後爲次。其中固多流傳希罕之書，而或外間坊肆雖不甚行，其所藴亦無甚發明者，亦兼收之，總之意在博綜。上裨朝廷購訪至意，以備館上之採擇，匪先存一決擇維嚴之見。自一次至十次，分甲至癸爲十集；十一次、十二次所得較後，亦補編之爲閏集焉。

浙江採集遺書總録甲集 經部

易類

周易注一卷 寫本。

右吳鬱林太守吳郡陸績撰。按《隋志》作十五卷，《釋文序録》及新、舊《唐書》俱作十三卷，《會通》一卷。朱彝尊曰陸氏《注》已亡。今《鹽邑志林》載有一卷，乃係抄撮陸氏《釋文》、李氏《集解》二書爲之。

周易元包五卷 一名《元命包》。 刊本。

右後周衛元嵩撰，唐秘書監武功蘇源明傳，國子監助教趙郡李江注。所言皆近忠緯。晁公武《讀書志》以元嵩作唐人，屬誤。

周易舉正三卷 刊本。

右唐蘇州司户參軍郭京撰。京自謂家藏王弼、韓康伯手札《周易》本及石經，比校今所集者，正訛凡一百三十五處、二百七十三字。晁《志》云：「蓋以繇象相證，有闕漏處，可推而知，託言得之王、韓耳。」

周易口義十卷 刊本。

右宋太常博士泰州胡瑗撰，或云其門人倪天隱所纂。按《宋藝文志》别有胡瑗《易解》十二卷，與此並載，李振裕謂即天隱所述《口義》，辨其本無二書。説見《經義考》。

東坡易傳九卷 刊本。

右宋學士眉山蘇軾撰。自言其學出於老泉。

了齋易説一卷 山陰祁氏澹生堂寫本。

右宋贈諫議大夫延平陳瓘撰。止解六十四卦，不及爻傳。瓘子正同，紹興十二年知常州，曾刊於官舍，有跋。

吳園先生易解九卷序論五卷雜説泰論各一篇 澹生堂寫本，《序論》内有闕文。

右宋朝散大夫德興張根撰。引事證經，每節止一二語，而義甚隱括。根爲忠定公燾之父，此後序乃燾子垓作。

周易講義十卷 《宋志》作《解義》。寫本，間有闕文。

右宋資政殿大學士開封耿南仲撰。其説詳於事理。晁公武云紹聖間場屋行之。

郭氏傳家易説十一卷 澹生堂寫本〔一〕。

右宋處士河南郭雍撰。此書《經義考》云已闕，惟《大易粹言》所載者存。今本首尾完足，蓋朱氏所未見也。雍自序言其父忠孝，受業伊川先生二十餘年，因述舊聞以傳於家。後有隆興甲申曾伋跋。○按史稱雍先世洛陽人，隱居陜州長楊山，今序尾自署河南，本祖貫云。

〔一〕 盧文弨眉批：「聚珍版行。」

周易元包數總義二卷 刊本。

皇極通變 原四十卷，今止存四册，不分卷。 寫本。

右宋成都路鈐轄司臨邛張行成撰。行成有進書狀云：「臣杜門十年，著成《述衍》十八卷，以明伏羲、文王、孔子之《易》。《翼玄》十二卷，以明楊雄之《易》。《元包數總義》二卷，以明衛元嵩之《易》。《潛虚衍義》十六卷，以明司馬光之《易》。《皇極經世索隱》二卷、《觀物外篇衍義》九卷，以明邵雍之《易》。《通變》四十卷，取自陳摶至邵雍先天卦數等十四圖，敷衍解釋以通諸《易》之變，始若殊塗，終歸一致。上件七種謹隨狀進。」今所傳乃七種之二。

慈湖易解二十卷 《經義考》作十卷。 刊本。

右宋寶謨閣學士慈谿楊簡撰。簡本象山高弟，故解《易》專尚心悟。

周易經傳集解三十六卷 秀水曹氏倦圃寫本。

右宋知潭州福清林栗撰。淳熙十二年表進，付秘書省，有敕褒美，敕文及表與貼黄俱載卷首。其書旨詳馬端臨《經籍考》。此編向少流傳，近崑山徐氏業已開雕，或以栗嘗與朱子爲難，因毁其板，論者惜之。

南軒易説　原十一卷，今止存三册，不分卷。倦圃寫本。

右宋侍講廣漢張栻撰。此編《宋史》及《文獻通考》俱不載，朱氏《經義考》亦云未見。今本雖僅存《繫辭》以下，而書以人重，彌足珍也。後跋云："廉使東泉王氏傳授正本，贛州路總管府知事吴將仕樟董刊。"

古易占二卷　寫本。

右宋德興丞睢陽程迥〔一〕撰。自序云："嘗聞邵康節以《易》數示吾家伯淳，伯淳曰此加一倍法也。其説不詳見於世。今本之《繫辭》、《説卦》發明倍法用逆數，以尚占知來，以補先儒之缺。庶幾象數之學可與士夫共之，不爲讖緯瞽史所惑。"

〔一〕"迥"原誤"迴"，據《四庫總目》及盧文弨校改。

誠齋易傳二十卷　刊本。

右宋寶謨閣學士廬陵楊萬里撰。嘉熙元年奉旨給劄其家抄録，宣付秘閣。董真卿曰："其説本之程氏，而多引史傳事以證之。"

東萊易説二卷　寫本。

右宋著作郎金華吕祖謙撰。皆平時講説所及而門人記録之者。

繫辭精義二卷 寫本。

右前人撰。以程《傳》不及《繫辭》，乃集程子以下諸家說陰以補之。陳振孫《書録解題》云。

周易卦爻經傳上下篇訓解二卷 寫本。

右宋建安蔡淵撰。依訓詁逐字分晰。按此書《經義考》云四卷，存三卷。今本止上下篇各一卷。繹其題名又似《繫辭》以下原未嘗釋者。又朱氏録有九峯後序，今本無之，而此有開禧乙丑自序，爲朱氏所不録。意傳本或有異同耳。

周易總義二十卷 寫本。

右宋著作郎寧鄉易祓撰。畧訓詁而明大義，每卦總爲一說，標於卦首。胡一桂云：「紹定間祓侍經筵日，嘗以是編陪講。」

西溪易說十二卷 寫本，中有闕文。

右宋興化李過撰。馮氏椅謂其多所發明，第於上下經及十翼次第，輒以意爲移掇，未免爲後儒所議。

周易要義十卷 鄞縣范氏天一閣寫本。

右宋僉書樞密院事邛州魏了翁纂。按了翁各經要義共有九種，方回謂係謫靖州時取諸經註疏摘而成者，惜流傳頗少。今所見《尚書》、《儀禮》并此已得其三。又按魏公別有《周易集義》六十四卷，乃集周、邵、程、朱以下十七家之說，與此爲二書。朱氏《經義考》録彼遺此，蓋失載云。

易通六卷 寫本。

右宋資政殿學士長樂趙以夫撰。自序云:「參稽卦爻,往來俱通,如是而亨貞,如是而悔吝,如是而吉凶无咎,若象若數,理無不合,故名曰通。」其書有莆田黄績相與參定。

易序叢書十卷 華亭董其昌家寫本。

右宋宗室趙汝楳撰。分十種:曰《易雅》,曰《筮宗》,曰《八陣通記》,曰《通記衍義》,曰《通記拾遺》,曰《如意城圖畧》,曰《如意城畫地》,曰《六日七分論》,曰《辨方圖》,曰《納甲辨》。首詳訓詁,次明蓍策,自三卷以下皆旁採握奇遁甲之説而申之。有寶祐丁巳福荀中序。

淙山讀周易記十卷 秀水朱氏曝書亭寫本。

右宋方實孫撰。有自作前後序。前序大旨謂《易》之爲書,言道則象數在其中。後序論重卦及卦名、卦辭、彖象、爻象,并用九用六之義例極詳。凡二千五百餘言。

方舟先生易學二卷 寫本。

右書分《互體例》一卷,《象統》一卷,不著撰人姓氏。朱彝尊疑爲宋李石作,説詳《經義考》。

大衍索隱 原三卷,今存二卷。慈谿鄭氏二老閣寫本。

右宋太府寺簿丁易東撰。存者上卷《原衍》,中卷《翼衍》,皆自爲圖説。其下卷《稽衍》乃萃五十七家之説而推廣之者,今闕。

讀易考原一册 《經義考》作三卷。曝書亭寫本。

右豫章蕭漢中撰。漢中論卦序之義，謂必先分而後序。其説爲從古儒先所未發。書成於泰定年間，至明朱升表而出之，始廣其傳。首有楊荆南序。末一篇題曰《蕭楊合易》。

周易折衷二十三卷 倦圃寫本。

右元潼川趙采撰。自序云：「是集以程、朱《傳》、《義》爲主，而附以鄙見，間亦竊取先儒象數變互以資發明。」

周易集傳 原十八卷，今止存前八卷。寫本。

右元湖廣儒學提舉永新龍仁夫撰。大旨主《本義》而間出新解，以《雜卦傳》爲古筮書，如《春秋傳》所引「屯固比入」、「坤安震殺」，皆以一字斷卦義，孔子存此類以爲經羽翼，初非創作。其説未經人道。

大易法象通贊七卷 寫本。

右元學士處州鄭滁孫撰。滁孫先有《中天述考》一書，於歸田後重加研訂，著此編，以闡先天後天圖義。

周易衍義七册 黄氏《千頃堂書目》作八卷。寫本。

右元南康教授南昌胡震撰。自序謂本平日父師之訓，筆之成書，附以程、朱、張、楊諸賢之説。

周易原旨六卷易源奥義一卷 寫本。

右元黄州路總管保八撰。其書曾上東宫，又總名曰《易體用》。説理多醇，不爲奇詭語。

周易爻變易藴四卷　寫本。

右元天台陳應潤撰。黄溍序云：「陳澤雲所注《乾》、《坤》二卦已無餘藴。至於變爻三百八十有四，旁通他卦之義，爻爻有發揮，事事有考證。又如刪正太極八卦爻法逆順等圖，探賾索隱，非灼然有見乎聖人之心者不能也。」

周易圖説二卷　曝書亭寫本。

右元進士吴興錢義方撰。上卷本旨圖七，下卷後天演義圖二十，各繫以説，專論河圖，不及洛書。

易筮通變三卷　天一閣寫本。

右元臨川道士雷思齊撰。凡五篇：一《卜筮》，二《之卦》，三《九六》，四《衍數》，五《命筮》。

周易旁註十卷前圖一卷　刊本。

右明侍講學士休寧朱升撰。張雲章曰：「朱楓林嘗自言《旁註》之作，知其麁者，以爲小學訓詁之入門，悟其妙者，知爲研精造道之要法。至姚文蔚以其書易古本爲今本，易旁行爲直下，目之曰《會通》，取便於讀而無所增損，然非作書本意矣。」

周易參義十二卷　寫本。

右明訓導新喻梁寅撰。自序云：「程子明理，朱子推象，非故爲異也。其詳畧相因，精粗相貫，固待學者之自得。寅竊參酌二家，旁採諸説，僭附己意，别爲一書，欲觀者由詳而造約，考異而知同。」

大易鉤玄三卷 寫本。

右明文華殿大學士崇德鮑恂撰。首卷論《易》之原，中卷論讀《易》法，末卷論卦爻義例，各條舉一二十則。本名《學易舉隅》，寧王權更其名，序而梓之。

呆齋周易圖釋三卷 天一閣寫本。

右明禮部尚書永新劉定之撰。自序云：「先儒言《易》如燭籠，添一條骨子則障一路明，蓋著不得詳説也。故予于圖括其總，於釋舉其畧而已。」今圖已佚，釋三卷。嘉靖中王三省得而序之，因以傳。此書《經義考》云未見。

玩易意見二卷 寫本。

右明吏部尚書三原王恕撰。張雲章曰：「王公爲學，老而彌篤，是書成時年已九十有一矣。意在匡弼程、朱，而未免師心立説，讀者詳擇焉可也。」

周易説翼三卷 刊本。

右明禮部侍郎高陵吕柟撰。王九思曰：「涇野公著述甚盛，若《周易説翼》、《毛詩説序》、《春秋説志》、《禮問内外篇》、《四書因問》、《宋四子抄釋》，足以發前聖之奥旨，正後賢之偏識，指來學之迷途。」按諸書皆與門人問答之語，今自《説翼》以下五種俱著於録。

易經大旨四卷 刊本。

右明吏部尚書蘭谿唐龍撰。龍於提學關中時著此，以示三秦士。蓋即舉子業格而發之乎性命者也。

易學本原啓蒙意見四卷 刊本。

右明兵部尚書朝邑韓邦奇撰。體例本朱子《啓蒙》，而增釋頗詳。

易占經緯四卷 刊本。

右前人撰。其説以三百八十四變爲經，四千九十六變爲緯。經者《易》爻辭，緯取《易林》附之，占則一以孔子占變爲主。乃韓之門人王賜紱、張士棨受其語，次第編成者。

讀易索隱六卷 刊本。

右明國子監助教壽昌洪鼒撰。《經義考》云未見。今觀其書，雖名「索隱」，其旨實顯，非有幽深之解。

古易考原三卷 寫本。

右明鹽課司提舉旌德梅鷟撰。謂《連山》、《歸藏》、《周易》皆本伏羲，故爲此以考其原，欲使讀《易》者知三《易》之有本。其諸家説，或謂伏羲止有八卦，文王重爲六十四卦，或謂伏羲止立三畫之名，文王始立重卦之名者，概無取焉。

周易贊義六卷繫辭上傳一卷 以下闕。刊本。

右明南京光禄寺卿三原馬理撰。朱睦㮮序云：「國朝《易》學，余所知者，臨江梁石門氏，《參義》。晉江蔡虚齋氏、《蒙引》。陳紫峯氏，《通典》。增城湛甘泉氏，《易測》。南海方西樵氏，《約説》。高陵吕涇野氏，《説翼》。安陽崔少石氏。《餘言》。七先生所著，咸推明性理，以與前儒相統承。谿田此書，發凡舉例，闡微摘隱，博求諸儒同異，得十餘萬言。猗歟盛哉！當與七先生《易》並行矣。」按原序作十七卷，與此相懸，或刻時併之耳。

易學四同八卷 刊本。

右明長沙知府山陰季本撰。自序云：《易》者，心學也，隨時變易，歸於中道，故謂之易。曰四同者，言羲、文、周、孔四聖人，同此心即同此理，初無異學云。

圖文餘辨二卷 刊本。

右前人撰。分内外篇。自序謂以《本義》之九圖爲主，他圖有相發明者，亦附見焉。義繫於九圖者，爲内篇。不繫於九圖而自成一家者，爲外篇。各辨其下。

蓍法别傳二卷 刊本。

右前人撰。以朱子《啓蒙》仍有郭雍舊説，未盡聖人彰往察來之用，因著論列圖，别爲二篇。序云：「凡發明蓍法本旨者，定爲占辨、占例、占戒、占斷，合卜筮論爲内篇。若象占取應於《易》辭之中，物類增分於《易》象之外，及以己意斷占有驗而非出於《易》理之自然者，並列外篇，以備推測之一術。」以上二種總名《易學四同别録》，與前書統爲一編。後有其子丑跋。

易象解四卷 澹生堂藏刊本。

右明御史南宫劉濂撰。前有《原象圖説》一卷。所言多涉象數。《經義考》云未見。

易圖識漏一卷 天一閣寫本。

右明海陽儒學訓導黄芹撰。列圖二十有七，各繫以儒先之説，并加案焉。卷首有蔡清、林魁往復書。

周易不我解 原六卷，今存一卷。二老閣藏刊本。

右明進士長淮衛徐體乾撰。黄百家曰：「徐行健《易》學自言本陳希夷、趙青山。用天星配四時，謂法象莫大乎天地，變通莫大乎四時，卦爻不合天文、不配四時，則孔子《繫辭》皆無著落。其説具有神解。是編流傳者寡，余家止存乾坤一卷，後五卷訪之不得。」今本即百家所藏歸於慈谿鄭氏者。

補齋口授易説三卷 寫本。

右永豐周佐編次其師之説，專論《乾》、《坤》二卦及上、下《繫辭》之義。所云補齋，未詳姓氏。朱彝尊亦云未見，但以其載在《聚樂堂書目》，定爲正嘉以前人。説詳《經義考》。

周易義叢十六卷 刊本。

右明刑部郎中太平葉良佩輯。取漢魏以下百家之説，摘録其要，仍冠以《本義》，備載程《傳》，而以己説别爲測語附綴焉。

易辨一卷　二老閣寫本。

右明禮部主事鄞縣豐坊撰。坊經學多作僞，前人辨之詳矣。此書分六篇。其謂孔子授《易》於商瞿，如《文言傳》所云「何謂也」，是瞿所問，所云「子曰」，是夫子答之之詞。此説頗新。

易修墨守一卷　刊本。

右明刑部主事歸安唐樞撰。論《易》大義，凡十四篇。其門人王思宗序云：「《易修墨守》者何？詔學《易》者之力於修也。」

周易辨録四卷　刊本。

右明贈大理丞富平楊爵撰。爵爲御史時，以言事被繫，於憂患中作此，因取「困，德之辨也」之義以名其書。

易象大旨八卷　刊本。

右明江西按察副使江陰薛甲撰。張衮序云：「象者，謂《易》所自有，非有加也。大旨者，謂括諸説，讚以微言，止以明象而已。此薛君命名意也。」

周易象旨决録七卷　刊本。

右明富順熊過撰。廣證羣書，以推象數。楊慎稱其引伸觸類，繼絶表微，可謂擇之精而語之詳。

胡子易演十八卷　寫本。

右明廬陵胡經撰。其説多與朱子異。

周易中説四十四卷 刊本。

右明兖州府推官潁川盧翰撰。列説頗詳，多證史事，每於經傳中隨處著圖，繫于本節，以演其義。原名《古易中説》，依朱子定本次第。其子晉改從今本刻之，昧初旨矣。

籤易一册 刊本。

右前人撰。以太極、兩儀、四象、八卦、六十四卦各爲一籤，共分七十九籤，自爲贊語，以代卜筮。張鶴鳴謂其學體在《中説》，用在《籤易》。

易象鈎解四卷 寫本。

右明應城陳士元撰。自序云：「往余爲《彙解》三卷，括其大凡，而舊所謬承，尚闕質問者，兹述之簡端。題曰『鈎解』者，鈎，曲也，轉取也，本無所見物而旁通者也。」

周易傳義補疑十二卷 刊本。

右明禮部尚書丹陽姜寶撰。以程《傳》、朱《義》爲主，間有疑者、未詳者，則取他説及己意補之。

易解十册 崑山徐氏傳是樓寫本。

右明御史吳江顧曾唯撰。其説多醇於理象，無所偏主。《經義考》載有曾唯《周易詳藴》，當即此書。但彼作十三卷，今本不分卷，無《繫辭》以下。

淮海易談四卷 刊本。

右明南京工部尚書如皋孫應鰲撰。自謂因傳以求經，因經以求心而得之。所言詳於人事。

易經繹五卷 刊本。

右明翰林院待詔盱江鄧元錫撰。前列《易》圖。其五卷内，解上、下經者居二卷，此外《先天圖原》、《後天圖原》一卷，《十翼通》一卷，《反卦爲偶圖說》一卷。○按元錫《五經繹》合刻而分編，内惟說《春秋》一卷名「通」不名「繹」。俱見後。

周易古今文全書二十一卷 刊本。

右明吏部侍郎上饒楊時喬撰。曰「全書」者，《論例》二卷，以發其凡。《古文》二卷，取古本二經、十翼篆書之。《今文》九卷，取漢儒所分經、傳楷書之。《易學啓蒙》二卷，取朱子原本註釋之。《傳易考》二卷，取自漢以下諸儒言各存之。末附《龜卜考》一卷。自謂於此三十餘年，稿凡數易，尚未敢以自信。

讀易紀聞六卷 刊本。

右明太學生崑山張獻翼撰。分卦分章而總釋之，雖取衆說而實貫以己意，非仍其文也。

讀易韻考六卷 刊本。

右前人撰。楊時喬云：「張幼于以一部《易》皆有韻，每舉漢、唐、宋史書及釋書、詩賦等書叶韻諧韻以實之，謂句句皆韻。或有强通者，然《易》韻賴以傳矣。」

葉八白易傳十六卷 天一閣寫本。

右明葉山撰。山，號八白，爵里無考。張雲章曰：「其言出入子史，殊多踳駁，大要以楊誠齋爲宗。」

易臆三卷 刊本。

右明錢塘鄭圭撰。自云：「聖人之《易》詁，意也。後儒之《易》詁，詁也。以詁詁詁之非《易》，亦猶以臆臆意之非《易》也。予不良於詁，而以臆其言。」蓋喜爲新闢之説者。《經義考》云未見。

易學十二卷 刊本。

右明大學士鄞縣沈一貫撰。乃當時進呈講義。

易象管窺十五卷 刊本。

右明諸生嘉興黄正憲撰。多詮義理，不及象占。

大象觀二卷 澹生堂寫本。

右明禮部主事安福劉元卿撰。專釋《大象》。其序依《雜卦傳》爲先後，始《乾》終《夬》。《經義考》作《大易觀》，屬誤。

學易舉隅六卷 刊本。

右明貢士長泰戴庭槐撰。一卷解天地之《易》，二、三卷解宓犧之《易》，四卷解文王之《易》，五卷解周公之《易》，六卷解孔子之《易》。各附以圖。○按以上二種，《經義考》俱云未見。

周易象通八卷 刊本。

右明宗室朱謀㙔撰。大旨據《繫辭》之言象者推衍其義，以解文、周彖爻。曹學佺曰：「其道上變，其說順乎本文而不爲穿鑿。」

伏羲圖讚二卷 刊本。

右明遊擊連江陳第撰。第本學官弟子，後以薦爲武職，尋棄去，著書自喜。此編爲圖不用奇耦，以黑白爲陰陽，而兩儀、四象、八卦皆規方而爲圓。蓋其學從禪門證入，率由心得，與諸儒異。張雲章云。

今易詮二十四卷 寫本。

右明常州布衣鄧伯羔撰。一遵吕東萊本。自序云：「詮，擇言也。古今說《易》何啻數百家，何啻數萬言，言人人殊，所貴擇善而執，合異而同。」其言蓋自信慎於取裁矣。

羲經十一翼五卷 今書有闕。寫本。

右明金谿傅文兆撰。凡分五篇：《上古易》一，《觀象篇》二，《玩辭篇》三，《觀變篇》四，《觀占篇》五。其論主文王作爻辭之說，謂與周公無涉，而辨漢儒費直爲亂《易》。黄虞稷曰：「文兆以孔子傳《易》爲十翼，而己又翼孔子，故謂之十一翼。」

易經疑問十二卷 刊本。

右明新興知縣烏程姚舜牧撰。善於紬繹經義而得其間。如謂用九、用六二「用」字，不應作變剛變柔解。謂「幾者動之微」，「幾」字專言吉而不兼言凶。此類皆足補前人所未逮。

易經兒説四卷 刊本。

右明廣西布政司參政晉江蘇濬撰。乃家塾授讀講義。

周易勺解三卷 刊本。

右明禮部尚書晉江林欲楫撰。多自爲詮釋，間亦引舊解而剖析之。曰「勺解」者，寓謙辭也。

易會八卷 刊本。

右明司經局洗馬安福鄒德溥撰。觀象玩占，就心所會者而述之，故名。

易象鈔上下經二卷卦圖繫辭附録共四卷 刊本。

右明御史武進錢一本撰。其學深于象數，先著有《像象管見》一書，後十年隨讀隨抄，積與前等，復成此編。

讀易述十七卷 刊本。

右明尚寶司少卿婺源潘士藻撰。焦竑曰：「《易》家言理，莫備於房審權，言象，莫備於李鼎祚。潘去華裒而擇之，補其不足，表其未明，以指來學，可謂勤矣。」

易筌六卷 刊本。

右明翰林院修撰上元焦竑撰。自序云：「聖人微言備載於《易》，所謂窮理盡性至命之學也。儒者習而弗察，二氏因駕其說而與儒角。李覯嘗言無思無爲之義晦而心法勝，積善積惡之誠〔二〕泯而因果生。此編出，學者知二氏所長乃《易》之所有，而離倫絶類不可爲家國訓者，則《易》之所無也。」

〔二〕「誠」原作「誡」，據《四庫全書存目叢書》影印明萬曆四十年刻本改正。

周易正解二十卷 刊本。

右明户科給事中京山郝敬撰。謂執義者遺象，狥象者失意，至緯釋亂正而易通旁鶩，故作此正之。○按郝氏尚有《尚書辨解》、《毛詩原解》、《春秋直解》、《禮記通解》、《儀禮節解》、《周禮完解》、《論語詳解》、《孟子説解》，總爲《九經解》。自序云「通爲卷一百六十五，爲解一百六十七萬言」。

易領四卷 刊本。

右前人撰。每卦於彖、爻前冠以《序卦傳》，畧加敷衍。自謂如著衣者，挈其領而前後襜如，故名。

周易旁注會通十四卷 刊本。

右明太僕寺少卿錢塘姚文蔚撰。即朱氏升之本而移易之説，見前。

古易彙編十七卷 刊本。

右明太僕少卿臨清李本固撰。其序先二經，後十翼，以復古本。惟改居室七條、祐助一條、何思十一條入《文言傳》。其體列三大綱，曰意辭，曰象數，曰變占。意辭之目八：曰古易，曰辭會，曰明意，曰釋名，曰詳易，曰玩辭，曰誤異，曰易派。象數之目八：曰圖書象，曰圖書數，曰總論，曰畫象，曰三易，曰廣象，曰觀象，曰衍數。變占之目十：曰蓍變，曰之變，曰反對，曰變例，曰小成，曰觀變，曰不卜，曰玩占，曰卜筮，曰斷法。高出序稱其采輯漢唐諸家頗衆，秩乎有則，確乎有據。

易經通論十二卷 後附河圖各説。刊本。

易經可説七卷 前有總論八篇。刊本。

右明提學副使侯官曹學佺撰。前書統論大義，後書則按節分疏之。皆採取舊説，而以己意刪潤焉者。

周易縣鏡十卷 寫本。

右明高安喻有功撰。甘士價序云：「首明太極、河圖、洛書之秘，次陳意言象數之微，又次闡先後天策軌之妙，又次載歷代帝王經世甲子之序，而末纂《左》、《國》繇象占驗并郭氏《洞林》附之。學者得此，用《易》如鑑照然，謂之縣鏡不誣也。」

澹窩因指八卷 刊本。

右明布政司參議山陰張汝霖撰。自序云：「余讀《易》龍山之澹窩，偶繙《圓覺經》，聞所謂因指見月也者，乃灑然起曰：聖人精蘊載在六經，譬之猶月也，後儒以訓詁解六經，譬之猶指也。余嘗解《易》，遂以因指名之。」

周易古文鈔三册 刊本。

右明左都御史山陰劉宗周撰。以《乾卦》尚存古文之舊，因推其例以更定各卦。凡爲經二卷，《繫辭傳》以下仍載後如舊，別附《易贊》、《圖說》二種。其書爲門人黄宗炎、姜垚校刊。

周易宗義十二卷 刊本。

右明袁州府知府婺源程汝繼輯。朱之恭謂其羅列諸家之説，句櫛字比，必求融會貫通而後録之，故能參舉所長。

易義古象通八卷 刊本。

右明右僉都御史松谿魏濬撰。大旨謂天地間自然之易爲象，無象不可以言易。天地自然變易之理爲通，無通不可以言象。因推其義而作此。前有《明象論》八篇。

易芥八卷 刊本。

右明舉人仁和陸振奇撰。條説大義。葛寅亮謂其不執象亦不執理。

易林疑説三册 不分卷。刊本。

右書稱楊瞿崍著。按朱氏《經義考》有楊啓新《易林疑説》二卷，復有楊瞿崍《易林疑説》十卷，但兩處俱云「字穉實，晉江人」，俱引黄鳳翔之説，其言曰：「同里楊穉實著《易林疑説》，采摭詳而考訂覈。如謂九疇子目胳合河圖，則取諸胡方平。謂洛書可以叙疇，亦可以畫卦，則取諸陳器之。皆非創己見爲臆説者。至於横圖、圓圖，逆數、順數，與夫五行之推遷生尅，縱横錯綜，左右逢源，尤超然言詮象數之表。」細按今書正與黄説相符。惟朱氏兩處所載微有不同，於啓新則云「萬曆己卯舉人，官左州知州」，於瞿崍則云「萬曆丁未進士，歷官江西提學副使」。以意度之，楊氏當名啓新，字穉實，號瞿崍，由己卯舉人登丁未進士，初官左州，歷任提學，本爲一人一書，朱氏偶岐載之耳。書以俟考。

易學五册 刊本。

右明兩淮運判仁和卓爾康撰。多採象數家言。

易窺十册 《經義考》作六十卷，今不分。寫本。

右明常熟程玉潤撰。玉潤爲伊川後裔，是書即取程《傳》而推衍之。一名《周易演旨》。

周易揆十二卷 刊本。

右明大學士嘉善錢士升撰。子棻跋曰：「府君留心《易》學，耄而彌篤。此書因爻探象，因象觀爻，別二卦於一卦，定主爻於六爻，至於互體、側體靡不該盡。」

周易會通十二卷 刊本。

右明湖廣參議長洲汪邦柱撰。繆昌期序謂其櫛比羣義，不徒爲舉業階梯。其書有休寧江柟相與參定。

像象述五卷 寫本。

右明貢生無錫吳桂森撰。述者，述其師錢氏一本之説也。錢有《像象管見》及《像抄》、《續抄》三書，桂森以其言不盡於書，意不盡於言，因取夙昔所講授者而復述焉。

廣易筌二卷 刊本。

右明平湖沈瑞鍾撰。總論卦義及爻象大旨，不詳訓詁。有來復爲之序。

周易玩辭困學記八册 刊本。

右明舉人海寧張次仲撰。序云：「大約根柢窮理，而上下數百家無不折衷。其辨變卦之説，非某卦從某卦而來。又辨因重之法，八卦無自十六、三十二以至六十四之説。又謂希夷、康節作方圓圖，繪其所自得，非《易》本有此圖。又謂一卦六爻，如主伯亞旅，無此以爲君子，彼以爲小人，反背錯雜之理。皆創獲於古人所未發者。」

易象正十四卷

三易洞璣十六卷 刊本。

右明左諭德漳州黃道周撰。二書言數，其旨幽奥，非淺學所能窺。黃宗羲曰：「漳浦之學，尤邃於《易》。歷三乘易卦爲二十六萬二千百四十四，以授時配之交會，閏積贏縮，無不脗合。」

兒易内儀六卷外儀十五卷 刊本。

右明户部尚書上虞倪元璐撰。亦圖數之學。蔣雯階曰：「公作《兒易》，兒者，姓也，其義孩言童蒙也。其目曰原始，曰正定，曰能事，曰盡利，曰曲成，曰申命。其學渾淪無端，與漳浦黄公角立成家。」

雪園易義四卷 刊本。

右明汝寧知府嘉善李奇玉撰。曹勳序曰：「其觀象玩辭則一本乎《説卦》，其觀變玩占則兼取乎中爻。析如繭絲，融於爐雪。」〇按奇玉爲高氏攀龍弟子，故多本師説而推演之。

卦變考畧二卷 刊本。

右明舉人鄞縣董守諭撰。專考諸家論卦變之説，而折其同異。《經義考》云未見。

古〔一〕周易訂詁十六卷 刊本。

右明禮部尚書漳州何楷撰。其文遵古本十二篇次第，其説詳於訓詁。自序一首，論分經合傳之非古，最爲明晰。

〔一〕「古」字原無，據《中國古籍善本書目》及盧文弨校補。

讀易蒐十二卷 刊本。

右明福建按察使僉事鄭賡唐撰。參訂舊説以成文，大要主於言理。

易學疏四卷 刊本。

右明衢州周一敬撰。即本苑洛韓氏邦奇之《易學》，約其文而詮疏之者，故一名《苑洛先生易學疏》。

易疏五卷 刊本。

右明禮部主事新城黄端伯撰。初端伯取卦變圖參之，豁然有省。夜夢靈龜伏胸臆間，筮之，得明夷之卦。始注京房《易》。變之本於文王、箕子。於是旁參《陰符》、《鑿度》、《握奇》、《遁甲》、《參同》諸書，皆與京房《易傳》符合，因作此疏，以推闡之。自序云爾，未知其信然否。

十願齋易説一卷易箋一卷 刊本。

右明桂林推官武進吴鍾巒撰。《易説》統論卦德，《易箋》摘解爻義。此二種《經義考》俱云未見。

易經説意七卷 《經義考》作《易經大意》。刊本。

周易翼簡捷解十六卷 前有《羣經輔易説》并《圖説》、《義例》共一卷，末附《拾遺》一卷。刊本。

右明行人臨川陳際泰撰。《説意》者，順文敷説，猶近舉業家數。至《翼簡》則抒所心得，推究終始，用意尤深。其論謂圖、書兩物分而體用合，河圖通天不能離地，洛書應地不能離天。大禹祖之以作《範》，非偏則書而遺圖。文、周祖之以演《易》，非偏則圖而遺書。蓋宗乎表裏經緯之説者。

易序圖説二卷 刊本。

右明監察御史無錫秦鏞撰。鏞以孔子《雜卦》對待之義，求文王《序卦》流行之理。因悟六十四卦陰陽覆對，次第配合，俱有自然之妙，乃演爲《圖説》。上篇分五節，下篇分四節。又附先後天諸圖，各繫以贊。嚴福孫稱其匪獨析理精，於象數亦無不合。

讀易畧記二册 二老閣寫本。

右明旌德縣知縣海寧朱朝瑛撰。謂先儒言《易》，詳於所變，而不詳於所未嘗變。變者，象也。未嘗變者，太極也。要惟求合於其變而未嘗變者，乃能觀其會通。其自述作書大旨如此。

讀易隅通二卷 刊本。

右明兵部主事蕭山來集之，嘗爲安慶推官，是書即守安慶城時夜分不寐，於巡邏之隙挑燈讀《易》，有得輒書，因而成帙。夫履虎涉川，無非《易》義。集之當兵戈倣擾中，從容經術，卒能定變保城，其於所學，洵無負矣。

易圖親見一卷 刊本。

右前人撰。爲圖九十有二，各繫以説。

田間易學六册 刊本。

右明桐城錢澂之撰。追述其父口授《易》義而增輯之，於衆説中采蔡虚齋、黄石齋、何玄子、方密之之説爲多。

讀易緒言二卷 刊本。

右明舉人嘉善錢棻撰。澂之序曰：「我家仲芳更歷世變，卓然於古今治亂之故。其著《易》，上以明陰陽之消長，下以審君子小人進退之幾，而殷殷扶抑之義，情見乎詞。」

易十三傳三册 曝書亭寫本。

右有朱彝尊手跋，云：「《易十三傳》，未詳誰氏所作，第知爲嘉靖間人。其云《十三傳》者，《乾》上九傳一，《姤》初六傳二，《姤》九二傳三，《姤》九三傳四，《姤》九四傳五，《姤》九五傳六，《姤》上九傳七，《大過》初六傳八，《大過》九二傳九，《大過》九三傳十，《大過》九四傳十一，《大過》九五傳十二，《大過》上六傳十三。證以歷代紀年，蓋仿邵氏《經世書》，而於六十四卦相生圖，則又不主邵氏之説。是編諸藏書家目録無之。康熙己卯八月既望，得之西湖書估舟中。」

周易古經一册 寫本。

右明建安雷樂撰。歷考經傳因革，取漢費直、鄭康成，魏王弼，宋胡旦、胡瑗、吕大防、邵子、晁説之、程迥、吕祖謙、朱子各家之本，列其篇次同異而較論之，仍以古本正文著於後。此治《易》家所不可不知也。○按自此以下十五家明人《易》解，查《經義考》及黄氏《千頃堂書目》，俱不載。

周易古本一册 刊本。

右明無錫華兆登編。亦但列篇次，無解釋。於文、周彖爻各分上、下二篇，於十翼移《象傳》於《彖傳》前，改《小象傳》爲爻傳，併《彖》、《象》、《繫辭》各傳俱不分上下。蓋考據各本而仍以意定之者，恐非《漢志》舊次也。○按二家所列古本，於彖辭上無「乾」、「坤」等字，而但冠以䷀、䷁等卦，於爻辭上無「初九」、「初六」等字，而但冠以⚊、⚋，亦未知果有合於古否。

周易古本一册 刊本。

右明禮部尚書武進孫慎行撰。分列經、傳，釋爻、變大旨。

續韋齋易義虚裁八卷 刊本。

右明宫保尚書涂宗濬撰。有瀋王繼成子序，謂讀《易》者，非虚無以妙神明之用，而與無言合符，非裁無以定取舍之宜，而俾衆説歸一，故以命名。續韋齋者，蓋其所居也。

讀易識疑一册 刊本。

右明宗室朱睦㮮撰。不句櫛字梳，但取意所疑者，分條辨之。

易象會旨二卷 刊本。

右明陝西布政司理問臨川吴撝謙撰。專明八卦交易之義，獨取孔子《大象傳》。每二卦並列而總釋之。如《乾》則與《坤》並釋，《屯》則與《解》並釋，蓋震下坎上爲屯，坎下震上爲解也。餘仿此。

易學管見六册 刊本。

右明晉江洪啓初撰。就己見而申説之，間引舊解，僅三之一。亦不主象數者。

周易時義注四册 刊本。

右明貢生新安章佐聖撰。詮解簡明，所采宋儒之説爲多。後附卦變諸圖。

羲畫憤參十五卷 刊本。

右明錢塘陸位時撰。參采衆解，依經詮釋，於圖、書表裏之義多有發明。

周易説統十二卷 刊本。

右明仁和張振淵輯。大旨宗程、朱《傳》、《義》，其他説有與程、朱互異及可以觸類旁通者，兼採分附，標爲四例，曰附異，曰附參，曰附别，曰附餘。

易憲四卷 刊本。

右明刑部主事華亭沈泓撰。有黄氏淳耀序。此書近年始刊。雷鋐跋云：「不矜新奇，不事泛濫，足稱《傳》、《義》之功臣。」

易學蓍貞四卷 刊本。

右趙世對撰。皆筮占之説，本諸《啓蒙》爲多。命曰「蓍貞」者，變而歸於不變之道也。自序云。

易經小傳二十卷 刊本。

右京山鄭友元撰。皆己説，不引舊解。其各卦彖辭、《彖傳》及爻辭、爻傳俱連書而總釋之，不分詮。

以上二家俱未詳時代，繹其書當是明季人。

周易廣義四卷 刊本。

右明舉人吴中鄭敷教輯。廣者，以《本義》爲主，取羣説而推廣之也。

讀易辨疑四册 刊本。

右明舉人蜀中李開先撰。所論多本來知德之説，而參補以己見。

易學象數論六卷 寫本。

右國朝徵士餘姚黄宗羲撰。謂《易》自有象數，爲諸家異説紛紜而失其正，因彙而論辨之。《内篇》辨其倚附於《易》似是而非者。《外篇》辨其顯背於《易》而自擬爲《易》者。各分三卷。

周易象詞十九卷 一名《憂患學易論》。寫本。

右黄宗炎撰。宗炎爲宗羲弟，此編乃其手稿。其書不襲訓詁，專本六書之義以言《易》，於每卦每爻取字之象形、會義等解詳繹而釋之。嘗謂上古樸直，如人名、官名俱取類於物象，若以鳥紀官，及夔、龍、朱虎、熊羆之屬是也。《易》者，取象於蟲，其色一時一變，一日十二時，改换十二色，即今之析易也。自其倏忽變更，借爲移易、更易之用。昜，易之爲文，象其一首四足之形。《周易》卦次俱一反一正，兩兩相對，每卦六爻，兩卦十二爻，如析易之十二時，一爻象其一時。在本卦者，象日之六時，在往來之卦者，象夜之六時。其持論皆此類。雖似過奇，實具有精理，與日月爲《易》之舊解别開生面。《易》固無所不包也。

周易尋門餘論二卷 寫本。

右前人撰。前編依經詮次，此則隨筆雜述。曰「尋門」者，以乾、坤爲《易》之門，見得門而入之難也。

陸嘉淑稱其直欲與洛閩大儒辨質於千載之上。

圖學辨惑一卷 寫本。

右前人撰。以圖學出自陳圖南，本養生馭氣之術，托諸《大易》，假借乾坤水火之名以自申其説，與《易》絶無所關，故力辨之。

讀易大旨五卷 刊本。

右國朝容城孫奇逢著。自云：「余至蘇門始學《易》。年老才盡，偶據見之所及，撮其體要，以示門人子弟。原非逐句逐字作解，故曰大旨。」有門人耿極爲之較訂。

周易闡理四卷 寫本。

右國朝崑山戴虞皐撰。專主詮理，大約本蔡虚齋、林次崖、陳紫溪、郝京山諸家之説約而成文。

應氏易解十七卷 刊本。

右國朝徵士仁和應撝謙撰。其言曰：天地之大德莫善於中，用中之宜莫善於時。是書也，以中明《易》，初曰《易學大中》，既而懼其自以爲是，非所以求教君子也，乃更今名。

易大象説録二卷 首有《雜録》一卷。刊本。

右國朝吳人舒鳧撰。專説《大象傳》，於每節後各綴以贊、頌。贊係鳧作，頌則其友施氏文相所爲，皆四言韻語。

易原二卷 刊本。

右國朝杭州趙振芳述，歙縣徐在漢參。

易或十卷 刊本。

右徐在漢述，趙振芳參。兩人學《易》互相考質，故二書分編而合刻。前編論古本圖、書及蓍卦、律曆、五行原委。後編順經傳次第以爲説。總序云：「二公通無方之神，悟無體之《易》，窮徹陰陽，測微奇耦，以故從而原之、或之。原之者，探本乎無易之易，先天之學也。或之者，發明乎有易之易，後天之學也。」

易經辨疑六卷 刊本。

右國朝江都張問達撰。其言謂《易》以明人道，聖人使人即數以推理，因占以利用，未可專以占筮視《易》。蓋意宗王、程者。

易論二册 寫本。

右國朝諸生秀水徐善撰。推究天人象數之原，迥異章句家言。

周易通十卷 刊本。

周易辨二十四卷 前有《易考》、《易論》一卷。刊本。

右國朝知縣吳門浦龍淵撰。嚴沆曰：「《易通》以疏大義，《易辨》以辨析微辭。可以翼往聖而開來學。」吴偉業云：「潛夫學《易》，務探其旨要。於唐宋以來諸家之説有所鈎纂，平心折衷，無所偏丰。苟於大義有乖，必侃然辨正，不爲兩可之辭。雖素不習《易》者讀之，未有不心目俱開也。」

周易義參六卷 寫本。

右國朝貢生平湖于琳撰。節録《本義》於前，而以己説參附於後。又名《周易參同》。《經義考》云未見。

身易實義五卷 刊本。

右國朝商州知州嘉興沈廷勱輯。自序畧云：「《傳》、《義》二書，《易》學之綱領也。嗣後確守伊川者，爲龜山楊氏，平菴項氏。確守建安者，爲雙湖、雲峯兩胡氏，幼清吴氏。雖間出己意，要皆《傳》、《義》之功臣。若夫《易》而禪者，慈湖也。《易》而史者，誠齋也。而考鏡古今得失，俾《易》可見諸實用，則吾於誠齋有取焉。明儒論《易》，薛文清爲最醇，而蔡虚齋、林次崖、徐伯魯三家鼎立，實爲《易》之正宗。若夫來瞿塘具靈通妙解，何玄子彙全《易》之巨觀，以至吕涇野、高忠憲、劉念臺、張湛虚之簡要，唐凝菴、錢啓新、郝京山、鄒四山、李雪園之超異，余爲是編，間有採集。則取其同於程、朱者，去其不同乎程、朱者。或程、朱所互異，則深研之以求其一是。又或程、朱所未及而其説有確當不可易者，亦並甄焉。名曰《身易實義》，謂以心言《易》，未若以身體《易》之爲實。以身體《易》，又必以《易》見諸用之爲實也。」

喬氏易俟十八卷 刊本。

右國朝翰林院侍讀寶應喬萊撰。首載宋濂、歸有光河圖洛書辨説。以下依經詮解，間及史事。

周易觀象十二卷 刊本。

右國朝大學士安溪李光地撰。光地最深於《易》，康熙間御纂《周易折衷》，曾命爲總裁。此其自著《易》義，盛行於世。

易圖明辨十卷 刊本。

右國朝監生德清胡渭撰。援證經傳及諸家説以辨析圖義，頗有據依。

易經述一册 刊本。

右國朝禮部尚書海寧陳詵撰。每取二卦交易者並舉於前而總爲一説，以發明之。其序次與吳氏文臺之書相近，惟彼專釋大象，此則録前卦之文，稍有别耳。

周易玩辭集解十卷 刊本。

右國朝翰林院編修海寧查慎行撰。不列圖象，專以推辭研理爲主。所采多近人之説。

易學參説一册 刊本。

右國朝海鹽馮昌臨撰。分内外編。内編於圖書推五行之原。外編於干支究五行之用。胡煦爲之序。

易經釋義四卷 刊本。

右國朝歸安沈昌期撰。大旨多宗《本義》。

易鏡二册 寫本。

右國朝湖州戴天章撰。專推象占，以爲卜筮之鏡。其對卦、伏卦、互卦、變卦、反卦，俱於每卦下一一標出。

心易一册 刊本。

右國朝杭州戴天恩撰。爲圖說凡二十有九。自謂玩讀《繫辭》，有所心得而作。

易宫三十八卷 寫本。

右國朝布政使參議歸安吴隆元撰。上下篇各分十八宫，或一卦自爲一宫，或兩卦合爲一宫，仍各標錯、綜之卦，以推衍邵子天根、月窟間來往三十六宫都是春之義。

讀易管窺五卷 刊本。

右前人撰。前編逐卦分疏，此則雜撰圖說。前有《考畧》十篇。

易説六卷 刊本。

右國朝侍讀學士長洲惠士奇著。條舉大義，多引他經傳及漢儒之説以相辨證。

索易臆説二卷 刊本。

右國朝江寧吴〔二〕啓昆撰。凡爲説十有七，爲圖六，皆以發明朱子之意。

〔一〕「吳」原作「胡」，據《四庫全書存目叢書》影印康熙刻本改正。

易疑三册 刊本。

右國朝汾陽胡庭、胡同合撰。依經篇次，細繹辭義而釋之。

周易函書約注十八卷 刊本。

右國朝禮部侍郎光山胡煦撰。按煦所著《函書》原本，體例繁富，自序云凡九十九卷。《原圖》八卷，撮圖之大意，解伏羲之《易》。《原卦》三卷，撮卦之大意，解文王之《易》。《原爻》三卷，撮爻之大意，解周公之《易》。又取先儒論説著述集爲《原古》三十六卷。此五十卷列於前。其解釋經文者共四十九卷。合成九十九卷。取大衍之數五十，其用四十有九之義，是爲《函書正集》。此外有《約圖》三卷、《篝燈約旨》十卷、《孔朱辨異》三卷、《易學須知》三卷，此十九卷在《函書》之外名曰《别集》。唯因《别集》先梓而《正集》未出，故又自取《正集》後四十九卷之釋經文者節爲此編，且云約之又約，雖規模具備，道理仍覺未暢，則其全書必更有元元本本，殫見洽聞之觀也。

周易函書别集十九卷 刊本。

右前人撰。目見上。所謂《約圖》三卷，係《原圖》約一，《原卦》約一，《原爻》約一。當即取《正集》前十四卷而約之之者。

卜法詳考四册 刊本。

右前人撰。專考龜卜源流。即所謂《原古》三十六卷中之一門也。

周易清解四册 寫本。

右國朝仁和江見龍撰。以《繫辭》、《説卦傳》冠篇首，而每卦又以《序卦傳》分冠焉。

經義管見一册 刊本。

右國朝南豐饒一莘撰。列《圖説》七，多發《連山》、《歸藏》之義。又《周易統天旋卦賦》一，《説卦傳論》一，《納音五行論》一，《古今本得失論》一。凡數則合題曰《先甲堂經義初刻》。自序謂尚有他經著述云。

陸堂易學十卷 前有《發凡》十八條、《圖説》一卷。刊本。

右國朝翰林院檢討平湖陸奎勳撰。謂商之《歸藏》本於神農，夏之《連山》本於黄帝。人知畫卦重卦由伏羲，不知蓍數起黄帝，乾坤八卦之名亦起黄帝，又不知屯、蒙五十六卦名增加於堯、舜時。其論雖多本舊説，而時亦出新見者。

周易集解增釋八十卷 寫本。

右國朝舉人秀水張仁浹輯。是書體大而語詳。其中集解居十之七，自《注》、《疏》以降所集不下二百家。增釋居十之三，皆仁浹之説而前人未發者。謂《易》理廣大悉備，故持論無所偏主，歸於義理精純，惟艱深險怪者概弗録。諸錦曰：「宋房審權之《義海》久亡，得此可以無恨。以意揣之，有過之無不及也。」

易學圖説會通八卷 刊本。

右國朝武進楊方達輯。類聚宋元迄今諸家圖説而證明之。凡分八門。首曰太極探原，曰圖書測微，曰卦畫明緼，以立其本。次曰變互廣演，曰筮法考占，以行其用。又次曰律吕指要、外傳附證，曰雜識備參，以達其支。其於圖學可謂該洽矣。

讀易質疑二十卷

右國朝新安汪璲撰。所言詳於理而畧於數。

周易述二十三卷 原缺八卷及二十一卷。刊本。

右國朝元和惠棟撰。專事掇拾漢儒遺義，以荀慈明、虞仲翔爲主，參以鄭康成、宋仲子、干令升九家諸説。并仿注疏之體，融裁舊義以爲注而大書於前，復推衍其説自爲之疏而夾注於下。仍依古本次第。後附《微言》二卷。

易經理輯一册 刊本。

右國朝中書登封郜煜著。不列本文，但每卦總爲一解。亦多沿舊説者。

周易通義十四卷 寫本。

右國朝淳安方菶如撰。詮釋義理，時有心得。

易貫十四卷　前有《演易圖》及《易論》二卷。　刊本。

右國朝徵士婁縣張敘撰。每卦以《大象傳》隸六畫下，而以《小象傳》悉依《乾》卦例合編於六爻之後，意在參酌古今本，取其詞意相貫。然此皆前代《易》家所已爲，而冒紊經之意者，何以復蹈其轍。其於經旨頗多發明，說可存也。

周易原始六卷　刊本。

右國朝御史錢塘范咸撰。專釋上、下二經，不及十翼。自謂仿馮厚齋《易象通義》、徐至大《易解》之例。

周易讀翼揆方十卷　刊本。

右國朝〔一〕常熟孫夢逵〔二〕著。專釋十翼，不及文、周彖、爻。謂世所稱「小象傳」乃爻傳，非《象傳》，當附《彖傳》之後。又論揲蓍左扐得一得三爲奇，得四得二爲耦。皆不苟同於舊解。

〔一〕「國朝」下盧文弨補「主事」二字。

〔二〕「逵」下盧文弨補「中伯」二字。又眉批：「中伯與余鄉舉同年，後成進士，召試授中書，歷部曹。」

周易蛾術七十四卷　寫本。

右國朝杭州倪濤輯〔一〕。以尚辭、尚變、尚象、尚占列爲四綱。取漢魏迄今百家之說條分而件繫之。

其《本義》全録於尚占之下，程《傳》則依李蒙齋節本列於尚辭之下。又有附録《集説》各條，搜擇頗廣。但今本尚屬底稿，所引諸説半係僅標「某氏曰云云」而未録全文，兼多竄易未定處。不知其别有編成清本否也。

易翼述信十二卷　前有《讀法》一卷。末附《雜論》。　刊本。

右國朝天津王又樸撰。專事研玩十翼而得其解。陳祖范曰：「與費氏以《繫辭》、《文言》解説上下經其意相近。費氏無章句而此有，成書足惠後學矣。」

〔一〕盧文弨批：「山友諸著述多在金海住少宗伯處。」

易準四卷　刊本。

右國朝貢生嘉善曹庭棟撰。詳於洛書而畧於河圖，推數衍説，凡五十一篇。

易例舉要二卷　寫本。

右國朝侍講金匱吳鼎撰。凡舉例一百四十八條。上卷采諸舊解，下卷皆己説。

易經一説四册　刊本。

右國朝王俶著。遵朱子定本十二篇舊次。意在參取衆家，歸於一説，使初學易讀易曉，故名。

易律通解八卷　寫本。

右國朝中書臨海沈光邦撰。本《易》數以闡律吕之義，頗見創解。

周易彙解衷翼十五卷 寫本。

右國朝貢生靈武許體元撰。係肄業成均時所作。序稱其推闡傳意，具有條理。

易象援古一册 刊本。

右國朝申爾宣著。援古者，援古人之事以解《易》，每爻隸以一事。乃其父舒坦命意而成。

周易緯史二册 寫本。

右國朝貢生仁和錢偲撰。亦以史證經，取相爲經緯之義。以上二家雖未如吴園、誠齋諸儒之精切，其説亦有可採。

易傳辨異四卷 刊本。

右國朝舉人仁和翟均廉撰。取漢唐舊説之在注疏外者，條而辨之。

書類

尚書大傳三卷 刊本。

右漢伏生所口授。原書久佚[一]。今本乃近時仁和孫之騄於羣籍中掇拾遺文賸句而編之者。以隋、唐《志》舊作三卷，故仍其數。

〔一〕盧文弨眉批：「古書有雅雨堂刊本，何嘗佚。」

東坡書傳二十卷 按《宋志》作十三卷，似誤。刊本。

右宋蘇軾撰。晁公武曰：「熙寧以後，專用王氏之説，進退多士，此書駁異其説爲多。」

夏柯山尚書解十六卷 寫本。

右宋龍游夏僎輯。陳振孫謂其集二孔、王、蘇、陳、林、程伊川、張子韶及諸儒之説，以便舉子。按楊慎言明初高廟科舉之詔猶云《書》主夏氏、蔡氏兩《傳》，近則罕有習此編者矣。原有時瀾序。今本闕前三卷。

尚書詳解五十卷 寫本。

右宋奉議郎泉州泊幹安福陳經撰。句梳字解，詮經最爲敷暢。

尚書要義二十卷 前有《序説》一卷。二老閣寫本。

右宋魏了翁撰。説見易類。

讀書叢説六卷 寫本。

右元金華許謙撰。黄溍曰：「時有與蔡氏不合者，要歸於是而已。」張樞曰：「所引傳疏諸家之説，或采掇其詞而易置其次，不必盡如舊者。蓋皆有所裁定，非徒隨文援引已也。」

書義矜式六卷 天一閣寫本。

右元永州同知吉水王充耘撰。張雲章曰：「宋熙寧四年，始以經義策論試士。經義之始，其格律有破題、接題、小講，謂之冒子。冒子後入官題。官題後有大講，有餘意，亦曰從講。又有原經，亦曰考經。有結尾。承襲既久，冗複可厭，則不盡拘格律，然大概有冒題、原題、講題、結題，此經義定式也。充耘主張題意率本功令而又自爲經義，名曰『矜式』。存此猶見當時體製。」

書義卓躍六卷 天一閣寫本。

右明永豐陳雅言撰。亦專爲科舉設者。

書傳會選六卷 刊本。

右明洪武間，詔徵天下儒士定正蔡《傳》，令翰林學士劉三吾董其事。書成，賜名頒行天下。詳見《經義考》。

書傳通釋六卷 前有纂圖及《讀書經法》。刊本。

右明山東按察副使永豐彭勗撰。以《書傳會選》藏於學校，閭巷未易得覩，因摘取其説之切要者，編附蔡《傳》，以貽學者。

尚書直指六卷 天一閣寫本。

右明贈太子少保天台徐善述撰。是書流傳之本俱不著姓氏。朱彝尊考定謂係善述爲東宫講官時所撰進。

書經提要四卷　錢塘吴氏瓶花齋寫本。

右明兵部主事黄巖章陬撰。分天文、地理、圖書、律吕四門。或爲之圖，或述其義，以資考證。其已具於蔡《傳》者不複出。末有天順間門人任麒跋。《經義考》云未見。

書經旨畧一卷　瓶花齋寫本。

右明刑部侍郎上海王大用撰。分節説其大旨。係大用撫蜀時作。《經義考》云未見。

尚書説要五卷　《經義考》作《説疑》。　刊本。

右吕柟撰。説見易類。

尚書疑義六卷　天一閣寫本。

右明馬明衡撰。爵里未詳。自序云：「凡於所明而無疑者，從蔡氏。其有所疑于心而不敢苟從者，輒録於篇。」

尚書譜五卷　《經義考》作《讀書譜》四卷。　錢塘汪氏開萬樓寫本。

右明梅鷟撰。鈎引羣籍，以闢古文之僞。其持論視吴草廬尤堅，而辨近代閻若璩作《尚書疏證》，頗宗其説。書分二十九譜：曰《尚書全經目録譜》，曰《尚書序譜》，曰《伏生墜經譜》，曰《伏生得經二十九篇譜》，曰《太史備載序篇譜》，曰《安國私增序譜》，曰《霸向增紊譜》，曰《古文相傳譜》，曰《季長掊擊譜》，曰

《東晉古文二十五篇譜》，曰《鄭冲受誣譜》，曰《謚不與授受古文譜》，曰《帝王世紀譜》，曰《元凱汼左傳考譜》，曰《古文根株譜》，曰《根株削掘譜》，曰《後人僞得篇首字譜》，曰《穎達專門孔傳譜》，曰《蔡沉異於曾子譜》，曰《尚書纂言譜》，曰《自述譜》。又每譜作一小引，類爲一卷，别附于後。但按今本譜引止二十一目，俟考。

尚書考異三册 天一閣寫本。

右前人撰。其説與前書相經緯。前書將古今文篇次異同源委分列爲譜，附以駁辨。此則自《舜典》以下至《冏命》，逐篇逐節而摘辨之。前有序，并《總論》十五則。末一卷係考正今文字義。○按是編傳者絶少。《經義考》但載《尚書考翼》一卷，與此不符。即閻氏《疏證》内亦止引前書而不及此。或者兩公俱未見耳。

尚書日記十六卷 刊本。

書帷别記四卷 刊本。

右明左都御史金壇王樵撰。《日記》裒録百家訓詁，討論折衷，旁及曆象、璣衡、地理，皆詳稽而得所依據。序謂有功于《經》不小。其《别記》順文敷義，猶屬舉子業云。

尚書砭蔡篇一卷 瓶花齋寫本。

右明嘉善袁仁撰。凡若干條。書中之旨即其名而可知。沈道原序曰：「世有蔡即有砭蔡者。道無涯也。」仁尚有《鍼胡編》。

尚書繹二卷 刊本。

右明鄧元錫撰。但標四十九篇之目，每篇詮釋數條。亦有併數篇而合詮之者。

尚書疏衍四卷 開萬樓寫本。

右明陳第撰。自序云：「少時讀經不讀傳註，口誦心維，得其義於深思者頗多。近因宋元諸儒疑古文僞作，竊著辨論數篇。復取古今註疏詳讀之，意所是者標之，意未安者微釋之，句讀未是者正之。其素得於深思者附著之。間又發揮言外以俟後世。」

書經疑問十二卷 刊本。

右明姚舜牧撰。自序云：「《書》無可疑而所以説《書》者，或稍失其故。余今所疑，未嘗求異於傳注，唯必求其是，終歸於無疑而已。」

尚書注考一卷 瓶花齋寫本。

右明禮部員外郎平湖陳泰交〔一〕撰。於傳注中摘其引經、注經不照應者三條，同字異解者三百二十三條而論列之。《經義考》云未見。

〔一〕「交」原作「來」，據《四庫總目》、《中國古籍善本書目》改。

尚書辨解十卷 刊本。

右明郝敬撰。亦專信今文者。前八卷解今文二十八篇。後二卷係辨正古文。

尚書傳翼四册 刊本。

右明建昌府推官平湖陸鍵撰。翼云者，意以翼蔡也。亦舉業家言。

讀書畧記二册 寫本。

右明朱朝瑛撰。前列《古今文考》一則、《古文辨》二則。謂梅賾所奏上之書即孔氏所傳之五十八篇。孔氏之書特散亂于前復完整於後，非鄭仲所得與康成所注有二。以辨考亭、草廬不信古文之非。其從蔡《傳》處俱不詳釋。

尚書揆一六卷 刊本。

右明無錫鄒期楨撰。蓋墨守蔡《傳》者。《經義考》云未見。

尚書裨傳十五卷 《經義考》作十卷。 刊本。

右國朝吳江朱鶴齡撰。不列全文，但摘經之字句而條釋之。其言詳於辨證，與蔡《傳》率多不合。前有《考異》一卷。後附録古文逸篇及雜説共一卷。

今文尚書説三卷 後有《古文尚書辨》一篇。 刊本。

右國朝陸奎勳撰。專釋今文，時能補蔡氏漏義。若璣衡之爲斗杓；江源出犁牛石；肅州黑水，迥異梁州，西藏三危，實有其地；洪範五事配五行當兼相生相尅之序，此類皆不襲舊解。

尚書通義十四卷 寫本。

右國朝方葇如撰。畧舉大義，按節詮之。

心園書經知新八卷 刊本。

右國朝貢生平湖郭兆奎撰。於蔡《傳》中間有相沿承誤者，因爲辨析，以發其義。

虞書箋二卷 刊本。

右明光禄卿歸安茅瑞徵撰。專説典、謨大義。瑞徵當明末造而論唐虞之治，蓋有《匪風》、《下泉》之思焉。

禹貢詳畧二卷 後附各圖。天一閣寫本。

右明韓邦奇撰。曰「詳畧」者，畧舉蔡《傳》於前，復詳引羣説以釋於後也。係邦奇家塾課本。

禹貢廣覽三卷 刊本。

右明錢塘許胥臣撰。於每州及導山導水下，各附以圖而括以歌，其間并詳近代輿志。自題云：「借古約旨，以廣今籌。期于便讀，亦廣見聞。」

禹貢圖説一卷 刊本。

右明尚書海鹽鄭曉撰。列圖於前，而依經爲説於後。内亦附及明代地志〔一〕。

〔一〕「志」原作「制」，此據盧文弨校改。

禹貢山川郡邑考四卷 刊本。

右明太僕卿無錫王鑑撰。因古者山川郡邑加以今釋，於沿革異同如指諸掌。

禹貢匯疏十二卷 刊本。

右明茅瑞徵撰。所采頗廣。自序云：「讀《禹貢》者，詳九州之山川，則可供聚米之畫。習漕渠之岐路，則可商飛輓之宜。察東南之物力，則當念杼軸之空。考甸服之遺制，則當興樹藝之利。」又謂「底慎財賦」一語足蔽全書之旨，蓋聖人逆知異日無藝之徵，故先事而曲爲之防。其言似有爲而發者。

禹貢圖注一卷 刊本。

右明舉人東鄉艾南英撰。節蔡《傳》爲内注，復參録諸説爲外注，而以己意訂訛釋疑其間。又別爲《皇明輿地圖論》及《河漕圖論》附於尾。

禹貢古今合注五卷 刊本。

右明吏部考功郎華亭夏允彝撰。前列四十六圖，於古今輿地分合及河渠原委頗詳。自序云：「唯閩、粤、滇、黔未入九州，不能贅附。餘已包舉。」

禹貢長箋十卷 刊本。

右國朝朱鶴齡撰。於傳註外，兼考史志以證辨之。往往有補舊説所未備。

禹貢錐指二十卷 前有《畧例》一卷、圖一卷。

右國朝太學生德清胡渭撰。渭深於地理，嘗預修《一統志》。是編于康熙乙酉南巡時奏進。蒙賜御書「耆年篤學」匾額。徐秉義序云：「其書考正孔傳、孔疏、宋、元、明諸家之説，主以班固《地理志》，參以《山海經》、《水經注》及郡縣志。摘其謬誤，辨其疑似，使後世讀經者瞭然心目之間。至發明夏道所陳大義十餘，尤足證明孔子無間之旨，非但區區稽考沿革，鈎覈異同而已。」

禹貢譜一册 刊本。

右國朝翰林院編修金壇王澍撰。先九州疆界貢道圖，次導山導水圖，次九州山川田賦圖，次五服分合圖。共列目四十。末附《釋目》一篇。

洪範考疑一卷 寫本。

右明僉都御史金谿吳世忠撰。分篇論次，以闡九疇數義。

洪範圖解二卷 刊本。

右明韓邦奇撰。以洛書爲數之原，因取蔡九峯之八十一章衍爲圖解，以究其用。

範衍十卷 刊本。

右明錢一本撰。謂洛書，洛所出之神龜也。聖人則書敘疇，以龜坼爲卜法。後世蓍重而龜不傳。《太玄》、《皇極》皆根據洛書而作。朱子議其爲零星補凑，因摹倣《易》象，以龜求洛之舊。契原數以爲兆，綜九章以考占，演爲繇辭，編成韻語，並自爲音釋，詳解於下。末卷則總論疇數之義焉。

洪範正論五卷 刊本。

右國朝胡渭撰。謂《洪範》舊爲曲説所害。如漢儒《五行傳》專主灾異，以瞽史矯誣之説亂彝倫攸叙之經，其害一。又如劉歆言洛書本文具在《洪範》，而宋儒乃創爲白黑之點、方圓之體、九十之位，則書也而變爲圖矣。且謂《範》之理可通於《易》，劉牧因以九位爲圖，十位爲書，而蔡元定兩易其名，其害二。又《洪範》原無錯簡，而宋儒任意改竄，其害三。渭因援據羣籍著爲論，以辨正之。

詩類

潁濱詩解集傳二十卷 刊本。

右宋學士眉山蘇轍撰。詳丁理亂得失。晁公武曰：「其説以《毛詩序》爲衛宏作，非孔氏之舊，止存其首一言，餘皆删去。」

詩總聞二十卷 寫本。

右宋樞密院編修官汶陽王質撰。陳振孫曰：「其書有聞音，謂音韻。聞訓，謂字義。聞章，謂分段。聞句，謂句讀。聞字，謂字畫。聞物，謂鳥獸草木。聞用，謂凡器物。聞跡，謂凡在處，山川、土壤、州縣、鄉落之類。聞事，謂凡事類。聞人，謂凡人姓號。共十聞。每篇爲總聞。又有聞《風》、聞《雅》、聞《頌》

等。」朱彝尊曰：「自漢以來，説《詩》率依小序，莫之敢違。廢序言《詩》，實自王氏始。」

詩補傳三十卷 前有《詩》篇目及《明序篇》二則。　寫本。

右宋金華范處義撰。自序云：「以《詩》序爲據，兼取諸家之長。文義有闕，補以六經、史傳。詁訓有闕，補以《説文》。」又于篇目下自識云：「與舊譜不合者，二十有五篇。作詩之人可考其姓名者，四十一篇。正其有異説者，四十有二篇。」

吕氏家塾讀詩記三十二卷 刊本。

右宋著作郎金華吕祖謙撰。有朱子序，魏了翁後序。自《公劉》以下六卷係門人續成。陳振孫曰：「博采諸家，存其名氏。先列訓詁，後陳文義。剪裁貫穿，如出一手。己意有所發明則别出之。《詩》學之詳，未有逾于此也。」黄佐曰：「吕氏專主小序，與《集傳》不同。」

童子問八卷 《經義考》作二十卷。　刊本。

右宋崇德輔廣撰。廣爲朱子弟子。是書首列綱領及師友粹言。其説多補朱《傳》之未備。

叢桂毛詩集解三十卷 原闕七卷。　寫本。

右宋朝奉郎廬陵段昌武撰。首載《學詩總説》，分作《詩》之理，寓《詩》之樂，讀《詩》之法。次載《論詩總説》，分《詩》之世，《詩》之次，《詩》之序，《詩》之體，《詩》之派。以下依章詮解，大抵如《東萊讀詩記》例。有淳祐八年從子迪功郎段維清跋。叢桂，其堂名也。

詩緝二十卷 寫本。

右宋朝奉大夫邵武嚴粲撰。亦以吕氏《讀詩記》爲主，而集諸家説以發明之。句析章括，最得言外之趣。自來説《詩》家盛稱焉。附有蒙齋袁甫手帖，云：「《黍離》、《中谷有蓷》、《葛藟》不用舊説，獨能深得詩人優柔之意。其他一章一句，時出新意。再三玩味，實獲我心。坦叔可與言《詩》也矣。」

詩義斷法五卷 天一閣寫本。

右係元代科舉之學。題曰「建安日新書堂新刊謝氏詩斷」。不著名。

詩傳疏義會通二十卷 曝書亭藏刊本。

右元處州學正樂平朱公遷撰。明王逢輯録，何英增釋。英學於逢，逢學於洪野谷，洪爲公遷門人，蓋授受有自也。公遷謂朱《傳》以虚辭助字發明《詩》義，似輕而重，似汎而切，恐讀者忽焉，故因輔氏廣之説而更推之，專在剖析傳文以達經旨。至逢、英等，又旁採他説，接續附益焉。

詩演義十四卷 天一閣寫本。

右明梁寅撰。自謂因朱子之《傳》，演其義而申之。《經義考》云未見。

詩傳纂義一册 瓶花齋寫本。

右明鄞縣倪復撰。不析解字句，或篇或章，隨意拈舉，輒詮大義一二則。《經義考》不載。

讀詩私記二卷 刊本。

右明濮陽李先芳撰。宗序説而辨朱《傳》者。《經義考》載有先芳《毛詩考正》，注云未見。不知即此編否。

毛詩説序六卷 刊本。

右明吕柟撰。説見易類。

詩傳四册 刊本。

右明泰和郭子章校刊。即豐坊僞撰之《子貢詩傳》也。以篆文書之，而以楷字音於左方。間爲説其義。

詩序四册 刊本。

右前人校刊。即《子夏小序》也。其言曰：「是《序》獨行於世，家誦而户習矣。獲本與《詩傳》同篆，故並刻以行。」蓋皆未免作僞而欺世者。

詩經繹三卷 刊本。

右明鄧元錫撰。篇各爲説，不列章句，融取衆義而畧仿小序文法爲之。

毛詩古音考四卷 刊本。

右明陳第撰。專辨叶音之失，列本證、旁證兩門。自序云：「本證者，《詩》自相證也。旁證者，采之他書也。二者俱無，則宛轉以審其音，參錯以諧其韻。無非欲便于歌咏，可長言嗟嘆而已。」

詩故十卷 刊本。

右明朱謀㙔撰。黄汝亨序曰：「欝儀説《詩》，大都原本小序。按文、武、周公以來《春秋》、《左》、《國》之事而次第其世，考其習俗，論其人，而以意通之。」

傳詩嫡冢十六卷 刊本。

言詩翼六卷 刊本。

右明烏程凌濛初撰。一題曰《聖門傳詩嫡冢》，一題曰《孔門兩弟子言詩翼》。皆以《子貢傳》與《子夏序》合編之，并採毛、鄭以下諸家參附焉。蓋亦惑于豐坊之説者。

詩逆六卷 刊本。

右前人撰。畧説大意，近舉業家本。

六家詩名物疏五十五卷 刊本。

右明常熟馮復京撰。本陸璣、鄭樵二家疏畧，更博采而詳證之。

詩經疑問十二卷 刊本。

右明姚舜牧撰。謂賦、比、興當通融取義。謂所賦之有比有興，非截然此爲比、此爲賦、此爲興也。唯截分爲三，乃致寖失其義。又謂斷章取義，凡《詩》皆可通用，若作者之旨，則有一定不易者，未容稍有假借。凡其所疑而辨證者，皆此類。

多識編七卷 刊本。

右明安慶知府莆田林兆珂撰。詳考名物，間述作詩本旨。郭喬泰序云：「可稱《三百》記事之珠。」

詩序解頤一册 寫本。

右明邵弁撰。取小序及朱《傳》鑿枘處，分條互解之。亦無所偏主者。

毛詩原解三十六卷 刊本。

右明郝敬撰。錢澄之曰：「京山説《詩》，拘定序説。序有難通，輒爲委曲生解，未免有以經就傳之弊。而又立意與《集傳》相反，不得其平。至議論之精醇者，足以發明朱《傳》，不可廢也。」

詩經類考三十卷 刊本。

右明知縣嘉善沈萬鈳撰。沈思孝曰：「仲容仿王伯厚《詩考》，旁引博稽，别門相附，爲類三十，《詩》家巨觀。」

詩經輔傳四卷 刊本。

右明禮部侍郎光山蔡毅中撰。較析于毛序、朱《傳》之間，每篇各爲一説。輔之者，意在輔毛也。《經義考》作「補傳」，屬誤。蓋朱氏本未見云。

詩經説通十三卷 刊本。

右明國子監博士錢唐沈守正撰。每篇總詮大義，於小序止采首句，畧仿潁濱之意。

詩傳闡二十四卷 刊本。

右明副使武進鄒忠允撰。用晉虞喜石摹本，且誤信僞《子貢詩傳》，而反斥毛傳之非。朱彝尊嘗切譏之。末附《闡餘》内外二篇。

詩紀八册 前有《總論》二卷。刊本。

右明張次仲撰。朱嘉徵曰：「待軒箋《詩》，以小序爲歸。凡托物引喻，必究其情。鳥獸草木，必疏其義。於字句中察興亡治亂之機，又於無言處深知作者之意。必根據經傳三《禮》正其典文，復參觀羣史子集定其指趣。語質而意該，足以垂後。」

讀詩畧記三册 寫本。

右明朱朝瑛撰。謂觀亡詩六篇，僅存首語，則首語作于未亡之前，其下作于既亡之後。子由獨取初辭爲得之。又謂《集傳》所得者，《國風》十之五，《小雅》十之七，《大雅》、《頌》十之九。前有《論小序》三則，《論詩樂》二則，《論詩用》一則，《論僞詩傳》一則。

毛詩解八册 刊本。

右明提學僉事竟陵鍾惺撰。所采自小序以下凡十六家《詩》義。

詩經圖史合考二十卷 刊本。

右前人撰。取《詩》中名物度數，分章列義，按事考辭，凡一千五百餘目。蓋以資舉業家取材者。○按鍾氏二種《經義考》俱不載。

詩志二十六卷 刊本。

右明錢塘范王孫輯。采摭雖博而未免稍雜。大約明人之説居多。

田間詩學六册 刊本。

右明錢澂之撰。錢金甫曰：「飲光於《詩》，擇衆説而調和之，頗具苦心。」

㣲泉手學二册 寫本。

右書題曰「環流堂石經魯詩正」。不著姓名。亦依附豐坊之僞本而成者。自序云：「所以正毛本、朱《傳》之不正也。」其言毋乃誕矣。《經義考》不載。

詩經朱傳翼三十卷 刊本。

右國朝侍郎宛平孫承澤撰。專尊朱而駁毛者。自述云：「余取小序與朱子之説並列每篇之首，定其是非，通章大義業已了然。又就《集傳》畧爲推衍，以暢其旨。欲學者觀之，洞然於心而無疑。」

毛詩通義十二卷 刊本。

右國朝朱鶴齡撰。自序云：「觀於六亡詩之序，止系一言，則後序多漢儒所益明矣。觀毛公之傳，

《宛丘》不同序説，則首句非毛公所爲又明矣。」又謂毛、鄭可黜，序不可黜，黜序則無以爲説《詩》之根柢。唯《楚茨》、《信南山》至《采菽》、《隰桑》及《抑》、《戒》〔一〕等詩序説難信，皆由古編淆亂錯簡所致，此又深賴紫陽是正也。

〔一〕《戒》疑當作《武》。

詩問一卷 寫本。

右國朝宣城吳肅公撰。錯舉大義畧説之。約三四十翻。

詩經廣大全二十卷 刊本。

右國朝無錫王夢白、陳張曾同輯。韓菼序曰：「《大全》一書，采羣經而或割裂片語，未備本末。引諸家論説而或未有折衷。夫是以廣之也。」

詩識名解十五卷 刊本。

右國朝諸生錢唐姚炳撰。以鳥、獸、草、木分四部，采集各家，專詮名物。

詩經述一册 刊本。

右國朝陳詵撰。義參毛、鄭，詮其大旨，不疏字句。

詩説三卷 刊本。

右國朝庶吉士長洲惠周惕撰。上卷總論其義，中下二卷摘舉篇什，疏證指歸。汪琬謂其「博而不蕪，質而不俚」。○按周惕子士奇，士奇子棟，三世皆以治經有聲。

詩經測義四卷　一作十卷。　刊本。

右國朝國子監丞安溪李鍾僑撰。以夫子未嘗删《詩》，特據所得編之而已。若謂三千删爲三百，則春秋時君卿大夫所賦，止在三百中，其人皆在夫子之前，豈能預合聖人之意而取之。風雅正變之説亦難據。《楚茨》以下，《瞻洛》諸篇皆承平之作，而列之於變。平王之孫列在二南。編詩不必以正變爲低昂，正變不必以世代爲前後。持論率有依據。皆臨川李紱云。

詩藴四册　刊本。

右國朝舉人姜兆錫撰。一名《詩經集傳述藴》。專取朱《傳》與序説互異者，精研博考，以推究其藴。間有辨及《子貢詩傳》、《申培詩説》之處。

陸堂詩學十二卷　刊本。

右國朝陸奎勳撰。不取正變之説。以《楚茨》十詩斷爲成康盛世之音。以《斯干》、《無羊》考室考牧均歸正雅。《淇澳》、《楚丘》、《緇衣》、《蟋蟀》均歸正風。又謂編詩成於史克之手，因譔《魯頌》以頌僖，季文子請于周而得之，孔子據是編以正《詩》，猶《春秋》因魯史，皆述而不作之義。前列《讀詩總論》四十五條。

毛詩説二卷通論一卷　刊本。

右國朝詹事府〔一〕贊善秀水諸錦撰。自識云：「小序採其首句，從欒城例也。隨篇不拘篇數，從歐陽、張宛丘例也。先左證而後發明，毛、鄭諸子而外，有佳説則採之，有奥義則補之，廣益也。」

〔一〕盧文弨批：春坊不屬詹事府。

風雅遺音二卷 刊本。

右國朝諸生鄞縣史榮撰。專辨音釋，多有補正《集傳》處。

毛詩訂韻五卷 刊本。

右國朝貢生餘姚謝起龍撰。亦專考音韻，意以補宋吴棫之缺失。

詩貫十四卷 刊本。

右國朝張敘撰。前有《説詩本旨》、《詩音表》各一卷。立義多參序説。其遵朱者不復致詳。於近時最取李安溪之詩。所論韻則專宗顧寧人之《詩本音》云。

詩深二十八卷 刊本。

右國朝巴陵許伯政〔一〕撰。博考旁證，取古序及朱《傳》詳審而折其衷。前有《詩綱辨義》十三則。

〔一〕盧文弨批：「曾任禮部，亦余戊午同年。」

詩經叶音辨譌八卷 刊本。

右國朝諸生吴江劉維謙撰。其論本顧氏炎武《音學五書》之説爲多。

毛詩通義十四卷 寫本。

右國朝方菶如撰。專引經以證經，每于章尾篇尾各系數語，其文頗畧而却有會心。

詩序廣義二十四卷 寫本。

右國朝知縣象山姜炳璋〔一〕撰。從程子之說。以首篇爲大序。每篇首一語爲古序。其下係學者之辭，爲續序，離一字，使不相混，與古序俱列于前。博引羣書，而以己意辨析焉。

〔一〕「璋」原作「章」，今正。

詩瀋二十卷 寫本。

右國朝柳州知府會稽范家相撰。每篇爲説一二則或數則。諸錦爲之序，謂其詮《關雎》、《鵲巢》等二十二篇，有新貫而無宿壅。

三家詩拾遺十卷 寫本。

右前人撰。掇拾齊、魯、韓三家《詩》之遺文軼義散見於諸書者。自謂本王氏應麟《詩考》，更加蒐補删正而成。前列《古文考異》、《古逸詩》各一卷〔一〕。

〔一〕 盧文弨批：「乙未端午後一日閲，抱經主人。」

浙江採集遺書總録乙集 經部

周禮類

周禮詳解四十卷 商丘宋氏寫本。

右宋王昭禹撰。陳振孫曰:「昭禹未詳何等人。近世爲舉子業者多用之。其學皆宗王氏新説。」蓋荆公經義宋時曾列學官也。内附載陸德明《釋文》。卷首有《總括》十八則。

周禮句解十二卷 天一閣藏刊本。

右宋新安朱申撰。句析字疏,文義詳顯。明陳儒督撫淮南時曾刊行之。

周禮集説十二卷 刊本。

右有元至正戊子吳興陳友仁序,云:「余友沈則正得《集説》於霅,手澤尚新,未詳名氏。其編節條理,與東萊《詩記》、東齋《書傳》相類。於是就而筆之。訓詁未詳者,益以賈氏、王氏之疏説。辨析未明者,附以前輩議論。非特可以廣其傳,亦余之夙志也。」後附俞廷椿《復古編》一卷。

讀禮疑圖六卷 刊本。

右明季本撰。自序云:「《周禮》成於戰國之士,中間多雜邪世之制,迂儒之談。予故即平日所疑者爲圖,旁引以辨證之,而一以《孟子》爲主。」前三卷具列疑圖。後三卷上叙《孟子》之言,以明本原;下詳歷代之事,以備參考。

周禮訓雋二十卷 刊本。

右明雷州府推官長興陳深撰。《周禮》自宋俞廷椿、元王次點、丘葵、吴澄、明何喬新五家於古本篇次各有移易,深之論俱以爲非。其註釋則因何氏本而增損成之。

周禮因論一卷 刊本。

右明唐樞撰。多宗注疏之義。

周禮述注六卷

右明桂林中衛經歷休寧金瑶撰。自序云:「《周禮》不列於學官,漢人之附會累之也。然附會而爲文,正猶剪裁而爲花,質與色雖肖而生理必别,揣摩紬繹之深一經目而便可指摘。」故書中於凡附會者,皆以陰字别之。其注字義率本賈、鄭,而發明多抒己見。後附《六官音釋》及改官、改文議諸條。

周禮傳五卷 各分上下。刊本。

右明崑山王應電撰。楊豫孫曰:「明齋王先生所作傳,未嘗泥注疏。其最要者,六官之相資,四民之相轄，《冬官》之不補，《考工》之不録，及不會國服諸篇，皆能得《禮》之本，劉、鄭所不能傳。」○按應電嘗受業於魏校，故書中每稱舉師説而仍斷以己意。

周禮圖説二卷 刊本。

右前人撰。自序云：「《周禮》舊嘗有圖矣。如冕服則類爲男女之形，而章服仍不明。井邑則類爲大方隔，而溝洫仍不分。今取經旨中言所不能盡者，圖之如左。」

周禮翼傳二卷 刊本。

右前人撰。分《學周禮法》一卷、《非周禮辨》一卷。雖與前書合而别爲編。

周禮完解十二卷 刊本。

右明郝敬撰。前列《讀周禮論》，自抒所見，多有辨正賈、鄭處。

周禮古本訂註六卷 刊本。

右明莆田郭良翰撰。亦以俞廷椿、王次點諸家改易古本爲失，因而訂正之。謂《冬官》可以不補，五官必不可淆，五官自存，《冬官》自缺，何必强臆以亂成經。末卷《考工記》前弁以宋葉時《補亡》一篇。

周禮注疏删翼三十卷 刊本。

右明崑山王志長撰。删注疏之繁，使就簡，而復取後儒之説以翼焉。故名。

周官辨非二卷 刊本。

右國朝鄞縣萬斯大撰。陸元輔曰：「充宗以《周官》爲非周公之書，舉其可疑者辨駁之。」凡五十五則。或舉吴氏之説，或獨抒己見，皆持之有故，言之成理。

半農禮説十四卷 刊本。

右國朝惠士奇撰。錯舉繁文碎義，詳於疏證。

周禮輯義十二卷 刊本。

右國朝姜兆錫撰。謂《周禮》可疑有四類：有與他經格閡處，有本經各條相格閡處，有制度亡散隔閡不可得通處，有註疏及諸儒衆説互異益滋隔閡處。其四類中，與他經隔閡者，《書·周官》、蔡《傳》説得最好，《周禮》書未成，故其法有未施用。其餘隔閡看來多是三例：一省文例，一互文例，一變文例。又謂田制分合，舊註以《遂人》與《匠人》不合，而以《小司徒》合諸《匠人》，其夫數固合已。又以《小司徒》甸都之里數狹，而《匠人》成同之里數廣，數終不合，因率謂《小司徒》去地三之一，治溝洫以合其里數。其説諸家多惑之。而詳味林氏、葉氏諸説，則其非甚矣。據所引《春秋傳》楚蔿掩書土地之九條，是九州之地之總數，内除度山林、鳩藪澤、辨京陵、表淳鹵、數疆潦、規偃豬六條，是九州中不耕之地數。凡都邑宅巷之屬，約去地三之一。其畦原坊、牧隰皋、井衍沃三條，即司徒之再易、一易、不易之地，凡三條之地，是九州中耕地之數，計居地三之二。而其中一易、再易之萊與溝涂之屬，皆此耕地中三條之數。到後來李悝闢草萊，任土地，然後三條俱爲歲耕之地。是通九州之地總計之。所謂去地三之一者，指山林藪澤之類，與都邑宫室之屬而言。若五溝五涂，只是十夫中包以一夫，初無去地三之一以治溝洫，如註者之妄也。這分數明覺遂人之十夫與匠人之九夫，本無二制，不得妄分，而小司徒之九夫爲井以下，乃以計數任賦非以畫形制井，其於匠人，本非一制，尤不得妄合。井地一定，則鄉遂縣鄙都家之屬皆有下落矣。此論最精卓，故備録之。其餘辨正甚夥也。

周禮拾義十册 寫本。

右國朝安溪李大濬撰。所采鄭剛中、王昭禹之説爲多，間附己意。

周禮説畧六卷 瓶花齋寫本。

右不著撰人姓名。摘舉五官文句，梳櫛其義，多以經證經處。間引及魏校、郝敬之説。以無序跋、目録，猝難考知其人，惜也。

考工記圖解二卷 刊本。

右宋閩中林希逸原本，明吳中張鼎思補圖，鄞縣屠本畯補釋。林兆珂謂其宗《三禮圖》而祖漢康成輩説，非無據也。後附勾股法、粟米法、訓字疑似。

考工記通二卷 刊本。

右明宣城徐昭慶撰。自謂本朱周翰之《句解》，上參之鄭康成，下合之周啓明、孫士龍諸家，因成是帙。

考工記纂注二卷 刊本。

右明歙縣程明哲撰。前列諸家序論二十四則，後附圖説。此編《經義考》未載。

周官禄田考三卷 刊本。

右國朝吴江沈彤撰。以《周禮·司禄》經亡，諸家疑公田不足以供官禄，因爲之。例推曲證，以補其缺。

儀禮類

儀禮經傳通解集注三十七卷 刊本。

右宋朱子撰。陳振孫曰：「《通解》以古十七篇爲主，而取《大》、《小戴》及他書傳所載繫於禮者附入之。二十三卷已成書，闕《書數》一篇。其十四卷草定未删改，曰《集傳集注》云者，蓋此書初名也。其子在刻之南康，一切仍其舊。」其篇目詳見朱彝尊《經義考》。

儀禮經傳通解續二十九卷 刊本。

右朱子弟子長樂黄幹輯。文公之書，原缺喪、祭二門，嘗以規模次第屬幹爲之。幹因本師意而續焉。喪禮十五卷，幹所修定。其祭禮僅有藁本，未及删正，楊氏復又參以所聞，蒐經摭傳，重加更定，釐爲十四卷，始合成編。

儀禮圖十七卷 刊本。

右宋贈文林郎福州楊復撰。復亦朱子弟子。曾棨曰：「楊氏因朱子之意，取《儀禮》十七篇悉爲之圖，制度名物粲然畢備。以圖考書，如指諸掌。西山真德秀稱爲千古不刊之典焉。」

儀禮旁通圖一卷 刊本。

右前人撰。前書爲圖二百有五，此則取《儀禮》制度旁證他經，以通其義，爲圖三十有五。二書合爲一編。

儀禮要義五十卷 瓶花齋寫本。

右宋魏了翁撰。說詳易類。此書《經義考》云未見。

儀禮節解十七卷 刊本。

右明郝敬撰。謂十七篇内，《鄉射》即《鄉飲酒禮》，《大射》即《燕禮》，《既夕》即《士喪禮》，《有司徹》即《少牢饋食禮》，其實止有十二篇，然不啻詳已。昔之作者舉所嘗聞潤色補綴，使後世知禮之儀文如是，古人陳迹如是，非責後世一一拘守，亦非士大夫禮存，天子諸侯禮亡之謂也。又謂諸禮家言，雖聖人復生不能盡合，未可以《儀禮》爲經，割諸禮附之。其說多與朱子異。

儀禮商二卷 刊本。

右國朝萬斯大撰。共六十八條。應撝謙序云：「其爬羅剔抉，能見先儒所未及。」後有《附録》七篇：

圖一，說一，書五。

儀禮鄭註句讀十七卷 寫本。

右國朝濟陽張爾岐輯。以傳本句讀多舛，故專録鄭註而考之，間採賈疏及他說參附焉。後有監本正誤及唐石經正誤。

儀禮經傳内編二十三卷外編四卷 刊本。

右國朝姜兆錫撰。自《士冠》至《少牢》凡十四篇。内《士喪禮》、《少牢禮》又各離爲二篇，凡十六篇。并所採補之經傳如干篇，是爲内編。而《喪服》一篇則與所採補之如干篇暨各圖考别爲外編。皆本朱子、黄榦之意，而以己見分合增參其義。

儀禮章句十七卷 刊本。

右國朝同知仁和吴廷華撰。章分句析，義簡而明，於初學最爲切近。按廷華深於三《禮》，編纂宏富。聞全書有百餘卷，其稾未出，故所録止此。

儀禮集編十七卷 寫本。

右國朝龍里知縣秀水盛世佐輯。是書彙萃羣說，擇精語詳，積帙共二千餘翻。爲卷僅十七者，按經篇數分之，不欲於一篇中横隔也。桑調元序稱其「多抒特見，抉經之奥，糾疏之訛，書中理解」。如謂《士冠禮》自「若不醴則醮用酒」以下即記，《士相見禮》自「士見於大夫」以下即記。凡註或連傳、經爲傳隔之類，悉爲更定。其於鄭、賈及楊氏之圖有失者，胥正之。前列綱領二卷。末附勘正監本、石本，補顧炎武、張爾岐之缺。庶幾經之功臣。

儀禮彙説十七卷 刊本。

右國朝越江焦以恕撰。採輯注疏及各家説。其以己意爲衡者，則以「愚按」别之。

車氏内外服制通釋九卷 今闕七、八兩卷。曝書亭寫本。

右宋廸功郎浦江縣尉天台車垓撰。馬良驥曰：「喪服親疏之隆殺，《文公家禮》尚或遺畧。公作是編，其於正、降、義、加多以義起，以補文公之未備。習《禮》者得之，如指諸掌。」〇按垓與從兄若水，學行俱著於宋末，學者稱雙峯先生。有良驥行狀及柳貫墓表附後。

五服集證六卷 曝書亭寫本。

右明常熟徐駿撰。自序云：「謹按《文公家禮》及太祖御製《孝慈録》，間採先儒之論，附以臆見。俾爲人子者習之以知尊卑隆殺之道。」

鄉射禮集要一卷 刊本。

右明教諭三山傅鼎撰。列射禮、戒賓、獻酬之節，益以《周禮》延射、揚觶二事爲圖，而各系以説。

鄉射禮儀節一册 刊本。

右明嘉靖間，嵩陽社學因建射圃習禮，考據經典，禮樂諸器并儀節著爲圖説。前有林烈《記》一篇，述其由。

饗禮補亡一卷 刊本。

右國朝諸錦撰。以吴草廬所補《儀禮》經傳諸篇，獨於《饗禮》尚缺，因據《周官》賓客之聯事而比次之，并取《傳》、《記》中相發明者，條註其下，以補焉。

讀禮紀畧六卷 刊本。

右國朝吴縣朱董祥撰。取古禮經之記喪祭者而尋繹之。首列禮律並著俗誤俗僭與其行禮節。次各爲辨正。末附《婚禮廣義》一卷。

婚禮通考二十四卷 刊本。

右國朝曹庭棟輯。前列今制婚禮，别爲一卷。以下援據羣籍，分條目六十，以經爲綱，先列《儀禮》、大小《戴記》、《左傳》等文，而引史傳各家文爲目臚於後。

五宗考義一册 瓶花齋寫本。

右明兵部尚書婺源潘潢撰。吴城曰：「以朱子《五宗》一篇，雜引自漢至明初諸儒之説，分條疏證，故曰考義。」

禮記類

禮記纂言三十六卷 刊本。

右元吴澄撰。於四十九篇内，取三十六篇而重定其次序。曰通禮者九，曰喪禮者十一，曰祭統者四，曰通論者十有二。其他《大學》、《中庸》及《投壺》、《奔喪》并《冠》、《昏》、《燕》、《射》、《聘》、《鄉飲酒義》諸篇俱不編入。自謂篇章文句秩然有倫，先後始終頗爲精審。

禮記集説辨疑一卷 刊本。

右明紹興府訓導長洲戴冠撰。摘舉陳澔《集説》之可疑者，分條辨之。

禮記日録三十卷〔一〕刊本。

右明重慶知府福寧州黄乾行撰。或單釋一句一節，或併數節至十數節而總釋之。皆融貫諸説而衷以己意。其有與《周禮》、《儀禮》相爲經緯及他經傳足相證明之處，則全録原文於左，以資考較。

〔一〕盧文弨批：「《千頃目》文有四十九卷之本。」

禮記纂註三十卷 刊本。

右明給事中吴江徐師曾撰。一名《集注》。取鄭氏而下五十餘家，擇其切當，去其舛謬，自謂潛心三十餘年始成此書。黄虞稷曰:「删改陳氏《集説》而參以自得,多所發明。」

禮記通解二十二卷 刊本。

右明郝敬撰。摘舉文義而勾稽之,多有創獲之解。

禮記意評四卷 刊本。

右明監察御史海鹽朱泰貞撰。每節舉其指歸而畧於考證,似亦僅爲科舉設者。

禮記疑問十二卷 刊本。

右明姚舜牧撰。自序謂:「《禮記》自《大學》、《中庸》外,如《禮運》、《禮器》、《樂記》、《學記》,皆出於聖賢之口,而他所載者多繁文縟節。然制度品節之詳,聲容音律之美,具載於斯而不可畧。陳氏所集諸注,其中有刺謬不然者,混存不削,因爲搜求考正,祈於當而後已。」

禮記明音二卷 刊本。

右明江陰王覺撰。專標字音,畧釋其義。按覺有《五經明音》,此其一也。

禮記新裁三十六卷 刊本。

右明錢唐童維巖、童維坤撰。分節詳疏,不列本文。

禮記説義二十四卷 刊本。

右明同知涇陽楊梧撰。疏明大義,於《集説》多所辨正。《經義考》云未見。今本係其從子三開刻於吴下，汪琬爲之序。

禮記圭約〔一〕**三册** 刊本。

右國朝山東按察使僉事金壇蔣鳴玉撰。以《戴記》篇目爲主，附以《周禮》、《儀禮》。分總論、别論、緒論三門，而約釋其義。

〔一〕盧文弨批：「疑『主約』，乙集有説。」按：《四庫提要》著録有《五經圭約》，盧批似誤。

禮記偶箋三卷 刊本。

右國朝萬斯大輯。凡一百五十二條。勾稽穿穴，考訂異同，洵爲陳氏之諍友。

禮記彙編八卷 刊本。

右國朝豐川王心敬撰。以四十九篇之文純雜真僞錯出，因盡取其篇目節次一一更張之，而以己意别爲編次。凡分三編。首揭孔子論禮之言，題曰《聖訓拾遺》。次之以《大學》、《中庸》。又次之以《曾子拾遺》、《諸子拾遺》。又次之以《樂記》。統爲上編。又括《記》中禮之大體與雖細節而雅馴可遵行者，題曰《諸儒紀要》。次之以《月令》。次之以《王制》。所謂《王制》，亦於本篇外兼採别條以足之者。又次之以《嘉言善行》。統爲中編。其餘《記》中不合時宜與夫瑣節末事及附會不經之條，聚列於後，題曰《紀録雜聞》，爲下編。凡其鱗次比櫛，以類相從，以序相貫，俾考禮者易於尋究云。

戴禮緒言四卷 刊本。

右國朝陸奎勳撰。自叙大意，謂衛正叔《集説》捃摭已備，故第舉四十九篇，每篇作小序，以辨其爲周、爲秦、爲漢之文。其先儒之説，有足正陳氏舛誤者録之。尚有遺義，則就己見論定焉。

禮記章義十卷 刊本。

右國朝姜兆錫撰。首定章句，次審義理。謂《戴記》有舊不分章者，如《檀弓》、《月令》、《曾子問》、《明堂位》、《坊記》、《表記》、《冠》、《昏》、《射》、《鄉》各義，雖無分章而章段自明。其餘或分章即脉絡失而義理舛，如《曲禮》，「姑姊妹女子子已嫁而反」當通下父子兄弟二條爲章。「擬人必於其倫」當通下君大夫士庶各條爲章。又章之當分有數類。有義通爲一篇而脉絡自判者，分爲各章止如一章。如《王制》、《禮運》、《禮器》、《祭法》、《祭義》、《祭統》、《學記》之屬及《樂記》一篇。《記》以前本有《樂論》、《樂言》、《樂施》以下十一篇之分，而《記》自合爲一篇。是也。又有義本非一篇而牽合爲篇者。如《經解》之「天子」以下，《聘義》之問玉之屬。又《曲禮》、《少儀》以及《雜記》並皆薈萃而成。而《哀公》、《閒居》、《燕居》等篇，今考《家語》其互相牽合尤明。分章既定而句之害義猶章。如《内則》「羞糗餌粉酏食」當爲句，看《周禮》自明。章句雖定，而編簡有錯，即章句不亂猶亂。如《禮運》「禮義以爲紀」七句當在「謹於禮者也」之下。《射義》篇首之射必先燕節當是領起《燕義》、《鄉飲酒義》之總辭。《燕義》篇首之秋合諸射節當是領起《射義》之辭。若章句而理義背者畧見於程、朱及諸儒緒論，而其顯背先聖之禮以立義者，如孔氏之不喪出母，降婦人而後行禮，異父昆弟之喪，天子練衣以燕居，其變而之吉祭也等條，以《儀禮》考之，謬皆可見。要之推義理於章句中，復求義理於章句外，而經庶得矣。其卷首附論八則。大畧如此。按兆錫年逾七旬，治經不懈，自朱子四經註外，餘九經俱討論成編。以輔臣薦預三禮館纂脩。所著書俱經乙覽云。

禮記類編三十卷 刊本。

右國朝知縣仁和沈元滄輯。取《禮記》四十七篇掇易而類聚之。先五典，次五禮，而冠以通論、廣論並附諸禮儀節。元滄自序云：「此非誦習之書，而考索之書也。誦習則《檀弓》有《檀弓》之文，《緇衣》有《緇衣》之文，考索則《曲禮》有《內則〔一〕》之事，《內則》有《少儀》之事。」可以知其書之梗概矣。子廉使廷芳爲之校刊。

〔一〕「內則」二字原誤作「曲禮」，今據《四庫存目叢書》影印乾隆沈廷芳刻本改正。

檀弓叢訓二卷 寫本。

右明翰林院脩撰新都楊慎撰。凡爲訓二百一十四條。如曾子之易簀、子思之不喪出母、季札之葬子，悉加辨正，皆有裨於道者也。中載宋陳騤、謝枋得二家評。

檀弓述註二卷 刊本。

右明莆田林兆珂撰。於注疏外旁采諸家以廣其義。

檀弓通二卷 一作《檀弓記通》。刊本。

右明宣城徐昭慶撰。以李國祥之《檀弓評説》體尚簡畧，乃復爲增益而疏通之，以便學者。以上二書《經義考》俱云未見。

檀弓原二卷 刊本。

右明新安姚應仁撰。乃節取陳氏《集説》，更以諸家註評及己説益成之者。

檀弓輯註二卷 刊本。

右明太常少卿海寧陳與郊撰。首列註疏，而輯羣説以佐之。並附謝枋得章句。

檀弓疑問一卷 刊本。

右國朝欽天監監副錢唐邵泰衢撰。以《檀弓》多記變禮之由，爲秦漢諸儒所雜撰，中多可疑，故摘辨之。

王制考四卷 刊本。

右明無錫李黼撰。分前後集。前集采《周禮》、《春秋》諸經傳以述三代之制。後集則述秦漢以後暨明代之制附焉。《經義考》云未見，作一卷，恐誤。

月令明義四卷 刊本。

右明黄道周撰。考十二月中星，繪圖系説，分疏四時政令，并采古今之建言行事合於《月令》者附焉。

坊記集傳二卷 刊本。

表記集傳二卷 刊本。

右前人撰。自序謂:「宋淳化至道間,以《坊》、《表》二記頒賜廷臣,今禮樂備在學官,而習者相沿爲曲臺遺言,無復知爲《春秋》義例所從出。《坊記》舊分三十四章,今約從三十。《表記》四十三章,今約從三十有六。以發明《春秋》大義,使相屬比,有以究其指歸焉。」

緇衣集傳二卷 刊本。

右前人撰。自序謂:「《緇衣》二十三章,皆本仲尼之言,雜引《詩》、《書》以明之。凡十五引《書》,二十三引《詩》。其稱《易》者一,歸於恒德,言好賢惡惡之貴有恒德也。兹采經史關於好惡刑賞治道之大者,凡二百餘條,以繫於篇。以其依經起義,别於訓詁,故謂之傳云。」

儒行集傳二卷 刊本。

右前人撰。體例與前書同。黄虞稷言崇禎間先生官少詹事,四書曾進於朝。

深衣考一卷 瓶花齋寫本。

右國朝黄宗羲撰。首考深衣形制。次列經文,分段詳解。次引諸家辨析朱子、吴草廬、朱白雲、黄潤玉、王浚川之説。末附黄氏《喪服制》一篇。

中庸輯畧二卷 刊本。

右宋朱子撰。陳振孫曰:「晦菴既爲《章句》,復取石子重所著《集解》,删其繁亂,名以《輯畧》。其取舍之義則《或問》詳之。」按《集解》《宋志》作《十先生中庸集解》。十先生者，周子、二程子、張子及吕氏、游氏、楊氏、侯氏、謝氏、尹氏也。唐荆川謂：「自《章句》行而《輯畧》、《集解》二書因以不著於世。余藏有宋本《輯畧》。其《集解》不可復見矣。」《經義考》兩收之，而所引謝鳴治《赤城續志》之言，似轉混《輯畧》、《集解》爲一書。今本直作石蝥，葢刻者不審也。

中庸合注定本一册 開萬樓寫本。

右元翰林學士臨川吴澄輯。全列朱子《章句》，復采羣説詳演其義。此書《經義考》失載。

中庸衍義十六卷 《經義考》作十七卷。刊本。

右明南城夏良勝撰。彙輯經史及各家言，以類比附，爲綱十，爲目六十有二。其進表云：「《大學衍義》早年問步於西山，《中庸補遺》末路效嚬於東海。」

大學疏義一册 刊本。

右宋金華金履祥著。依《章句》之次而詳演其義。

大學叢説一卷 瓶花齋寫本。

右元許謙撰。參詳諸本以定經傳節次，而於節次間每著圖以附之。此書《經義考》云未見。

大學古今本通考十二卷 刊本。

右明臨潁劉斯原撰。首列朱子定本，後采鄭康成以下至明人共三十六家之説，考其同異而甄録之。

大學稽中傳一卷 刊本。

右明諸生南豐李經綸撰。統詮大旨，並著有《稽中圖説》。而於圖後録朱、陸二家書爲的證焉。

大學中庸讀二册 刊本。

右明姚應仁撰。首曹魏石經本。次《戴記》舊本。次考正本。分爲四讀。以上三書《經義考》失載。

大學翼真七卷 寫本。

右國朝胡渭撰。亦參用古今本。其義雖採衆家而仍衷朱子。

大學中庸困學録二册 刊本。

右國朝王澍撰。本《集注》、《或問》諸書，發明本旨。

夏小正詁一卷 刊本。

右國朝諸錦撰。專釋名物，多以經詁經處。

通禮類

三禮考注六十四卷 刊本。

右元吴澄撰。明楊士奇跋，謂此書本吴文正公用朱子之意考定。爲《儀禮》十七篇，《儀禮逸經》八篇，《儀禮傳》十篇，《周官》六篇，《考工記》别爲一卷。見公文集中《三禮叙録》及虞文靖公行狀。元季兵亂，其書藏康氏，同郡晏璧求得之，掩爲己作。但其篇數增損不同。《叙録》《逸經》八篇，《投壺》、《奔喪》、《公冠》、《諸侯遷廟》、《諸侯釁廟》、《中霤》、《禘於太廟》、《王居明堂》。今書《逸禮》止六篇，而少《中霤》、《禘於太廟》。《叙録》《儀禮傳》十篇，此書增入《服義》、《喪大記》、《喪義》、《祭法》、《祭義》五篇。《叙録》正經、逸經及傳之外云餘悉歸諸《戴記》。此書傳後復增入《曲禮》八篇。凡增十三篇。其中固有載入《纂言》者不當複出。又文正分禮爲經、義爲傳。今書增入者，禮義率多混淆無別。又其卷首亦載《叙録》而與卷中仍有不合者。○按此書所增損者，或謂文正晚年欲復加考訂，曾授其意於孫當，當爲之而未就。或謂璧自爲之。皆未可定。

二禮經傳測六十八卷 刊本。

右明南京吏部尚書增城湛若水撰。其篇次取《少儀》參以《曲禮》爲上經，而以《儀禮》爲下經。定《冠義》等十六篇爲《儀禮》正傳。其《王制》等二十三篇，雜論不可以分繫而足，相表裡發明者爲二禮雜傳通傳。又別小戴《郊特牲》等五篇與大戴《公符》等四篇爲《儀禮》逸經傳。自謂凡九年始克成編，章爲之測，藏之家塾。○按若水嘗以是書表進，尚書夏言謂其立論以《曲禮》爲先，有戾孔子之言，因罷而不省。然其排纂之功固不可没也。

三禮圖二卷 曝書亭寫本。

右明知府江夏劉績撰。因聶崇義之圖而推廣之。自序謂勿泥舊說，見舊是者，今不復圖。

三禮纂注四十九卷 刊本。

右明翰林院待詔宣城貢汝成撰。《周禮》六卷，《周禮餘〔一〕》二卷，《儀禮》及《附傳》十七卷，《儀禮逸經》四卷，《儀禮餘》八卷，《禮記》十二卷，合爲四十九卷。其移掇篇次大要亦本朱子及俞、吴諸儒之意，而更以己見出入焉。如《周禮》則以《天官》之卿考五官之卿，以六官之卿考六官之屬。而别取《記》中《王制》、《月令》二篇目爲《周官傳》附焉。《儀禮》則一仍古經之舊，而取《冠》、《昏》、《燕》、《射》、《聘》、《祭》等義，《服問》、《問傳》、《三年問》、《雜記》、《祭法》、《祭統》等分系各篇目爲附傳。又取《記》中《投壺》、《奔喪》、《文王世子》、《明堂位》四篇目爲《儀禮逸經》。又取《曲禮》、《内則》、《少儀》、《玉藻》、《深衣》、《大傳》、《郊特牲》、《檀弓》八篇目爲《儀禮餘》附焉。《禮記》四十九篇，除《大學》、《中庸》已配《論》、《孟》不列入，又上所移收於《周禮》、《儀禮》者共三十七篇外，所餘《禮運》而下一十二篇仍存爲《禮記》，以其於六官十七篇無所繫也。宋儀望序謂其折衷更定於古人，微言奥旨，多所發明云。

〔一〕「餘」原作「傳」，據盧文弨校及《千頃堂書目》改。

二禮集解十二卷 刊本。

右明李黼撰。凡《周禮》五官之全文，《考工記》之補亡，《儀禮》十七篇與夫《記》者之先後次第，一一考正之，而所集之解，本注疏，以參之儒先議論，復以己意折衷焉。又參用《周禮》陳氏《集説》，以官名各置本章之首。《儀禮》楊氏《圖》，以逐節各分逐章之後。頗爲妥愜云。

三禮編繹二十五卷 刊本。

右明鄧元錫撰。自序云：「余讀《禮》，手録《曲禮》、《少儀》、《内則》、《玉藻》諸篇爲《曲禮經》上篇。其非日用習行，古今異宜難施行者爲下篇。其《儀禮》本古經爲經。經有義見《戴記》者，類附經爲傳，傳錯見他説中者，摭取之爲别記。凡經十七篇，傳十七篇，記各附其篇終。《周禮》經仍五篇，《考工記》類附於後自爲篇。匪曰銓訂，庸便服習云。」

三禮繹四卷 刊本。

右前人撰。即約前書爲之。

禮問二卷 刊本。

右明吕柟撰。雜論冠、婚、喪、祭諸禮。分内外篇。説詳易類。《經義考》云未見。

讀三禮畧記六册 寫本。

右明朱朝瑛撰。謂《周禮》爲後人汩亂所云，封國之里數與《王制》異，朝覲宗遇之制與《儀禮》異，六服分歲而朝與《王制》異，大裘祀天與《郊特牲》異，陽祀騂牲陰祀黝牲與《祭法》異，《大宗伯》蒼璧祀天牲幣放其器色與《牧人》陽祀用騂自爲異。《典瑞》云子男執璧而《玉人》云天子執冒圭以朝諸侯，則子男亦必執圭，其説與《雜記》合而與《典瑞》亦自爲異。此皆《周禮》之未可信者。然有可據之以證他書之失，有係後世之變禮而《周禮》爲正者，有《周禮》與《戴記》互相備而非異者，有《周禮》與《戴記》似異而實未嘗異者。謂《儀禮》者，儀也，非禮之本也。惜其散失者多，而後世攙入者亦復不少。如《燕禮》之奏肆夏以燕其臣，《聘禮》之覿主卿大夫爲擯，《喪服》大夫之降期服而大功，蓋由後世卿怙權自貴，乃有此禮。《雜記》三年之喪大夫自異服而《儀禮》則同此，則《儀禮》是而《雜記》非也。有《儀禮》爲常而《雜記》爲變者，有《儀禮》合於《戴記》可以證《周禮》之妄者，有《儀禮》與《戴記》似異而實未嘗異者。謂《戴記》如《大學》、《中庸》，粹精不必言矣。次之則《樂記》、《學記》、《王制》、《禮運》、《禮器》、《祭義》、《祭統》、《表記》、《儒行》等篇，雖有微瑕，不掩其瑜。最舛駁者無如《明堂位》。而其是非之大端，如《王制》大國不過百里，可以證《周禮》封建之非；《郊特牲》被衮象天，可以證《周禮》大裘之非；《中庸》期之喪達乎大夫，可以證《儀禮》大夫降期之非。至於《戴記》之失而取正於《儀禮》、《周禮》，《戴記》之所未詳而參以《儀禮》、《周禮》。又有《戴記》自爲異者，不可枚舉。更有後世之變禮不再見於他經。如《王制》之天子立三監監於方伯之國之類，鄭氏誤信以爲古禮，陳氏雖有改正，僅什之一。其總論大畧云爾。至折衷古今，通方善俗，尤爲精確。茲不備録焉。

學禮質疑二卷 刊本。

右國朝萬斯大撰。斯大學於梨洲黄氏。曰「質疑」者，意以質於其師也。首取《戴記》諸篇相對。次取《儀禮》與《戴記》相對。次取《易》、《書》、《詩》、《春秋》及《左》、《國》、《公》、《穀》與二《禮》相對。見其血脉貫通，帝王制度約畧可考，因所得竊著之。共三十三篇。梨洲稱其甲乙證據摧牙折角，軒豁呈露。

禮學會編六十四卷 稿本。

右國朝應撝謙撰。卷首録文公乞修三《禮》劄子，并子在《儀禮》經傳目録，後記楊復《儀禮經傳續編序》，以見當時傳授之意。第以朱、黄二氏立此規模，專爲天子、諸侯、士大夫行禮之地，而分類條攝不免斷裂本文，兹則因地制宜，各還本旨，標題名篇，共六十四。附《小戴禮編餘》一册。釐次頗爲詳審云。〇按撝謙於各經俱有注釋，三《禮》尤所究心。嘗與萬充宗往復辨難。今充宗《經學五書》已刊行，而撝謙所著流傳絶少，兹故備録之。

讀禮志疑六卷 刊本。

右國朝陸隴其撰。皆與及門同志辨難往復之語。取漢唐諸説考其異同得失，大要一衷朱子。

參讀禮志疑二卷 刊本。

右國朝生員婺源汪紱撰。即前書而參校之。間亦有觸類引伸處，如周禮《郊特牲》之屬與圜丘各殊，《司士》治朝之位與《曲禮》互異之類，皆補辨陸氏所未發。

禮書綱目九十一卷 寫本。

右國朝婺源江永撰。分列八門。嘉禮、賓禮、凶禮、吉禮，皆因《儀禮》所有者而附益之。軍禮、通禮、典禮，則皆補《儀禮》所未備。另立樂一門居後。又附以《深衣考誤》一卷、《律呂管見》一卷。此書薈萃衆家，絜綱列目，縷悉條分，説禮之總匯也。

對制談經十五卷 刊本。

右明京兆杜溼取宋葉時《禮經會元》舊文凡百篇，爲之釐次、音釋而改題今名。復分立十五門統之，以便檢閲。

禮要樂則一册 刊本。

右明御史桐城阮鶚撰。《禮要》列冠、昏、喪、祭、飲、射六條，畧據古經，參以通俗。《樂則》分君臣、父子、夫婦、兄弟、朋友五門，系以《毛詩》篇什。蓋鶚巡按直隸時，條約士民所作也。

禮樂通考三十卷 刊本。

右國朝武進胡〔一〕掄撰。本二《禮》以沿考後世歷代之制，兼采儒先之説而參附焉。

〔一〕「胡」原作「吳」，據《四庫全書存目叢書》影印乾隆刻本改正。

廟制考義四册 刊本。

右明季本撰。詳考廟制，辨止秦漢以來諸儒附會之説。總論分爲七義。附録七十七圖。

廟制圖考四卷 刊本。

右國朝鄞縣萬斯同撰。共六十九圖，系以三十七説。自題云：「宗廟之制，衆説棼如。太廟居北，昭穆分列以次而南者，孫毓之説也。太廟居中，羣廟分列無分上下者，賈公彦之説也。周制七廟并數文武世室者，韋元成、鄭康成之説也。周制七廟不數文武世室者，劉歆、王肅之説也。皆引經据傳，各有依據。而王、鄭兩家尤爲衆説之鵠。自同堂異室之制興，近親四廟之典定，先王遺意無存。爰采《王制》七廟之文，參劉氏三宗之説作此。」

四禮翼一册 刊本。

右明寧陵吕坤撰。冠、昏、喪、祭四禮各分前、後翼。原本禮經之意，復參酌古今，取其切近可行者著焉。

家禮辨定十卷 瓶花齋寫本。

右國朝錢唐王復禮輯。復禮以朱子《家禮》乃乾道五年丁母祝令人憂時所作，至晚年多所損益，未暇更定，因取舊本重爲釐次。多采及近時諸家之説。○按復禮矻矻著述，與毛奇齡、吴農祥諸人往復切劘云。

春秋類

春秋集傳纂例十卷 刊本。

右唐河東陸淳撰。本啖、趙所著《統例》爲纂而合之。其辭義隨加注釋，兼備載經文於本條之内，使學者以類相求。其三《傳》義例取舍，啖、趙具已分晰，亦隨條編附。凡四十一篇。吴萊序謂金泰和間趙秉文手本太原板行。陸氏另有《辨疑》七卷。然今本又有《辨疑》各條混入，似屬後人更定，非吳所見之本也。

春秋微旨三卷 寫本。

右前人撰。《唐志》二卷，晁《志》六卷，今本三卷，與《經義考》同。其書亦舉所聞於其師啖助、趙匡者爲折衷之。晁公武曰：「學《春秋》者，啖、趙以前皆顓門名家，苟有不通，寧言經誤，其失也固陋〔一〕。啖、趙以後，喜援經繫傳，其或未明則憑私臆決，其失也穿鑿。均之失聖人之旨，而穿鑿者之害爲甚。」公武蓋鑒於流弊而爲此言，非有咎於陸氏耳。

〔一〕「陋」字原脱，據《郡齋讀書志》補。

龍學孫公春秋經解十五卷 天一閣寫本。

右宋龍圖閣學士高郵孫覺撰。義主穀梁，間采左氏、公羊及歷代諸儒唐啖、趙、陸氏之説，長者從之。其所未安，則以所聞於安定先生者折衷焉。陳振孫曰：「安定弟子以千數，别其老成者爲經社。覺年最少，衆皆推服。此殆其時所作也。」

春秋集解十二卷 刊本。

右宋蘇轍撰。轍自熙寧謫居高安始作此。紹聖元符間凡三易地，隨時增改。最後居龍川而書始成。

大指以世人多師孫復，不復信史，兼時王學行詆《春秋》爲斷爛朝報，故矯俗而爲之。

春秋五禮例宗十卷 倦圃寫本。

右宋直秘閣雲川張大亨撰。大亨以《周禮》盡在魯，聖人以爲法，凡欲求經之軌範，非五禮無以質其從違，故以吉、凶、軍、賓、嘉分標五門。又每門各立條目，而以《春秋》經文類系其下。仍每類總爲一説以疏證之。

春秋傳二十卷 餘姚黄氏續鈔堂藏寫本。

右宋龍圖閣直學士吳縣葉夢得撰。開禧乙丑孫朝散郎筠識云：先祖左丞著《春秋讞》、《考》、《傳》三書。謂自其《讞》推之，知吾之改正爲不妄也，而後可以觀吾《考》。自其《考》推之，知吾之所擇爲不誣也，而後可以觀吾《傳》。筠曾併刊於南劍郡齋，真德秀爲之序。惜《讞》、《考》各三十卷，俱佚，不傳。今止存此。

東萊左氏博議二十五卷 刊本。

右宋吕祖謙撰。乃屏居東陽時，爲諸生課試之作。《宋志》及《經義考》俱作二十卷。此獨增五卷。黄虞稷曰：「世所行《東萊博議》皆删節者，惟正德中刊本獨全。」〇按今本係宋槧，明董其昌家所收藏也。

議史摘要四卷 刊本。

右前人撰。取《左傳》之事標列爲題，每題著論一篇，附有註評。

春秋比事二十卷 仁和鮑氏知不足齋寫本。

右宋校官湖州沈棐撰。《經義考》云已佚。今本有王顯仁題署云：「至元戊寅冬，中奉大夫江南江北道廉訪使圖魯公等禮成廟學，乃登崇文閣，得《春秋比事》一部。叙沈文伯先生之所作也。觀其引事連類，天理人欲剖晰明甚，可謂得聖人誅心之法。又有嘉定辛未譚月卿跋。或謂此書不著其名，疑沈文伯之所爲。文伯以文辭稱，不聞以經稱，蓋未定云。」○按此書謂沈棐所作始於陳同甫，見《文獻通考》。

春秋王霸列國世紀編三卷 天一閣寫本。

右宋國子司業吴郡李琪撰。紀東周列國之事蹟，緯以十二公年世。分王世紀，伯世紀，列國同姓世紀，列國庶爵世紀，列國先代之後世紀，夷狄世紀，夷國世紀，凡七門。紀後有序論。至正中渝川周自得曾序而行之。

方舟左氏諸例四卷 瓶花齋寫本。

右宋李石撰。以左氏之引《詩》計一百六十八篇爲《詩如例》三卷。又以左氏之引「君子曰」者計七十三則爲《君子例》，又以左氏之引「仲尼曰」者計三十二則爲《聖語例》，共一卷。末附《詩類補遺》三十六則，則占筮詞及童謡銘頌等也。此書《經義考》失載。

春秋左傳詳節句解三十五卷 一名《節解》。天一閣藏刊本。

右宋朱申輯。融會杜氏以下諸家之説，分節詮解。王稺登曰：「周翰是書，無裨《左氏》，裨乎學《左氏》者耳。」

春秋纂言十二卷 刊本。

右元吴澄撰。本陸淳《纂例》而廣之，爲《總例》七篇。例之綱七，例之目八十有六。

春秋諸國統紀六卷 天一閣藏刊本。

右元國子司業僉太史院事沙鹿齊履謙撰。取經文而分國系之，始魯終吴，爲統紀二十篇。又附録諸小國、諸亡國二篇。仍於每國冠以叙，每節系以解。有延祐四年自序。

春秋本義三十卷

春秋辨疑二十卷

春秋或問十卷 俱瓶花齋寫本。

右元國史院編修官鄞縣程端學輯。遍索前代説《春秋》凡一百三十家，因取其合於經者爲《本義》，復作《辨疑》以訂三《傳》之疑似，作《或問》以較諸儒之異同。又《綱領》一卷，統述著作之意。至正五年金華張天祐序。按此書説《春秋》最爲醇備。近通志堂所刻者，缺《辨疑》二十卷。惟此爲足本。

春秋讞義九卷 《經義考》十二卷。《千頃堂書目》十卷。 開萬樓寫本。

右元領鄉薦吴江王元杰撰。所採多二程、朱子、胡氏之説。並自爲讞語。末缺四卷。

春秋闕疑四十五卷 一作《春秋經傳闕疑》。知不足齋藏刊本。

右元徵翰林待制歙縣鄭玉撰。以經作大字，揭之於上爲綱，傳作小字，疏之於下爲目。其叙事主《左氏》而附以《公》、《穀》。立論先《公》、《穀》而參以歷代諸儒之説。至於經有脱誤，寧闕之以俟知者，故以命名，寓述而不作之義云。按《經義考》、《千頃堂書目》俱作三十卷。今本增多十五卷。

春秋諸傳會通二十四卷 萬曆書目作二十卷。天一閣寫本。

右元贛州路信豐縣尹安福李廉輯。所采先《左氏》，次《公》、《穀》，次杜氏、何氏、范氏，次疏義，總以胡氏爲主。而陳氏《後傳》、張氏《集注》亦並采焉。按廉以守節死於官，《元史》失載其事，論者惜之。

春秋金鎖匙一卷 二老閣寫本。

右元休寧趙汸撰。本其師黄楚望口授之義隨條綴録者。

春秋胡傳附録纂疏三十卷 天一閣藏刊本。

右元新安汪克寬撰。以胡《傳》爲宗，詳注諸國紀年謚號，而經文之同異亦備列之，並集諸家之説。又考究胡《傳》之所援據，與其音讀一一附注焉。首卷載《先儒格言》、《凡例》、《引用諸儒姓名書目》三篇。有至元間汪澤民、虞雍兩序。

春秋鉤元一册 寫本。

右明國子監博士泰州石光霽撰。以《春秋》書法分屬五禮，晰其褒貶。其五禮所不能括者，别爲雜書法以冠於首。又有《雜書法括遺》附末。

春秋左傳類解二十卷 刊本。

右明鎮江知府江夏劉績撰。摘取經傳之文而分國編次之，附以各家注釋。前有《地譜世系》一卷。洪珠爲之序。按此書明晉藩曾刻於寶賢堂。

春秋經傳辨疑一册 開萬樓寫本。

右明兵部員外郎蘭谿童品撰。凡九十三篇。自序云：「止據《大全》及《左傳》而言。」然其辨證頗有原本也。《經義考》云未見。

春秋列傳五卷 一作八卷。刊本。

右明兵部侍郎大庾劉節輯。以《春秋》人物太史公自管、晏、伍胥而外，如柳下惠、臧文仲、子産、子文、百里、狐、趙諸人概不爲立傳，因倣其體，參互諸書成此。

春秋説志五卷 刊本。

右明吕柟撰。説見易類。

春秋集要十二卷 刊本。

右明户部侍郎鍾芳撰。陳烈序曰：「議論採之諸家，旨要宗乎胡氏。」《經義考》作二卷，云未見。

春秋私考三十六卷 刊本。

右明季本撰。大旨多本其師陽明王氏之説，故所見最爲直捷。至於地理、沿革、氏族、星曆、禮樂、兵賦之類，纖悉核實。唐荆川謂其能於諸家紛紛之説一切摧破，而獨身處其地，以推見當時情事者。

春秋世學三十二卷 寫本。

右明豐坊撰。以正音、續音、補音、正説歸其先世宋御史中丞豐稷，而自爲考補。復以篆隸體爲正始石經。蓋坊多作僞，前人屢譏之。此書實亦未可信者。

春秋讀意一卷 刊本。

右明唐樞撰。謂讀《春秋》，貴得其意，因以名焉。其書爲門人潘季馴校刊。

左傳附註五卷 刊本。

右明長洲陸粲撰。取注疏所未備者，采《釋文》訓詁以補之。并考其疑衍脱誤，别爲後録附焉。

左粹類纂十二卷 瓶花齋寫本。

右明推官長洲施仁撰。析别内、外傳之文爲十有五類：曰制命，曰諫諍，曰誡諭，曰辨説，曰議論，曰賦傳，曰盟載，曰謡誦，曰謀畧，曰政事，曰薦舉，曰節義，曰辭讓，曰逆料，曰夢卜。並分國分篇以轄萃其言。

左氏始末十二卷 刊本。

右明僉都御史武進唐順之撰。以《内傳》爲主，而錯出於《外傳》、《史記》者，亦連屬而比合之。曰后，曰宗，曰官，曰倖，曰奸，曰殺，曰逐，曰亂，曰盜，曰鎮，曰戰，曰名臣，曰禮樂，曰方技，凡十有四目〔一〕。事歸其類，人繫其事。皆以己筆融貫成文者。

〔一〕盧文弨改「四」爲「五」，又批：「《千頃目》係十五門。」按：《千頃目》「曰戰」下有「曰戍」，此脱。

春秋明志十二卷 《經義考》作《春秋明志録》。寫本。

右明熊過撰。其説與山陰季氏相印合者什之二三。於杜氏長歷推驗尤晰。乃過謫官南中時所詮次云。

春秋録疑初稿十二卷 《經義考》作十七卷。天一閣寫本。

右明姚安知府晉江趙恒撰。專宗胡《傳》。有經題、傳題、破題之目。亦爲科舉設者。黄虞稷曰：「著書時，以纊塞耳者三年而成。去纊而耳已聾。其專心如是。」

春秋輯傳二十三卷 商丘宋氏寫本。

右明王樵輯。自三《傳》以下研討異同，本程、朱而有裨於文定者則録之。文定舊有綱領七家之説，樵廣之爲宗旨三篇，附論一篇。又因陸氏《纂例》而修之爲凡例二十篇，並列卷首。按《千頃堂書目》、《經義考》俱作十五卷，凡例三〔一〕卷。似誤。

〔一〕原本作「二」，盧文弨校改爲「三」，是。

春秋事義全考十二卷 倦圃藏刊本。

右明姜寶撰。義宗胡《傳》，參以新安趙氏、山陰季氏、金壇王氏諸家説。其地理沿革，則準明輿地圖而直音之。

春秋左傳屬事二十卷 刊本。

右明建昌教諭嘉定傅遜輯。其編次倣袁樞《通鑑紀事本末》之法，先王室，次盟主，次列國，次外國，凡九十二篇。取大國之事相連屬，而小者附見焉。

春秋諸名臣傳譜十三卷 曝書亭藏刊本。

右明無錫姚咨輯。自宋王當《列國諸臣傳》、明劉節《春秋列傳》，皆取材《左》、《史》而編次之。至邵二泉復爲增補，未竟。咨因續成焉。凡爲傳二百四十八人。

春秋通一卷 刊本。

右明鄧元錫撰。首尾止一篇，論《春秋》大旨。按《千頃堂書目》、《經義考》俱作《春秋繹通》，即《五經繹》之一也。

春秋諸傳辨疑四卷 寫本。

右明宗室朱睦㮮撰。依經之次而辨釋之，專主發明大義。《經義考》云未見。

春秋翼附二十卷 刊本。

右明諸生嘉興黄正憲撰。謂前人拘拘於日月爵氏，爲褒貶曲，爲正例、變例及美惡不嫌同辭之類，愈繁愈晦，如射覆然。兹特取其不詭於筆削之旨者録之。所采於明人王樵、季本之説較多。

春秋疑問十二卷 刊本。

右明姚舜牧撰。自謂從《大全》諸書摘取諸儒之論有合于經者録之，而又筆記所疑，以就正有道焉。

春秋孔義十二卷 刊本。

右明左都御史無錫高攀龍輯。以諸儒釋經義多深刻，因爲疏明，務使平允，故曰「孔義」。

春秋直解十五卷 刊本。

右明郝敬撰。以《春秋》所書征伐會盟俱爲亂蹟，聖人未嘗可五伯，未嘗與齊晉，未嘗黜秦楚吴越，又以《公》、《穀》非能與《左》方駕。蓋專宗據事直書之説者。

春秋非左二卷 刊本。

右前人撰。自序云：「《春秋》本事自當依《左》，然《左》非親承聖訓，見而知之者。末學承訛，至以《周易·文言》語出自魯穆姜，《毛詩》古序謂附會《左傳》臧宣叔媚晉卿權詞，以爲王制夏父弗忌逆祀，諸侯祖天子，謂都家皆有王廟。楚子納孔寧儀行父，謂爲有禮。晉受諸侯朝貢，蔑視天子，極其崇奬。此類皆悖理傷道。今摘其似此者，凡三百三十餘條。」

春秋闡義十二卷 刊本。

右明曹學佺撰。體仿三《傳》，而辭氣亦類之。《經義考》云未見。

春秋辨義三十卷 刊本。

右明運判仁和卓爾康撰。辨義者，一曰經義，二曰傳義，三曰書義，四曰不書義，五曰時義，六曰地義，而十二公義復以序次之。皆自述云。

春秋衡庫三十卷 刊本。

右明長洲馮夢龍撰。夢龍以《春秋》起家，其書似亦爲發科決策而設者。

春秋類編三十二卷 刊本。

右明無錫秦瀹撰。分人編次。前有叙傳二十則。自識云：「凡言醇而有理，斯採輯之弗遺。若其内、外傳之各異，或傳與記之不同，則彼此分置前後，不可執一而廢百也。」此書《經義考》云未見。

春秋因是三十卷 刊本。

右明宣城梅之熉撰。以明代《春秋》講師之本有傳題、比題，非尊經之義，故特爲發其藴。蓋體雖從俗，而仍不失治經之實學者。

春秋左傳分國紀事二十二卷 《經義考》作二十卷。 刊本。

右明舉人錢塘孫范撰。亦倣史家體，以事系國，以國系君，有一事而連綴三五國、上下數十年者，取便學者循覽云。

春秋四傳通解十二卷 刊本。

右明海寧陳士芳輯。但節取四《傳》相屬而隸于經，間附證解，殊不詳也。

春秋實録十二卷 刊本。

右明武昌知府宜黄鄧來鸞撰。亦止節録《左傳》、胡《傳》之文，間以《公》、《穀》、《史》、《國》附焉。意爲舉業家課誦而設，故鮮所發明云。

春秋左傳地名録二卷 刊本。

右明諸生貴池劉城撰。參考三《傳》所載地名，分别注釋之。崇禎癸酉自序云：「此在經義最爲麤末，顧可備遺忘耳。」

左記十二卷 刊本。

右明山陰章大吉撰。以《左氏》之文就《史記》之體，分國與人而條系之。

麟傳統宗十二卷 刊本。

右明德清夏元彬輯。依經採録三《傳》，并取《毛詩》、《周禮》及《戰國》諸書關《春秋》事實者條附焉。有竺塢山史文震孟叙。

春秋平義十二卷 寫本。

右明諸生秀水俞汝言撰。朱彝尊稱其能取宋儒之論，平反解釋，惜未流傳。

春秋四傳糾正一卷 寫本。

右前人撰。所糾正者凡有六端。一曰尊聖而忘其僭，二曰執埋而近于迂，三曰尚辭而鄰于鑿，四曰億測而涉于誣，五曰稱美而失情實，六曰摘瑕而傷鍥刻。自序云。

春秋三傳衷考十二卷 刊本。

右明長興施達撰。裒擇三《傳》之文，取其不謬胡氏之旨者而臚列之。蓋寓羲經事緯之意焉。

春秋貫玉四卷 刊本。

右明提學副使慈溪顔鯨撰。以《左氏》貫《公》、《穀》諸傳，分國而以事類之。每篇各有要語。乃自出手眼而非襲乎前人者。

春秋左傳評註測義七十卷 刊本。

右明淩稚隆輯。以杜《注》爲宗，博采羣説，增益而辨證之。復取其世次、姓氏、地名錯出難辨者，標于編首，以便檢閲。

麟旨定八册 刊本。

右明陽羨陳于鼎著。以類相從，標題詳注，亦塲屋所用之本也。

春秋麟寶六十三卷 刊本。

右明姑蔑余敷中撰。取夫子獲百二十國寶書，及絶筆于獲麟之義，以名其書。謂可櫽括始終。於哀公十四年後，則别爲附録三卷。

春秋揆一册 刊本。

右明黄道周撰。統論大義，於陰陽人事之變推衍爲詳。

左畧一卷 刊本。

右明會稽曾益輯。以兵畧備於《左氏》，故摘録其事，標題而類聚之。

左翼四十三卷 刊本。

右明舉人烏程王震撰。首列凡例、世系、年表、目録。整次《左氏》原文而更爲篇。

讀春秋畧記四册 寫本。

右明朱朝瑛撰。首載總論。謂觀《春秋》者，須觀聖人特筆。如於稷之會，特書成宋亂。于澶淵之會，特書宋災。鄭棄其師，王室亂，天王狩于河陽，西狩獲麟，皆特文以見義。其書法，有因其時而變者，有因其人而變者，有因其事而變者。閔、僖以前諸侯爲政，則褒貶常在諸侯而不在大夫。文、宣以後政在大夫，則褒貶常在大夫而不在諸侯。此因其時而變也。褒貶之在諸侯者，大國小國俱有之。褒貶之在大夫者，常在大國而不在小國。此因其人而變也。在諸侯者，不過辭有輕重。大抵稱爵爲重，稱人爲輕。

重者近于褒，輕者近于貶。然不待貶而惡見者，則亦稱爵以著其惡也。在大夫者，不過辭有詳畧。大抵稱名爲詳，稱人爲畧。詳者近於褒，畧者近于貶。然不待貶而惡見者，則亦稱名以著其惡也。此因其事而變也。又經有殘闕，有增衍，有舛誤。經俱有明証，並可以理推而得。《史記》自序「文成數萬」，張晏云《春秋》萬八千字。今《春秋》之文萬有六千五百餘，多寡相越，即此亦殘闕之一証云。○按朝瑛爲黄石齋門人。其學行詳黄梨洲《墓誌》中。所著諸經畧記，貫串精洽，持論不與人苟同，亦不苟異。以向未刊行，世罕知之，故今所録較詳焉。

春秋傳註三十六卷 寫本。

右明諸生烏程嚴啓隆撰。卷首提綱列八例，并諸考。其書初名《春秋大聲》，因舉業起見，先標題，繼别論經義。後芟其涉舉業者，專以明經爲務，始改今名。有姪民範所述著書年譜及朱彝尊跋語。

春秋左傳事類年表一册 寫本。

右松江顧宗瑋輯。未詳時代。錯舉經文，分類紀年，第爲十等。

春秋年考一册 寫本。

右書倣年表之例，分載列國時事。

春秋圖説一册 曝書亭寫本。

右書凡列目一百二十有二。内十二公年譜各一，三皇五帝及三王世次圖各一，周及列國并三桓七穆世次圖共二十五，列國國名、邑名及山水名圖共三十二，周及列國氏族圖十七，周及列國名號歸一圖十九。此外錯出者，如歲星、八音、八風及諸國會盟興廢并國邑山水同異之類，爲圖又共十六。而以諸儒傳授圖殿焉。鈎稽詳晰，如指諸掌。以上二書，俱未詳撰人姓氏。

春秋圭約二册 刊本。

右國朝蔣鳴玉撰。按十二公之次摘録傳文。有總論，有別論，有緒論，約説其旨以爲學者圭臬。

春秋程傳補二十卷 刊本。

右國朝吏部侍郎北平孫承澤撰。以程《傳》未竟其業，乃爲補之。

春秋左傳統箋三十五卷 刊本。

右國朝順天府尹會稽姜希轍撰。本元朱申之《左氏句解》，更採杜、孔各家説而增益其義。

學春秋隨筆十卷 刊本。

右國朝萬斯大撰。斯大初纂《春秋説》凡二百四十卷，既不戒于火，後經補輯，較前更倍。其書至昭公而止，未及卒業。此係編纂全書時，有心得者另爲劄記，因以別行。而全書則不可復得矣。

春秋集解十二卷 開萬樓寫本。

右國朝應撝謙撰。亦取各家説而以己意參訂者。前有總論。後列《校補緒餘》、《提要補遺》

二種。

左傳事緯二十卷 刊本。

右國朝鄒平馬驌撰。前列五種，曰《左氏辨例》，曰《左氏圖説》，曰《覽左隨筆》，曰《春秋名氏》，曰《左傳字音》，共八卷。以下十二卷則標題紀事，櫽括始終，凡一百八篇。

讀左日抄十二卷又補二卷 刊本。

右國朝朱鶴齡輯。因趙子常之《補注》復廣演之。自序謂以備遺忘，非能從事聖經成一家之學，蓋寓謙云。

春秋説十五卷 刊本。

右國朝惠士奇撰。專舉經傳中事之類似而可參互者，爲之詳説，深得屬辭比事之義。如第一條辨禘，則取閔二年吉禘于莊公之經、僖八年禘于太廟之經、襄十六年寡君未禘于祀之傳、昭二十五年將禘于襄公之傳臚于前，次採舊解列之，而已復爲折衷于後，以發明《春秋》書法。餘皆倣此。

左傳紀事本末五十三卷 刊本。

右國朝禮部侍郎錢塘高士奇輯。亦倣宋袁樞《通鑑》之例，條載春秋列國大事。其雜採自諸子史傳與《左氏》相表裏者，謂之補逸。與《左氏》異詞以備參訂者，謂之考異。其傳聞失實，踳駮不倫者，謂之辨誤。其有證據可爲典要者，謂之考證。其出自己見者，謂之發明。共分四例云。

春秋地名考畧十四卷 刊本。

右前人撰。援據各書以證杜預原注，兼補其闕。所考最爲詳核。按此書朱彝尊謂「秀水徐善著」，蓋當時借刻于江村。故今本署高名。後之論世者宜知之。

左傳姓名同異考四卷 刊本。

右前人撰。紀載列國公子大夫名字之同異錯出者。

春秋職官考畧三卷 寫本。

春秋地名辨異三卷 寫本。

左傳人名辨異三卷 寫本。

右俱國朝上元程廷祚輯。取《春秋》職官、地名、姓氏，詳爲臚列而考證之。此三書與上高氏《姓名同異考》，皆取資檢校之本。

春秋義存録十二卷 刊本。

右國朝陸奎勳撰。雜採經傳子緯爲佐證，不專主胡氏。首列綱領三十條，别撰《春秋或問》一篇附。

春秋測微四册 寫本。

右國朝海寧朱奇齡撰。以《左氏》之例非《春秋》之義爲辨正之。因參取三《傳》及胡氏之説以推測書法微義。卷首考王朝列國世次及世族，俱列焉。

春秋紀傳五十一卷 刊本。

右國朝知縣東陽李鳳雛撰。倣《史記》體分本紀、世家、列傳三門。其采輯亦兼及他書，非僅據《左》、《國》也。

豐川春秋原經四十卷 刊本。

右國朝王心敬撰。謂《左傳》非丘明之筆，次非親見孔子之人。公、穀非子夏弟子。三《傳》義例均有未安，因爲推原聖經而作此。

左傳折諸二十八卷 刊本。

公羊折諸六卷 刊本。

穀梁折諸六卷 刊本。

右國朝知縣吳江張尚瑗輯。首列畧例、先正辨説及各考於前，因採羣説而分條論正之。

春秋事義慎考十四卷 刊本。

右國朝姜兆錫撰。分上、中、下三考，計十二卷。又考前一卷，考後一卷。考上爲全經之綱領，考中分校其事文，考下又合究其事文，共分三十六考。其考前分七考，凡一十九則，如《聖經本末考》、《列傳本末考》之類。考後係傳有經無考，凡十七則。

春秋參義十二卷 刊本。

右前人撰。謂胡之義嚴以迫，朱子之説寬以平，故本胡《傳》而以朱子之説參互焉。

公穀彙義十二卷 刊本。

右前人撰。以《公》、《穀》二傳主于發義，與《左傳》主于紀事者不同，故彙編而釐釋之。

春秋管窺十二卷 寫本。

右國朝新昌縣丞秀水徐廷垣撰。謂《春秋》與《禮經》相表裏，《禮》存其體，而《春秋》著其用。魯史記注本周公遺制，史書舊章，卓然俱有法式。後人多率意穿造。因以《左傳》質經，以經之異同辨例于《公》、《穀》二傳。蓋于漢晉唐宋諸儒之説皆不肯爲苟同者。

讀左補義五十卷 刊本。

右國朝知縣象山姜炳璋撰。補云者，意以補杜也。大要畧于故實而詳于義例。其評《左氏》文法者，别爲説以列于眉端。

浙江採集遺書總録丙集 經部

論語類附逸語

昌黎論語筆解二卷 天一閣刊本。

右秘書丞許勃序云：「文公著《筆解論語》一十卷。其間『翱曰』者，蓋李習之同與切磨，始愈筆大義則示翱，翱從而交相明辨，非獨韓制此書也。」今爲節本。

論語全解十卷 寫本。

右宋太常博士陳祥道輯。晁公武曰：「王介甫撰《論語解》，其子雱作《口義》，其徒陳用之作《解》，紹聖後皆行於場屋間。或曰乃鄒浩所著，託之用之者。」今題曰「重廣陳用之學士真本六經論語全解」，義似其間有所借託，并所著經解不止此矣。姑俟考。

論語集義十卷 《通考》作三十四卷。 寫本。

右朱子撰。淳熙庚午自叙，謂以二程、横渠爲宗，附以二吕、范、謝、游、楊、尹、侯、周九家之説。陳振孫曰：「初名《精義》，後刻於豫章郡學，始名《集義》。其序所稱爲『自托于程氏而竊其近似之言，以文異端之説』，蓋指張無垢也。無垢與宗杲遊，故云。」

張宣公論語解十卷 寫本。

右宋張栻撰。栻因講誦長沙，條綴其説，皆本二程餘論，推以己見而作此。

論語意原二卷 寫本。

右宋侍郎青田鄭汝諧撰。其説多本之伊、洛。蓋汝諧於紹熙間提點江南西路刑獄時，公餘詣學，親爲諸生講釋者也。

論語考異一卷 寫本。

右宋禮部尚書鄞縣王應麟撰。〔一〕畧詮大義。於考證故實爲多。

〔一〕 盧文弨批：「伯厚又有《集論語鄭義》一書。」

論孟集註考證十五卷 刊本。

右宋金履祥撰。以註必有疏，因倣陸氏《經典釋文》之例，並爲《集註》之疏，於事蹟名數詳加增補焉。此書《經義考》作《論語集註考證》十卷。其《孟子考證》不列卷。皆云未見。

論語義府二十卷 刊本。

右明參政王肯堂撰。王綱振曰：「裒集先儒語録，下及近儒諸説，凡數百家。」

論語類考二十卷 刊本。

右明陳士元輯。分天象、輿地、職官、人物等門。爲類十有八，爲目四百九十有四。

論語商二卷 刊本。

右明贈太僕寺卿吴江周宗建撰。講《論》大旨，與諸生設爲問答者。繆泳曰「成於武康官廨」。

論語學案四册 黄氏續鈔堂寫本。

右明左都御史山陰劉宗周撰。宗周嘗自謂閲儒先書多種種疑團，故其解《論語》與儒先多異説。曰「案」者，仍非定詞也。

論語説二卷 寫本。

右國朝工部主事錢塘桑調元撰。所采多説義理，畧於訓詁。閒亦自抒所得以爲證。

先聖大訓六卷 刊本。

右宋寶謨閣學士慈谿楊簡輯。采經傳諸子中孔子語，分列篇第，加以注釋。今本爲明萬曆間焦弱侯所藏，明州守張翼軫得而校刊者。

孔子編年五卷 寫本。

右宋績溪胡仔輯。采經傳《家語》之文，分年系之。陳振孫謂其父舜陟命仔所爲。

孔子集語二卷 刊本。

右宋廸功郎永嘉薛據輯。亦集各書所載孔子之言，類爲二十篇。係景定間經進之本。

論語逸編三十一卷 刊本。

右明海鹽鍾韶輯。首載與列國君臣問答之語。其與門弟子問答者，則自顔、曾以降，俱以聖言分系於各人焉。

聖賢語論四卷 寫本。

右元王廣謀輯。共四十四篇。皆孔子及七十二賢語。其卷首則載素王事實暨元代祀典焉。

增訂論語外篇四卷 刊本。

右明提學副使吳郡潘士達輯。本李豫章之《論語外篇》而復爲蒐采。仍仿《論語》體例爲二十〔一〕篇。

〔一〕「二十」原誤作「十二」，今正。

孔子遺語一册 天一閣寫本。

右書未詳撰人姓名。蓋摘取史傳諸子中語，旁及緯書。其文有同異者，兼畧考之。

孝經類

孝經集講一册 天一閣寫本。

右明泰州熊兆撰。遵朱子之本。前列圖解，而采經傳及諸儒説，並以己意參之。

孝經疑問一卷 刊本。

右明姚舜牧撰。亦采舊説，間參新解。

孝經集靈一卷 刊本。

右明吏部稽勳司錢塘虞淳熙撰。集古今孝行之事暨論孝之語，以爲此經佐證。

孝經集傳四卷 刊本。

右明黄道周撰。自叙謂《孝經》爲六經之本，而二戴、《儀禮》其疏義也。《孝經》疑〔一〕義有五，著義十有二，因爲集傳以證之。亦當時經進之本。

〔一〕「疑」字《四庫提要》作「微」。

孝經本義一卷 刊本。

右國朝姜兆錫撰。以朱子嘗爲《孝經刊誤》而未有定注，因采擇衆義以補之。

孝經通釋十卷 刊本。

右國朝曹庭棟輯。取古文與今文章第及字句有同異者，悉注於本章本節之下。其採録諸説則自漢唐以降凡九十家。自序云。

孟子類

張宣公孟子解七卷 寫本。

右宋張栻撰。説見論語類。考《宋志》，宣公另有《癸巳孟子説》。自序謂讀舊説多不滿意，從而删正之。蓋即删正此書也。

孟子解十四卷 瓶花齋寫本。

右宋侍講河南尹焞撰。畧疏各章大義。内有「臣聞之師曰」者，蓋崇政殿説書時所進也。

尊孟辨五卷 寫本。

右宋建安余允文撰。以温公《疑孟》、李覯《常語》、鄭厚叔〔一〕《藝圃折衷》皆有與孟子爲駁難者，因取三家原文，分條列之而加以辨曰云云。按此書《通考》作七篇。蓋後二卷別有王充《論衡·刺孟》及東坡《論語説》中與《孟子》異者亦辨焉。兹本無之。又朱氏《經義考》列入闕門，並謂止三十九〔二〕條，附載《晦菴全集》中。疑今本即此。抑後人抄撮爲之也。

〔一〕「鄭厚叔」，《直齋書録解題》作鄭厚，字叔友。
〔二〕「九」原作「七」，盧文弨改爲「九」。

孟子傳二十九卷 常熟毛氏汲古閣影宋寫本。

右宋侍郎鹽官張九成撰。每章發揮大意。蓋亦近策論科舉之學而根據乎經史者。至《告子篇》止，以下闕。其全書有三十六卷。見趙希弁《讀書附志》。

孟子考異一卷 寫本。

右宋王應麟撰。説見論語類。按此書與《論語考異》，《經義考》俱失載。

孟子説解十四卷 刊本。

右明郝敬撰。陸元輔曰：「前有《讀孟子》三十一條，爲一卷。又《孟子遺事》一卷。餘隨文詳説十二卷。」

孟義訂測七卷 刊本。

右明婁縣管志道輯。標訂釋、測義二例。訂釋承朱注而釋之，間有辨正。測義則皆己説焉。

四書類

四書問目四册 瓶花齋寫本。

右宋兵部侍郎朝請大夫建陽劉炳著。炳與兄爚皆朱子門人，同爲此書，皆記其師所講授也。九世孫豐城尉文重輯。有永樂壬寅序。按此書《經義考》云佚。

四書疑節十二卷 寫本。

右元袁俊翁撰。此書署「溪山家塾刊行」。元行科舉，首以四書設疑，經史發策，故所録皆公試私課，蓋爲場屋而作也。俊翁有至治改元自爲小引，並大德庚子黎立武暨至大辛亥彭元龍二序。然又載有李應星《經史疑義序》、元龍《四書經疑序》，與書名不合。今本或係重定亦未可知也。按《經義考》云未見。

四書輯釋三十六卷 元刊本。

右元休寧倪士毅輯。自識云：「先師定宇陳先生編《四書發明》，雲峯胡先生編《四書通》。先師晚年頗欲更定，及見《四書通》全書，遂手摘其説，將以附入《發明》。士毅僭欲合二書爲一，先師可之。元統甲戌二月，先師考終。以先師手摘者參酌而編焉，名曰《四書輯釋》。會同門友朱允升亦有是志，遂相與議定凡例，更加訂正。」有至正丙戌汪克寬序。萬經曰：「朱子《集註》既行，當時勉齋有《通釋》。而采語録附録於《大學章句》之下，始自西山真氏，名曰《集義》。祝氏宗道《四書附録》倣而成之。格菴趙氏有《纂疏》，克齋吴氏有《集成》，定宇陳氏有《發明》，雲峯胡氏有《四書通》，仁山金氏有《指義》。而義理明備，采擇精當，莫如道川倪氏之《輯釋》。明永樂間詔諸臣纂《大全》，實本其書。厥後《大全》行而學者罕知有《輯釋》矣。」按今本缺《泰伯》、《子罕言》、《鄉黨》三卷。

四書講義六卷 刊本。

右明鄭曉撰。係曉官南太常時所作。

四書因問六卷 刊本。

右明吕柟撰。因人問難而隨條答之。其門人西安知府魏廷萱所輯，藍田知縣趙思道校刊者。

正學淵源録十卷 刊本。

右明漳浦訓導金華章一陽撰。取金華四子文集語録中發明四書義者，分節疏纂，以輔翼朱註。

經言枝指一百卷 刊本。

右明副使常熟陳禹謨輯。分《漢詁纂》二十卷，《談經苑》四十卷，《引經釋》五卷，《人物概》十五卷，《名物考》二十卷。皆博采注疏百家言，以釋四子書之義。《經義考》作九十三卷，屬誤。

四書湖南講十册 刊本。

右明錢塘葛寅亮撰。每講一節，分標三例，曰測，曰演，曰商。係門人鄭尚友、蕭士瑋、柴世基三人分録。

四書疑問十二卷 刊本。

右明姚舜牧撰。按舜牧所著諸經及四書《疑問》凡七種，説皆平正，不爲艱深。今俱著於録。

四書合講十卷 刊本。

右明東强知縣嘉善毛尚忠輯。條論大旨，分章以釋之。周炳謨爲之序。

海蠡編二卷 刊本。

右明公安袁士瑜撰。亦係説四子書者。自喻以蠡測海之義，故名。

元晏齋困思抄三卷 刊本。

右明尚書武進孫慎行撰。條論四書疑義。福唐葉向高爲之序。

四書説叢十七卷 刊本。

右明沈守正撰。採録性理名賢著説，兼及稗乘。

松陽講義十二卷 刊本。

右國朝陸隴其撰。係宰靈壽時與諸生講授四書之義，共一百十有八條。自爲序。

四書困勉録十四卷續録六卷 刊本。

右前人撰。引證諸家之説，折衷朱子。

四書述五册 刊本。

右國朝陳詵撰。發明陰陽理氣大旨，多有辨正儒佛分界處。

四書反身録四册 刊本。

右國朝王心敬撰。本其師李顒平日所授，不專于説四書，而義有相發明者，心敬爲之筆記焉。

虹舟講義二十卷 刊本。

右國朝高安知縣嘉興沈祖惠撰。分章總詮，多自抒所得，不襲訓詁。

羣經類

新加九經字樣一卷 趙昱小山堂藏鈔本。

右書趙昱跋曰：「計十九翻，有文淵閣鈐記，乃前明御府故物也。按王伯厚《玉海》云：『《中興書目》：《字樣》一卷，開成丁巳唐玄度撰。大曆十年司業張參纂成《五經文字》，以類相從。開成中翰林待詔唐玄度加《九經字樣》以補所不載。晉開運末，祭酒田敏合爲一編。後周廣順三年，敏進印板《九經》書、《五經文字》、《九經字樣》各二部。宋重和元年，言者以張參、唐玄度所撰辨正書名頗有依據，然其法本取蔡邕石經、許氏《説文》，宜重加修定，分次部類，爲新定《五經字樣》。從之。』然則玄度作書本旨原以補參書，因以並行，至後周始合之。一刻於周之廣順，再訂于宋之重和。此書遇宋代廟諱，如『朗』、『桓』等字，皆闕筆。而唐廟諱，如『虎』、『淵』、『世』等字，俱增添改正。其爲重和本無疑。又按馬氏《通考》既引《崇文總目》列《九經字樣》一卷，又引陳氏《書録》列《五經字樣》一卷，俱云唐玄度撰。且於《五經字樣》下採陳氏《解題》云：『往宰南城，出謁，有持故紙鬻於道右，得此書，乃古京本，五代開運丙午所刻，爲家藏書籍之最古者。』不知玄度所撰爲《九經》非《五經》也。意陳氏所見即田敏合編，因以參書統爲玄度所撰耳。今二書附鐫西安石經。明嘉靖乙卯地震，石經倒損，漫漶處後人率意羼入，非復開成之舊。近時顧亭林云：『《九經字樣》石刻在關中，向無刻本，間有殘闕，無別本可證。』而竹垞朱氏《五經文字跋》亦云：『《九經字樣》止有拓本，無雕本。』遂舉以爲四缺事之一。以兩君子之博物，猶不能一見，余生何幸，獲覩舊閣收弆，使眼花復明，洵乎書叢之至寶也。又是書四明全祖望謂爲王荆公所定本，荆公欲作新經，先成字書。其事詳見《宋會要》，並附識之。」

羣經音辨七卷　《宋志》作三卷。　刊本

右宋丞相真定賈昌朝撰。此書係康定間所表進者。本唐陸德明《釋文》，備載諸家音訓。凡分五門，一辨字同音異，二辨字音清濁，三辨彼此異音，四辨字音疑混，五辨字訓得失。自序云：「聊資稽古之論，稍助同文之化。」

六經正誤六卷　寫本。

右宋毛居正撰。取六經三傳，參以各書，專考正字義音切。寶慶間魏了翁序，謂其有功于經，較《釋文》、《五經文字》、《九經字樣》諸書殆過之。

六經圖六卷　刊本。

右宋楊甲撰。顧起元曰：「乾道初知撫州陳森屬教授毛邦翰等補而刻之。爲圖三百有九。今本爲新都吴氏購得宋槧重爲模刻者。」甲，乾道進士。

九經三傳沿革例一卷 刊本。

右宋内管勸農使淮東總領湯陰岳珂輯。自述曰：「世所傳九經，自監、蜀、京、杭而下，有建余氏、興國于氏二本稱善。廖氏又合諸本參訂爲最精。惜元板散落，因重爲倣刻。如字畫，如注文，如音釋，如句讀，悉循其舊，且與明經老儒分卷校勘。視廖氏世綵堂本加詳焉。」署曰「相臺家塾刊正」。今岳氏諸經雕本絶少傳者，此其總例一卷，爲近時所刻。

四書管見十三卷 瓶花齋寫本。

右宋廸功郎秘閣校勘淳安錢時撰。以《論語》、古文《孝經》、古本《大學》并《中庸》爲四書。有紹定己丑自序。時本布衣，爲楊簡弟子。嘉熙二年肅國公喬行簡以時學行薦於朝，因授官。喬劄子載今卷首。按此書《經義考》列入羣經，以與朱子所定四書不同也。今仍之。

羣經疑辨録三卷 寫本。

右明禮部尚書長寧周洪謨撰。上卷、中卷辨正四書五經訓釋有害經旨者，有悞經旨者，有與經旨不協者，共百有四條。下卷發明先儒言外之意，百有九條。自序云：「寧爲朱子忠臣，毋爲朱子佞臣。」按此書於成化十五年進，并疏請重爲勑修諸經。時以永樂時儒臣所纂學者誦習已久，洪謨以己意紛更，不允。

授經圖四卷 《經義考》作二十卷，屬悞〔一〕。 刊本。

右明宗室朱睦㮮撰。首著凡例，次爲授經圖，次爲諸儒行履並及魏晉以來傳注之目。黄虞稷曰：

「本《崇文總目》中《授經圖》之意而成。」

〔一〕 羅以智批：「康熙中刊本二十卷，原本每經四卷，五經亦分爲二十卷。」

經序録五卷 刊本。

右前人輯。取歷代諸經傳注序文彙爲一編，俾學者有所循省，得其要領云。

五經稽疑四册 寫本。

右前人撰。係睦㮮領宗學時，與宗生講論詮次成書。王世貞爲之序。

五經心義五卷 刊本。

右明端溪王崇慶撰。《易》曰《議卦》，《書》曰《説畧》，《詩》曰《衍義》，《春秋》曰《斷義》，《禮記》曰《約蒙》，各爲一卷。蘇祐曰：「端溪自晉東還日以著書爲事，深體往哲之精，頗定後儒之惑。」

五經異文十一卷 刊本。

右明陳士元撰。自序曰：「漢所立諸經博士，各家師授轉録不同，況文字兼行篆、隸，後世易以今文，又漢儒稱引經語皆出自記憶，非有鏤本可校，即撰著自各成一家言，其文自不能同。因讀注疏及秦漢晉唐書所載經語，有與今文異者，輒私識之，用示塾童，俾得擇取焉。」

九經考異三册 《經義考》作十二卷。 刊本。

右明禮部尚書鄞縣周應賓撰。其體例與前書相仿。第士元所輯止於五經，而四書不備，因更爲蒐補之。自序曰：「討古之難，有如漁獵。竭澤以漁，而魚終不盡。焚林以獵，而禽猶有藏。纂此庶使廣聞博見，無專門之陋焉。」

五經圖十二卷 刊本。

右明侍郎廬江盧謙輯。係謙官信州時得石本以歸，授其邑令章甫更爲板行。

五經圖五卷 刊本。

右明御史光州胡賓輯。《易》、《詩》、《書》、《春秋》、《周禮》每經各一卷。中有附入者，如《易》則取《太玄》、《皇極》、《潛虚》，俱爲之圖，《書》與《春秋》地理則取後代郡縣名并注焉。

經籍異同三卷 刊本。

右明海虞陳禹謨撰。考證今文〔二〕之同異。如《大學》則古文外復有石經，《中庸》則《問政章》别載《家語》，《魯論》則中郎石刻之餘僅載《隸釋》，《孟子》則馬總捃摭之筆雜入《意林》之類。

六經三注粹抄六册 刊本。

右明晉江許順義輯。前列經文，約抄舊注，以便省覽。《易》、《書》、《詩》外，《春秋》、《周禮》、《戴記》皆節本。

五經總類四十卷 刊本。

右明無錫張雲鸞輯。取羣經之文分門編次，仍附注釋于下，凡七十二類。

十三經類語十二卷 刊本。

右明主事羅萬藻輯。亦摘舉經語而類次之者。

五經讀五册 刊本。

右明陳際泰撰。摘疏大義，五經各爲一卷。

經義考三百卷 刊本。

右國朝翰林院檢討秀水朱彝尊輯。毛奇齡序曰：「《經義考》者，諸儒説經之書目也。朱子竹垞窮搜討之力，出家所藏書八萬餘卷，輯其説之可據者，署其經名而分系其下，使窮經之士一覽而知所考。其部分，則御注勅撰一卷，尊王也。十四經爲經義者，共二百五十八卷，廣經學也。逸經三卷，惟恐經之稍有遺而一字一句必收之也。毖緯五卷，緯雖毖説經者也，夫緯尚不廢，何况於經。擬經十三卷，此則不唯自爲義，并自爲經者也。又有承師五卷，則録其經義之各有自者，而廣譽附焉。宣講、立學合一卷，刊石五卷，書壁、鏤板、著録各一卷，通説四卷，此皆與經學有繫者。家學一卷。自序一卷。共三百卷。」〔二〕○按此書本仿馬氏《經籍考》之例而推廣之。内分四門，曰存，曰佚，曰闕，曰未見，各著於本書下。康熙間南巡時，曾以先刻《易》、《書》、《詩》、《禮》進。蒙賜御書「研經博物」匾額。其後半部，近始刻成。内宣講、立學、家學、自叙三卷，本未屬稿，故闕焉。

〔一〕 盧文弨眉批：「以《連山》爲首，所引《唐志》誤爲割絶。甚矣，著書之〔難〕也。」

朱子六經圖十六卷 刊本。

右國朝知縣桐城江爲龍輯。因朱子《六經圖》之舊，復取《四書圖》參訂異同，以附於後。

六經圖二十四卷 刊本。

右國朝潮陽鄭之僑輯。以舊圖僅存其概，因詳加考證，正訛補闕，每經各分四卷。

五經辨誤五卷 刊本。

右國朝台州府訓導海寧吕治平撰。毛奇齡曰：「經有傳寫之訛，有註釋之訛，有引經論人之訛。閲此則一一釋疑歸正矣。」今按此書意義亦淺，毛譽之似過。

三經附義四册 刊本。

右國朝翰林院編修吴江李重華撰。分《易傳》二卷，《書傳》二卷，《詩傳》二卷。俱條舉各説而折證之。

三經小疏二册 刊本。

右國朝吴江沈彤撰。於《書》之二《典》、《禹貢》，《春秋》之《左傳》，《儀禮》之《士冠禮》、《士昏禮》及《喪服》、《士喪禮》等篇，各舉其微文佚義，疏證焉。仁和沈廷芳序而梓之。

十三經注疏正字八十一卷 寫本。

右國朝山東按察司使仁和沈廷芳輯〔一〕。據監本及毛晉汲古閣等本校正疑訛，悉舉而彙録之。洵有功於治經者。

〔一〕 盧文弨批：「嘉善浦鏜纂輯。」

九經辨字瀆蒙十二卷 寫本。

右國朝監生歸安沈炳震撰。專辨晰經典字義，如重字、單文、音讀訛異之類，各以門聚而約疏之。

石經考異二卷 刊本。

右國朝原任御史仁和杭世駿輯。以顧氏炎武《石經考》所述尚未詳辨，更爲引而疏之。於唐開成及孟蜀、南宋石刻採補尤備。

七經孟子考文補遺三十二册 刊本。

右日本國掌書記山井鼎之原輯本。東都講官物觀又據足利學所有《周易》三通，《毛詩》二通，《尚書》、《禮記》、《孝經》、《孟子》各一通，《論語》二通，《魯論》、皇侃《義疏》各一通，活字板《周易》、《尚書》、《毛詩》、《左傳》、《禮記》各一通而彙校之，謂之《考文補遺》。每條各四目，曰經，曰注，曰釋文，曰疏。仿山書之舊，合而成編。

古微書三十六卷 刊本。

右明華容孫瑴輯。《尚書緯》十一種，《春秋緯》十六種，《易緯》七種，《禮緯》三種，《樂緯》三種，《詩緯》三種，《論語緯》四種，《孝經緯》九種，《河圖洛書緯》十三種。附《河圖雜緯篇》、《河洛讖》二種。皆摘録羣書所載而裒集之者，間附以己説。

木鐘集十一卷 刊本。

右宋永嘉陳埴撰。詮發《論》、《孟》、六經，并及漢唐二代史事。

經義模範一卷 刊本。

右宋張才叔、姚孝守、吳師孟、張孝祥四人所作經義，共十六篇。據《續通考》作楊慎輯。

松源經説四卷 刊本。

右國朝慶元縣教諭仁和孫之騄撰。凡有關於經義者，爲説解、考辨、記名體文若干。首并附雜著一二。

耻亭遺書十卷 寫本。

右國朝教諭華亭周宗濂撰。分《説經偶記》八卷，《讀書偶記》一卷，《日省録》一卷。

心園説二卷 刊本。

右國朝郭兆奎撰。上卷説四子書。下卷説《易》、《書》、《春秋》并《樂》各數十則。

經子法語二十四卷 寫本。

右宋學士鄱陽洪邁輯。摘取九經諸子中字句可爲典實者，標以原文篇次而臚列之，間有注釋。卷尾署「淳熙十三年婺州雕」。今本蓋影抄也。

經子難字二卷 寫本。

右明翰林院修撰楊慎輯。經、子各一卷。不專辨字，間有摘其文句而釋之者，并及諸經注疏中字亦偶釋焉。

經史全書二十六卷 刊本。

右明吏部侍郎無錫邵寶撰。分《簡端録》十二卷，《學史》十二卷，《左觿》一卷，《定性書説》一卷，《容春堂雜抄》四十九首。

諸經諸史記數三十二卷 刊本。

右明監察御史豐城徐鑒撰。摘舉經史凡有涉於數者，自一二至千萬，以數之多寡爲次，而各注其所出。其疊數亦彙列之，如六府三事及一日二日萬幾之類。

經史典奥六十七卷 刊本。

右明福建布政使蕭山來斯行撰。取《易》、《書》、《詩》、《春秋》、《禮記》、《周禮》六經注疏，并三史及注，皆依篇次而撮叙之。自謂仿蹟於《漢雋》諸篇。

經史慧解六卷 刊本。

右國朝固陵蔡含生撰。錯舉經史中事跡或疑義而條解之。不分類。

經史問答十卷 刊本。

右國朝庶吉士鄞縣全祖望撰。雜辨諸經及《史》、《漢》各家疑義。經七卷，史三卷。○按祖望才學博辨，著述頗富，惜多未編定，今止録此。

樂類

皇祐新樂圖記三卷 汲古閣照宋槧寫本。

右宋皇祐間朝奉郎阮逸、承奉郎胡瑗奉勅同撰。據《周禮》及歷代史志，詳定樂律鐘尺，彙爲圖記。共十二篇。詳見《通考》。今本有元吴壽民、明清常道人跋語。

樂經元義八卷 刊本。

右明御史南宫劉濂撰。自序謂：「《三百篇》者，《樂經》也。樂之道，有以文義存者，器數存者，聲調譜奏存者。文義存者，《詩》章是也。器數存者，六律八音是也。聲調譜奏存者，工師以神意相授受是也。周太師制歌聲，自《關雎》、《鹿鳴》、《文王》、《清廟》以往皆有定調。《國風》、《小雅》多商音，《大雅》多宫音，三《頌》盡爲宫音。則周庭之樂惟黄鐘、太簇二調。至春秋而魯庭師摯猶能傳其音。漢興制氏〔一〕以聲音之學肄業。晉杜夔尚能傳《文王》、《鹿鳴》、《伐檀》、《騶虞》四詩餘響。《南陔》、《白華》、《華黍》、《崇丘》、《由庚》、《由儀》六篇，其辭已不可考，而笙竽獨能存其音節。《三百篇》非《樂經》而何？言樂之詳者，莫如《樂記》及《周禮·大司徒》，其言過當失實，如繫風捕影，蓋由不知《詩》之爲樂，其失如此。漢魏以來，儒者視律爲神異之物，鑿以元尺之淫説，附以候氣之詖術。故予論律吕，於黄鐘諸篇各著數語，餘幾萬言不過辨歷代諸儒穿鑿附會之謬。入音則又有説矣。鐘、磬二物，各十二枚，猶能辨其六律旋宫之法，如絲之琴瑟，竹之笛篪，匏之笙竽，土之大塤小塤，則音意隱淪含胡，即工師亦不識矣。故予論八音之度，雖一絲一竹一匏，莫不以聖人六律旋宫之法爲準。」其大指多本之心得，而議論俱足發前人之覆，故備述之。此書《經義考》云未見。

〔一〕「氏」原作「字」，盧文弨校改作「氏」。

樂典三十六卷 刊本。

右明贈禮部右侍郎香山黄佐撰。自序謂黄鐘至中吕位乎陽，蕤賓至應鐘位乎陰。器數以辨之，歌奏以合之。述《樂均》上下十有二篇。聲物類體本乎氣，歌風音律奉乎聲。窮本知變，述《樂義》九篇。大司樂所掌，竇氏所傳，其出自周公信矣，苟能通之，六樂可作，因作《圖説》。而以《樂記》、《詩樂》終焉。名之曰《樂典》，典樂故也。

苑洛志樂二十卷 刊本。

右明韓邦奇撰。黄宗羲曰：《志樂》一書，方其始成之日，九鶴飛舞于庭。傳其術者爲楊椒山，手製十二律管，吹之而其聲合。今不可得其詳。然聲氣之元在黄鐘之長短空圍而有不能無疑者。先生依《律吕新書》注中算法，黄鐘長九寸，空圍九分，積八百一十分，用圓田術三分益一得一十二。以開方法除之，得三分四厘六毫强。爲實徑之數，不盡二毫八絲四忽。以徑求積，自相乘，得十一分九厘七毫一絲六忽。加入開方不盡之數，得一十二分。以管長九十分乘之，得一千八十分，爲方積之數。四分取三爲圓積八百一十分。蓋蔡季通以管長九寸爲九十分，故以面積九分乘管長得八百一十分。其實用九無用十之理。凡度長短之有十者，皆分九爲十，以便算也。今三吳程路，尚以九計，可知矣。則黄鐘長九寸者，八十一分，以面積九分乘之，黄鐘之積七百二十九分也。

律吕直解一册 刊本。

右前人撰。考證律吕器數，各有圖解。

雅樂考二十卷 天一閣寫本。

右明仙遊縣教諭常熟韋焕撰。凡分八篇。曰經書、曰子書，詳述談樂之要語。曰五音、曰六律，探討作樂之大原。八音有圖，使制器者尚其象。諸圖有譜，俾奏樂者識其方。律制數十家，備諸説之同異。樂制數百易，昭歷代之革因。其進表自述各篇大畧如此。

鐘律通考一册 天一閣寫本。

右明四明倪復撰。本之《儀禮》經傳，參以蔡元定之説，歷考古今制度，分二十六章，各附圖説。嘉靖丙戌張邦彦爲之序。

古樂經傳全書二卷 刊本。

右明湛若水輯。以《樂經》久缺，取諸家律吕之説並載經語爲《補樂經》一篇，復取其門人吕懷所編《律吕古義》中之十篇改題《古樂正傳》，合爲上卷。又取《樂記》、《周禮》及諸儒之説爲《古樂本傳》二篇，《古樂别傳》一篇，《古樂雜傳》二篇，《律傳》一篇，合爲下卷。

律吕古義三卷 刊本。

右明南太僕寺少卿永豐吕懷撰。考正律數，以闡五行配納之指，并乘除積實之原委。

樂律纂要一卷律吕别書一卷 刊本。

右明季本撰。辨秦漢以來律吕舊法。有王尚書士禎跋語。

樂律全書十七册 刊本。

右明鄭世子載堉撰。係萬曆間經進本。分《律吕精義》内外篇各十卷，《律學新説》四卷，《樂學新説》、《算學新説》各一卷，《操縵古樂譜》一卷，《鄉飲詩樂譜》六卷，《六代小舞譜》一卷，《小舞鄉樂譜》一卷，《二佾綴兆圖》一卷，《靈星小舞譜》一卷。按律審音，辨劉歆、何妥、李照、范鎮、陳暘、蔡元定之失，並近代李文利、李文察、劉濂、張敔諸家皆駁其非。載堉係鄭恭王厚烷世子。恭王雅善言樂，世子又何文定瑭外孫，故其學有原本云。

曆書二册 刊本。

右前人撰。分《律曆融通》四卷，《音義》一卷，《萬年曆》二卷，《備考》三卷。本元儒許衡及何瑭之説，推究古今曆法原委。亦係當時經進本。

蔡氏律同二卷 寫本。

右明興化縣教諭蔡宗兖撰。自言閲蔡氏《律吕新書》，其中有滲漏者，遂釋其義，闡其疑。旋悟律吕之一二要，非求異而爲之，明樂者自能詳察。凡七篇。

古今律曆考七十二卷 刊本。

右明按察使安肅邢雲路輯。根據經史百氏之言，詳考造律治曆之原委。係雲路與滿城魏徵士文魁相與商榷而成者。

舞志十二卷 寫本。

右明長洲張敉〔一〕撰。論六舞遺法。

〔一〕盧文弨批：張獻翼後更名敉。

律吕解注二卷 刊本。

右明教諭新會鄧文憲撰。本《律吕新書》重加注釋，以廣其義。

律吕正聲六十卷 刊本。

右明縣丞即墨王邦直撰。詳考律吕、五聲、八音義數及陰陽緯候。

樂書内編二十卷 刊本。

右國朝毘陵張宣猷撰。取十三經中之語有關於樂者，分部編次。每部有小引，並爲圖釋。

古樂書二卷 寫本。

右國朝應撝謙撰。總論音樂大義，而附以圖說。共二十四篇。

律吕新書衍義圖説一册 刊本。

右國朝知縣新昌吕夏音撰。據蔡氏本書之義而演爲圖説者。

樂律表微八卷 刊本。

右國朝知縣德清胡彦昇撰。因朱子《禮書》鐘律篇，參以史志諸儒之説，而附己見焉。

爾雅類

爾雅參義六卷 刊本。

右國朝姜兆錫撰。删潤郭注、邢疏舊文，間以己意參訂焉。

增修埤雅廣要四十二卷 刊本。

右《埤雅》本宋陸佃撰。載蟲魚鳥獸草木名物，終以《釋天》。陳振孫謂其于物性精詳，援引甚博。今本爲明牛衷因陸書而增廣之者。

駢雅七卷 寫本。

右明宗室朱謀㙔撰。全仿《釋名》、《廣雅》等體例爲之。

通雅五十二卷 刊本。

右明翰林院檢討桐城方以智撰。推廣《五雅》之例而稍變通之。凡分二十九門。旁徵博引，詳于疏辨。

方言類聚四卷 刊本。

右明陳與郊編。取子雲原本郭璞所注者，復爲類次而增釋之。凡十六門。

續方言二卷 刊本。

右國朝杭世駿撰。所採皆諸經注疏及《釋名》、《説文》等書中語，以補揚氏所未備。

小學類

小學五書一册　汲古閣影宋寫本。

右宋漳州教授張時舉輯。五書者，取《管子·弟子職篇》、班氏《女誡》、吕和叔氏《鄉約》、《鄉儀》、司馬温公《居家雜儀》合而次之也。其《鄉儀》舊誤題蘇氏，朱子爲辨正。有跋。

小學書圖二卷　刊本。

右宋潘時舉撰。凡七十四圖。考證悉有據依。首繪朱子像，系以自贊，并趙汝騰贊曰："理明義精，德盛仁熟。折衷羣言，如射中鵠。絶學梯航，斯文菽粟。有慶元初，中行獨復。"〇按此編無序，卷首不署名。惟見于下卷神主圖式之跋尾，因知爲潘作也。潘字仲善，臨海人。

小學分節二卷　刊本。

右國朝鹽運使高熊徵校注。乃因明陳選《小學》句讀舊本而增釋之者。

續小學六卷　刊本。

右國朝嘉善葉鈐撰。以朱子《小學》所録至宋淳熙間止，鈐因續采儒先言行，倣原書内外篇目，條分而類次之。

急就篇四卷 曝書亭藏刊本。

右漢史游作，唐顔師古訓解，宋王應麟音釋。有顔序，王跋，及淳熙間羅願跋。

小學史斷二卷 刊本。

右宋南宫靖一撰。端平丙申自序云：「取先儒之説與前史之文，芟摭類次。」自周平王迄五代，每代爲論一篇。其宋、元兩朝，廬陵晏彦文所續。明嘉靖間趙瀛編刻時，并取潘榮《通鑑總論》合焉。

增定史韻四卷 刊本。

右國朝桐鄉仲宏道因明趙南星原本而增輯之。趙書始漢終元，宏道爲補帝王世紀，迄秦紀于前，而續明紀于後。各以史事編爲韻語而注其下。又首卷考傳統、建都、分野、田賦、户口等類。末卷附《讀史小論》，皆仲所增，意在撮其要以使記誦云。

標題蒙求三卷 寫本。

右唐李瀚撰。晁公武曰：「纂經傳善惡事實類者，兩兩相比爲韻語。取『童蒙求我』之義名其書。」今本爲宋徐子光注。陳振孫謂其於本句之外兼及他人事。

純正蒙求三卷 寫本。

右元胡炳文撰。倣李瀚爲之。所采事各有不同。

廣蒙求三十七卷 刊本。

右明保定府同知吳郡姚光祚撰。從瀚書而推廣之，摭事頗詳。

六藝綱目二卷 天一閣寫本。

右元鄞縣舒天民撰。以禮、樂、射、御、書、數分六門。摭拾經傳，編爲四言韻語，可裨初學誦習。其子恭及同郡趙宜中爲之注。後附《字原》、《六藝發原》二篇。

六書類

説文篆韻譜五卷 刊本。

右南唐贈禮部侍郎廣陵徐鍇撰。兄鉉序云：「舍弟楚金，特善小學。因命取叔重所記以《切韻》次之，聲韻區分，開卷可覩。楚金又集《通釋》四十卷，考先賢之微言，暢許氏之元旨，正陽冰之新義，折流俗之異端，文字之學善矣盡矣。今此書止欲便於檢討，故聊存訓詁以爲别識。其餘敷衍有《通釋》焉。」五音凡五卷。按《通釋》者，即《説文解字繫傳》也。陳振孫稱其援引精博，小學家未有及之。然在宋時已不顯，故李巽岩有「蒐訪歲久，僅得七八闕卷，誤字無所是正」之語。近世惟常熟錢氏述古堂藏有足本。見《敏求記》。

復古編二册 寫本。

右宋吳興道士張有撰。有自幼攻小篆，年六十成此書。本許氏《説文》，專辨俗體之訛。凡三千言。

李巽岩稱其辨形聲，分點畫，剖判真僞，計較毫釐，視徐楚金兄弟及郭恕先尤精密。

古文四聲韻五卷 汲古閣寫本。

右宋英國公夏竦輯。摹古文奇字，分四聲編次，而注所出於每字下。慶曆四年二月序進。卷首標列所引各書。錢遵王謂近世無一存者，按之雖不盡然，然所見亦罕矣。今具録如左，亦考古者所欲知也。

汗簡　雲臺碑　説文　豫讓文　古孝經　古周易　古尚書　演説文　石經　雜古文字畧　林罕集　古老子　山海經　古史記　古漢書　孫疆集　馬日磾集　牧子文　古世本　義雲章　古莊子　碧落文　夏書　華岳碑　古案經　張楫集　亢倉子　古爾雅　古論語　古毛詩　開元文　李彤集　古春秋　古禮記　徐邈集　三方碑　茅君傳　古樂章　古周禮　丘光庭叙文　祝尚丘韻　比干墓銘　石𣑽文　濟南集　馬田碑　銀牀頌　烟蘿頌　荆山文　庾儼集　古月令　衛宏字説　貝丘長碑　周才字録　朱育集字　樊先生碑　義雲切韻　羣書古文　尚書石經　楊大夫集　天台經幢　蔡邕石經　道德經　王維畫記　顔黄門説　庾儼字書　元德觀碑　馬日磾集　證俗古文　工先生誄　彌勒篆碑　陳逸人碑　楊氏阡銘　欝林叙文　周書大傳　王存義切韻　裴光遠集綴　郭昭卿字指　李商隱字畧　李守言釋字　凌壇臺文　張庭珪　劒銘　荀邕集字　庾儼演説文　郭知玄采箋　趙琬璋古字略　玉篇　淮南上升記　季札墓銘　王維恭黄庭經　唐韻　崔希裕纂古　王庶子碑　南嶽碑內《馬日磾集》兩見。又既有《演説文》，復有庾儼《演説文》，未詳何故。

按録内有常熟毛子晉家珍藏最佳本，凡九種，此編及横浦《孟子傳》、《小學五書》、《兩漢詔令》、《元豐九域志》、《皇祐新樂圖記》、《學古編》、《法書考》、《金壺記》也。或從宋本精摹，或出名手端寫，皆紙精墨妙，光緻悦目，校訂無纖毫訛。子晉私印重疊，有一章曰「希世之珍」，又一章刻趙松雪戒子孫銘一首。蓋不啻愛如拱璧云。後爲商丘宋氏犖所得。今犖孫瑞金令會稽，因取以獻。

禮部韻畧五卷 海寧陳氏寫本。

右宋禮部頒行舉子所用之韻，自景祐、元祐以後，代有修輯。今書爲紹興四年勘定施行，蓋毛晃父子增修本。内附《釋文互注》，後列條式一册。嘉定六年曾録於雲間洞天。後人倣嘉定本重雕，而此復從而影寫者。卷尾有跋，云：「按《洪武正韻》宋濂序云：『有舊避宋諱而不收者，補之。注釋則仍毛晃父子之舊。』今此《禮部韻畧》自宋始祖至寧宗皆未載，不欲擅更，謹依濂説另附於各聲之後。凡得字六十有奇，以便今學人。而叙次一遵古韻云。」此跋當是重刊時所題，未詳其人。

韻補五卷 刊本。

右宋武夷吴棫撰。陳振孫曰：「取古書自《易》、《書》、《詩》而下，以及本朝歐、蘇，凡五十種，其聲韻與今不同者皆入焉。朱侍講多用其説于《詩傳》、《楚辭注》。」然叶韻之説，知音者未免有異詞也。

漢隸字源六卷 刊本。

右宋參政嘉禾婁機撰。陳振孫曰：「以世所存漢碑三百〔一〕有九韻類其字，魏碑附者僅三十之一。前爲碑目一卷。每字先載今文而以漢字著其下。一字數體者，並列之。皆以碑目之次第著所從出。洪邁作序。」

〔一〕「百」原誤作「十」，據《直齋書録解題》改。

漢隸分韻六卷 寫本。

右與婁機《字源》無甚異，但前列辨論漢隸原委十數則，洪适諸家之説在焉。未詳何人所輯。

班馬字類五卷 刊本。

右宋婁機撰。大旨以《史》、《漢》多假借古文，又時用偏旁，音釋各異，因取《史記正義》、《索隱》、《漢書音義》、《集韻》諸書訂本正訛。其字以韻爲次，中間互見各出，不没其舊而音義較然。有淳熙間樓鑰序及自跋二。

龍龕手鑑四卷 瓶花齋寫本。

右遼釋行均撰。均，字廣濟，俗姓于氏，燕人。書分部二百三十有二，隨部復用四聲列之，計二萬六千四百三十餘字，注一十六萬三千四百餘字。餘詳晁《志》及錢曾《敏求記》。

改併五音篇十五卷 刊本。

右金松水韓道昭撰。取《玉篇》、《類篇》等書之字，改併部次，別以五音，系以三十六字母。蓋宗婆羅聲音之學者。

改併五音集韻十五卷 刊本。

右前人撰。改併《唐韻》分部次第，于每韻中各以字母分紐。以上二書皆因其父孝彦未成之編續加修定。

經史正音切韻指南二册 開萬樓寫本。

右元關中劉鑑撰。至元二年自序云：「僕因舊制，次成十六通攝，作檢韻之法，詳分門類，并私述元關六段，兼附字音動静，爲斯文之一助云。」

四聲等子一卷 天一閣寫本。

右書據錢曾《敏求記》辨云，即劉士明《切韻指南》曾一經翻刻，冠以元人熊澤民序，而易其名者。

六書故三十三卷 刊本。

右元永嘉戴侗撰。分列四百七十九目，各以字母統字。子前有《通釋》一卷。

六書統二十卷 刊本。

右元國子司業曲阜楊桓撰。按六書分門，以統衆字。凡篆籀諸體，以次連繫焉。

説文字原一册 刊本。

右元鄱陽周伯琦撰。遵許氏自一至亥原部，參以歷代諸家之説，删補訂譌，分爲十二章。

六書正譌五卷 刊本。

右書亦伯琦撰，合肥賓子偁取而重編焉。亦據《説文》，旁采衆説，以正俗字點畫音訓之舛。

增修復古編二册 刊本。

右《復古編》已見前。增之者爲元吴均也。

古今韻會舉要三十卷 刊本。

右《韻會》本元昭武黄公紹輯。其書考證羣籍，卷帙頗繁。館客熊忠因就而約之，并取宋《禮部韻畧》毛晃、劉淵先後所定三本及經傳當收未載之字入焉，謂之「舉要」。而今本又載至順二年文宗勅應奉翰林余謙校正。孛术魯翀稱其刊正補削，根據不苟，則又似經余更定者。

字鑑五卷 刊本。

右元李文仲撰。朱彝尊云：「至治間長洲李世英伯英受其父梅軒處士之旨，以六書假借難明，于是就典籍中字同音異者，正其字畫，溯其源委，輯《類韻》一書，凡三十卷。其從子文仲復緝《字鑑》，仍依韻編之。遠引《説文》，證以諸家之説。元元本本，信可傳也。」

瓊林雅韻一册 刊本。

右明寧獻王權撰。删併卓氏《中州韻存》，十九字母各系于四聲下。

聲音文字通三十二卷 天一閣寫本。

右明瓊山教諭餘姚趙撝[一]謙撰。大抵本張行成《皇極通變》、祝泌《經世鈐》之説而推之。審音辨聲，著爲圖譜，分配卦象，其義深而難明。此書流傳絶少。焦氏《經籍志》作十二卷，《明史·藝文志》及黄氏

《千頃堂書目》作一百卷，或聞見互異耳。今本無序目可查，首有缺頁，從《蒙卦》起，并失第九、第十、第十一、第十二卷。不知海内尚有足本否。

〔一〕「撝」字原脱，今補。

六書本義十二卷　刊本。

右前人撰。其論曰：「六書，一曰象形，文字之本也。二曰指事，加于象形者也。三曰會意，四曰諧聲，合夫象形、指事者也。五曰假借，六曰轉注，託夫四者之中也。獨體爲文，合體爲字。象形、指事，文也。象形文之純，指事文之加也。會意、諧聲，字也。諧聲字之純，會意字之間去聲。也。假借、轉注則文字之俱也。肇于象形，滋于指事，廣于會意，備于諧聲。至于聲則無不諧矣。四書不足，然後假借以通其聲。聲有未合，而後轉注以演其聲。象形、指事一也，象形有加爲指事。會意、諧聲一也，會意主聲爲諧聲。假借、轉注一也，假借叶聲爲轉注。明乎此，則六書之能事畢矣。」其書分十類，凡三百四十部，合一千三百字。每字先反切以知其聲，次研釋以知其義，次引證以明其用，次説六義原造字本旨，次假借，次轉注，各圈于上以爲端。自謂精研覃思，折衷諸家，附以己見。凡五謄始克成編。前有論七，圖十二。

韻學集成十三卷　刊本。

右明嘉定章黼撰。龍爲霖曰：「此書頗費苦心。惜其編次全踵七音韻鑑三十六字母之説，未免宫羽混淆，商徵顛倒。其弊與黄直翁《韻會》等。」

韻直音指七卷 刊本。

右前人撰。取四聲之字併而屬之，每字系以直音，以便習讀。其有音無注者，三千餘字附焉。

字義總畧四卷 刊本。

右明上虞顧充撰。究論字義，訂譌辨疑。凡分類四十有四。

同文備考九卷 刊本。

右明王應電撰。其論篆不宗《説文》，自有别解。九卷分《法書指南》一，《翻楷舉要》一，《字聲定母》一，《經傳正譌》一，《音韻會通》一，《韻要辨識》四。别有《聲韻會通》一卷，《韻要粗釋》一卷，附于後。

轉注古音畧五卷 刊本。

右楊慎撰。以前人所謂叶韻不越保氏轉注之義，因取各韻本字列于前，而以他部可通之字標其音切分附各韻。自謂所據詳于經典，而畧于文集。

古音叢目五卷 刊本。

右前人撰。增損吴才老《詩補音》、《楚辭釋音》、《韻補》三書，并取自輯之轉注畧合而編之者。

古音獵要一卷 刊本。

右前人撰。録古賦、頌、銘之可叶韻者，凡千餘字。

古音畧例一卷 刊本。

右前人撰。録《易》、《詩》及漢唐人文用韻之古者，凡一百八十五條。

古音餘一卷 刊本。

古音附録一卷 刊本。

右俱前人撰。取前書所未盡者録而論之。亦皆言叶韻也。

古音駢字五卷 刊本。

右前人撰。類聚雙字，如「於戲」、「猗儺」之類，或同音而假借，或異音而轉注者，分韻編次，以見古人臨文用事之畧例云。

奇字韻一册 刊本。

右前人撰。專録古文中奇字。亦以韻爲編。

韻經五卷 刊本。

右明華亭張之象輯，江夏郭正域序而重刊之。近時龍爲霖曰：「郭正域《韻經》采吴才老《韻補》、楊升菴《轉注》飣飣成書，别無發明。又引沈約、夏竦之名于前，自稱家藏有約《四聲韻》本，蓋作僞以欺人耳。因卷首冠以《轉注古音》原序，遂有謁爲升菴本者。」今按龍説是也。惟以張書爲郭書，則由郭序本不分曉，意若襲爲己有者然，故龍又有此誤云。

大明同文集五十卷 刊本。

右明錢塘田藝蘅撰。自立部分，不仍前人舊次。劉賢序云：「每字先楷，使知字之名也。次篆，次隸，次草，使知字之變也。楷之下四聲備焉，篆之下大小殊焉。又以一字爲母，偏旁近似者爲子，各從其類。」前有舉要章則一卷。

六書總要五卷 刊本。

右明新安吴元滿撰。考析形聲事意諸義。亦分五百四十部。

諧聲指南一册 刊本。

右前人撰。前編統論六書，此則分述諧聲之義。凡標一千三百字，以子該母。

六書指南二卷 刊本。

右明上元李登撰。編字爲四言韻語，大書以正其體，旁注以釋其義。蓋取便童習而作。

書文音義便考三册 附《難字直音》一卷。刊本。

右前人撰。併韻爲七十五部，删字母爲三十一母。其例論云：「字學有三：一曰文欲點畫不乖，二曰音欲所呼不謬，三曰義欲訓釋有據。三者類非吾疎譾所能也。勉自考索，因成此編。」

六書賦一卷音義二十卷 刊本。

右明侍郎韓城張士佩撰。集字爲賦八十五篇。各以偏旁爲類。其《音義》即因賦字之次第編而釋焉。

問奇集一册 刊本。

右明大學士南昌張位輯。分十二門。考辨音學，始于六書大義，終于各地鄉音。

韻總持三册 開萬樓寫本。

右明休寧朱簡輯。分《古韻》、《唐韻》、《元韻》三編。《古韻》自立部分，以七字爲提綱。《唐韻》據孫愐本。《元韻》據周德清本。彙而列之，欲人知古今韻部同異之由也。

韻補本義十卷 刊本。

右明丹徒茅溱輯。部分以《唐韻》爲據，注釋以《説文》爲主。間引經籍，增廣其義。

韻會小補三十卷 刊本。

右明永嘉方日升輯。字數悉仍《韻會》之舊。其音義有未備者，則採《説文》以下百家説補焉。

類纂古文字考五卷 刊本。

右明都俞撰。取《洪武正韻》所載字，自分部類而纂次之。

説文解字韻譜二卷 天一閣藏刊本。

右明諸生餘姚陳鉅撰。自跋云：「余少習古篆，粗得其異同訛正之概，思會粹書之，以便觀覽。然許氏《説文》、徐鍇《説文》、《六書統》之類，其釋文太繁。夏竦《古文》、張有《復古編》、周伯琦《六書正譌》、趙考古《六書本義》、《篆字偏旁》之類，其篆文不全，亦爲太簡。今宗許氏《説文》篆字爲主，以《洪武正韻》爲韻，參以《籀文》、《古篆》、《奇字》、《通釋》、《類釋》、《復古編》、《正譌》、《本義》、《書學正譌》、《韻府》諸書，有一篆字而數字可通用者，有一篆字而篆法一二不同者，有篆文與楷殊異者，有有楷而無篆者，輯爲二卷。分五聲，列七十六韻，共計一萬零二百九十五文，重一千三百二十九字。其有楷無篆者，則具楷字百二十二字附焉，以備全韻。豈專爲韻設哉，因韻以齊篆也。」

説文長箋一百卷 刊本。

右明吳郡趙宧光輯。宧光以篆學聞于時。此書繁稱博引，可謂言之詳矣。然未免有不衷于古處。近世顧炎武頗議其失。

併音連聲字學集要四卷 刊本。

右明越州毛曾輯。亦以四聲之字貫穿相屬，仍取前人音釋注焉。乃因宋李巽岩所輯韻書而重定之者。

字學指南十卷 刊本。

右明廣漢朱應奎輯。其併音連聲與章黼、毛曾所撰體例相近，中分二十二紐。又考音義異同及變體、互體等類爲二卷，列于首。

字考二卷 刊本。

右明海陽夏宏撰。考字義之疑譌，及俗體、古體之辨。亦分韻編。

字學訂譌二卷 刊本。

右明台猶李當泰取張氏《問奇集》、焦竑《字學》二書合訂成編。自言凡字明白顯易者不載，怪誕不經者不載，惟魯魚亥豕疑似難明者考之。

韻表三十卷 刊本。

右明西安葉秉敬撰。取四聲之字聯屬爲表，而以見、溪、羣、疑等字母分標其上，每表各有辨證。仍列聲表三十韻于後，以相爲經緯。其首列《法門》一卷，則自述其檢尋之法也。

字孿二卷 刊本。

右前人撰。專以篆體釋楷體，使人知遞變之由。編作四言韻語。

認字測三篇 刊本。

右明户部郎西安周宇撰。舉八十一字各爲之説，以測古人制字之意。

音聲紀元六卷 刊本。

右明徽州吴繼仕撰。專審音聲以闡六書之元。大要以律統音，以音叶韻，蓋皆出于心悟者。

元韻譜五十四卷 刊本。

右明内丘喬中和輯，有同邑崔數仞實參訂之，書頗浩衍。約其大旨，則增四聲爲五聲也，合衆韻爲十二也，分十二爲剛柔律吕也，列剛柔律吕以七音也，析七音清濁之響而各立以字母也。皆崔序云。

元音統韻二十八卷 刊本。

右明嘉興陳藎謨撰。遠本《皇極經世》之説而推衍之，以闡聲音字韻之元。凡分五種，曰《通釋》，曰《類音》，曰《統韻》，曰《古韻疏》，曰《唐韻疏》，共二十二卷。後六卷乃吴任臣所纂《字彙補》，其義例曰補字，曰補音義，曰較訛，專以補正梅氏之失。康熙間范廷瑚合二書序而刊之。

老子篆一册 開萬樓寫本。

右題許劍道人摹，不著名。所集各篆字俱爲釋文注于旁。

廣金石韻府五卷 刊本。

右國朝閩中林尚葵、李根同輯。集各篆體而統以韻，乃因宋時望原編增廣之者。

篆文纂要全宗五卷 刊本。

右國朝西陵陳策輯。亦以韻編。每字先列《説文》小篆，而大篆、鐘鼎、古文以次屬焉。

聲韻源流考二册 寫本。

右國朝萬斯同輯。首述魏晉以來各家著論音學之見于列史志者，加案其下。次列宋《廣韻》、《禮部韻畧》、元《韻會》以迄近代諸家所撰聲韻等編，各舉其書中要領條件與辨證得失之語而彙次焉。

五方元音二卷 刊本。

右國朝樊騰鳳撰。創立十二韻目，自一天至十二地止。每目列二十字母，每母以五聲之字連繫其下，專辨唇、舌、齒、牙、喉五音之分。前有韻釋、韻畧等條。

韻表新編二册 刊本。

右國朝鄞縣仇廷模〔一〕輯。分二界、四晝、五綱、二十三目，列爲新表。別有《韻表後編》三種附于尾。

〔一〕「模」原作「楔」，據《四庫全書存目叢書》影印乾隆刻本改正。

韻學通指一册 刊本。

右國朝錢塘毛先舒撰。皆論韻之言。前列《四聲表釋》、《七聲畧例》、《十九韻説》等件。又有《韻問》六篇，《聲音叢説》四十六則，《雜辨聲曲》七篇，合爲一帙。

六書分類十二卷 刊本。

右國朝傅世垚輯。每字先正書而連繫古文、大小篆籀以備其體。

説文廣義十二卷 刊本。

右國朝程德洽輯。注語悉仍原本，但于各字下增廣變體。而部次則以韻爲先後，非自一至亥之舊也。汪份序。

本韻一得二十卷 刊本。

右國朝知府巴郡龍爲霖撰。悉取前人韻部更張而自定之。其《答人書》有云：「聲韻之道與樂律通。

樂有宮、商、角、徵、羽之五音，而角不通徵，羽不通宮，數奇則止，律遠則乖，理固然也。聖人和以變宮、變徵，而陰陽相生循環不窮。韻即音也，音即樂也，安有舍五音、七均、陰陽六律之外而別爲一韻者。故平韻止有十二，黄鐘、太簇、姑洗、蕤賓、夷則、無射、大吕、夾鐘、仲吕、林鐘、南吕、應鐘也。上去隨之，無所謂東、冬、江、支三十韻之多者。入韻止七，宫、商、角、徵、羽、變宫、變徵也。入少于平者，歸宿之處，尾閭之所也。更無所謂屋、沃、覺、質二十餘韻之多者。故善論韻者，自入聲始。如俗本所載一屋二沃皆宫韻也。即一東二冬之入聲，故東、冬當爲一韻，皆黄鐘也。江、陽爲一韻，皆太簇商韻也。樂律宫與商通，故東、冬、江、陽古皆通用。而真、文、侵爲一韻，則又變宫之相通者。餘可類推。」創論前古未有，書意大率本此。其前《凡例》、《圖説》、《論辨》共六卷，蓋不憚反覆以自伸其所見云。

六書辨通五卷 刊本。

右國朝金山楊錫觀輯。取兩字至四五字可通假者標而辨之，以韻爲次。自述云：「兹編專辨通假，而每文下分注形聲、事意、轉注五義者，以本義明始假借明也。」

六書例解一卷 刊本。

右前人撰。節舉六書之義比例解之。別附《雜説》十條、《八分書辨》一篇于後。〔一〕

〔一〕 盧文弨批：「五月九日閲，時小旱。」

浙江採集遺書總録丁集 史部

通史類

皇王大紀八十卷 天一閣寫本。

右宋承務郎崇安胡宏撰。趙希弁曰：「所述皇帝王伯之事，始于盤古氏，而終于周之末。自堯以上，六闕逢無紀。堯之初載，迄于赧王乙巳，二千有三十年。貫通經典，采摭史傳，靡所不載。又因事而爲之論所以述去取之原，釋疑似之惑者，至矣。」元天台董楷曾重刻之，有跋。

十七史詳節二百六十九卷 刊本。

右宋吕祖謙纂。自馬史至歐史，各就原書删繁節要，合成一編。

大事記十二卷通釋三卷解題十二卷 刊本。

右前人輯。因司馬遷《漢興以來將相名臣年表》内有大事記之目，本其意而編次之。有淳熙七年自序，謂起春秋迄五代。其實所記至漢武帝征和三年止，蓋未竟之編也。曾刊于嘉定間。李大有跋。餘詳馬氏《經籍考》。

大事記續編七十七卷 刊本。

右明翰林學士金華王禕輯。因東萊原書體例而續之，自漢迄五代止。

十八史畧三册 刊本。

右元前進士廬陵曾先之輯。節録列史大畧，取便省覽而已。

歷代通畧四卷 刊本。

右元休寧陳櫟輯。因宋吕中之《宋史講義》約其文而更廣其例。前自羲農，後及南宋，咸畧舉焉。末附《蒙求》一帙。

直説通畧十三卷 刊本。

右元鄭鎮孫撰。取歷代史事，撮舉要畧，以俚語編之，欲其明白易解，故曰直説。

世譜增定二卷 刊本。

右明南京應天府尹關西吕顓編。此譜約叙帝王沿革之緒，國統離合之迹。其文頗簡，蓋流傳舊本也。弘治間陳氏璘刊時，益以温公《歷年圖》、梁氏《總論》。至顓又取黄繼善之《史學提要》分段摘附焉，并間系以論。

世史正綱三十二卷 刊本。

右明丘濬輯。本朱子《綱目》、吕東萊《大事紀》，參取而爲之。始秦終元。其斷自秦始者，自序謂「前此爲夏商周，後此漢唐宋，世道一大界限。凡建立規模、稱謂、名考、維持法制，皆自此權輿之也」。

史書十卷 刊本。

右明休寧姚允明輯。亦《鑑》本之約者。自上古迄元事，間加評斷焉。

綱目愚管二十卷 刊本。

右明處州鄭宣撰。取宋元史綱目約而重訂之，宋十九卷，元一卷。於書法體例多所糾正云。

續資治通鑑綱目廣義十七卷 刊本。

右明西州張時泰撰。摘録陳桱原書之要旨，加以考證而廣其義例。

甲子會記五卷 刊本。

右明薛應旂撰。編甲子自黄帝時起，迄明正德間止。專以紀年爲主，故畧于事。

歷代建元考一册 曝書亭寫本。

右國朝秀水鍾淵映撰。自上古迄元。每代世次、年號及興廢本末，撮舉其要，各爲考一篇。凡列國、外國之大畧俱在焉。

歷代史表五十三卷 刊本。

右國朝萬斯同撰。朱彝尊序云：「易編年爲紀傳，古史之法微矣，其遺意猶存者，吾于表有取焉。表或年經而國緯，或國經而年緯，或主地，或主時，或主世系，事微不著者，録而見之。班固而後多闕焉不作。伏无忌、黄景之諸王、王子、功臣、恩澤侯表，邊韶、崔寔、延篤之《百官表》，作矣而不傳。袁希之之《漢表》、熊方之《後漢表》、李燾之《歷代宰相年表》，補前人之闕矣而未備。今季埜取歷代正史之未著表者一一補之，凡六十篇，益以《明史表》十三篇。攬萬里于尺寸之内，羅百世于方册之間，皆所必不可缺者，雖附諸史並頒之學官奚不可也。」○按今本共五十六表，與朱序未符。蓋《明史表》向未出，而所云「六十篇」者，或分合有異耳。

編年類

季周傳十二卷 刊本。

右明新安程元初輯。起周威烈王二十三年，盡秦王政二十五年。末一卷别標曰《嬴秦傳》，起始皇二十六年，盡二世元年。皆大書爲綱，列事爲目，仿朱子體爲之。

建康實録二十卷 開萬樓寫本。

右唐高陽許嵩撰。晁公武曰：「始自吴，漢興平元年，終于陳末禎明三年，南朝六代四百年間，君臣行事及土地山川、城池宫苑、制置興壞，用存古跡。其有異事則注之，以益見聞。」建康者，六朝所都地名也。陳振孫謂此書編年附傳，大畧用實録體。

蜀漢本末三卷　天一閣寫本。

右元梁國公許州趙居信撰。仿朱子《綱目》體，詳書昭、烈兩世事。蓋亦以正統予蜀也。本内間有闕頁。

續資治通鑑長編一百八卷　開萬樓寫本。

右宋敷文閣學士丹稜李燾撰。按李文簡公《續通鑑長編》，于隆興元年知榮州，先以建隆迄開寶年事一十七卷進。乾道四年官禮部郎，乃以整齊建隆元年至治平四年五朝事迹共一百八卷進。淳熙元年知瀘州，又以治平後至靖康凡二百八十卷進。淳熙九年知遂寧府，又以累次所爲重別寫進，共九百八十卷。其修換事總爲目十卷。又别爲《舉要》六十八卷，并卷《總目》五卷。通計一千一十三卷。今本所存乃建隆至治平五朝之事，餘皆失傳。其書倣温公舊規爲之，然謙抑不敢竟名《續通鑑》，但謂《續長編》。長編者，《通鑑》之初稾也。詳見《通考》及《讀書附志》。又按是編在宋時傳本已有詳畧不同，又逐卷自分子卷，故此一百八卷，趙作一百七十五卷，陳振孫作一百六十八卷，所載未能盡符。近世朱彝尊跋云：「宋儒史學以文簡爲第一，蓋自司馬君實、歐陽永叔書成猶有非之者，獨文簡免于譏駁。張敬夫比之霜松雪栢，生死文字間。葉正則謂《春秋》之後纔有此書。要非過論也。治平以後，賴有《長編》、《紀事本末》存畧見大旨，然覩之者罕矣。陳氏桱、王氏宗沐、薛氏應旂目不見是書，輒《續通鑑》行世。柯氏維騏、王氏維儉之改修《宋史》亦然。此猶夏蟲不可以語冰，松栢之鼠不可語以堂密之有美樅者也。」

續宋編年資治通鑑十八卷 知不足齋寫本。

右前人撰。此書諸著録家無之，惟見于焦氏《經籍志》所載。自建隆迄靖康止，疑即《長編》之舉要也。但卷數相懸，又不署「舉要」之名，無序跋可證，俟再考。

三朝北盟會編二百五十卷 開萬樓藏刊本。

右宋朝議大夫充荆湖北路安撫司參議官徐夢莘輯。彙諸家所紀事，以年月日編之。上帙起政和七年七月，終宣和七年十二月。中帙起宣和七年十二月，終靖康二年四月。下帙起建炎元年五月，終紹興三十二年四月。〇按此編後尚有《集補》五十卷，今未見。

元史續編十六卷 寫本。

右明楚府右長史山陰胡粹中撰。踵朱子《綱目》體爲之。有永樂元年自序。

洪武聖政記十二卷 開萬樓寫本。

右書與實録體相近，但不著撰人姓名。按《千頃堂目》載有宋濂《洪武聖政記》二卷，凡七類，與此書體既不合。又載趙琦美有《洪武聖政記》三十二卷，唐志大有《高廟聖政記》二十四卷，與此卷亦不符。未詳孰是。

昭代典則二十卷 刊本。

右明尚書晉江黄光昇撰。所載起太祖迄世宗朝事。以下二種俱仿《綱目》體。

國史紀聞十二卷 刊本。

右明贈兵部尚書沁水張銓撰。此書義例謹嚴。自序謂：「國初迄嘉、隆間，野史雜出數十家，或誕而失真，或畧而不備，惟《吾學編》事核言簡。惟時有避忌，方技、佞倖諸傳廢而不録，未免挂漏。而體非編年，於兼綜條貫之義闕如。因討論舊章，悉取諸書參校異同，是是非非不敢違匹夫匹婦之公云。」所載事至正德六年止。書爲門人徐揚光校刊。

憲章録四十六卷 刊本。

右明薛應旂撰。所載起洪武元年，迄正德十六年事。以下五種俱編年體。

皇明大政纂要二十四册 《千頃堂書目》作六十三卷。寫本。

右明茶陵譚希思撰。所載起洪武迄嘉靖間事。

皇明通紀述遺十二卷 刊本。

右明秀水卜世昌撰。所載起元至正十一年，迄明隆慶六年事。

嘉隆兩朝聞見紀十二卷 刊本。

右明監察御史沈越撰。越，南京錦衣衛人。以諸家所述，如《憲章録》及王世貞《國朝紀要》、鄭曉《吾學編》之類，皆斷手於武廟，故續取世宗、穆宗朝事彙次之。

兩朝憲章録二十卷 刊本。

右明光州訓導吳瑞登撰。亦載世、穆兩朝事。專以踵薛氏之書而作。

别史類

晉記六十四卷 寫本。

右國朝舉人蕭山郭倫撰。初倫祖任之嘗爲《晉書摘謬》二卷，倫習聞其説，又嘗讀《荀勗傳》，見「高貴鄉公欲爲變」一語，以爲大悖於理，以君欲誅臣而曰「爲變」，則倫常汨矣。因悉取原書删正之，以成祖志。且謂原書蕪謬甚多，約舉其失。如宣、景、文，及身不帝而列諸本紀。諸助亂孫旂、牽秀之徒，附見足矣，而反與繆播、閻鼎同類列之。其賈充、姚萇傳，傳鬼神事竟如優俳者之所爲。諸國載紀，不年不月，複雜無章。北魏雖有本史，自力微通貢，猗盧封代，以至道武稱帝，百十五年之間，皆有當時戰伐之事，譙登、許肅忠義之臣，皆闕而不書。潘岳諸人之文，無關治亂之數，而盡臚之本傳。又如武帝平吳，混一區夏，其間謀臣碩士，如華、祜、預、濬、琨、逖、導、侃、嶠、安之謨猷經畧，至今猶想見其人，而本傳蕪冗，曾不足以發其不可磨之概。至清言娓娓司馬氏所以亂亡者而縷述之不衰。是皆取舍失衷，是非晉亂。倫今所定，論事必達其要，記言必覈其實，於詳畧分合間多更易舊文。凡六十四卷。爲世系一，爲本紀三，爲内紀一，爲列傳三十四，爲十六國録十二，北燕併後燕，故雖增代仍爲十六國。爲志八，舊志一。律吕。

隆平集二十卷 刊本。

右宋中書舍人南豐曾鞏撰。晁公武曰：「記五朝君臣事跡。」蓋謂藝祖至英宗也。其書仿正史紀傳體爲之。

東都事畧一百三十卷 刊本。

右宋承議郎知龍州眉山王偁撰進本。趙希弁曰：「書分本紀十二，世家五，列傳一百五，附録八。間爲讚論，以發揚之。以其國都大梁以前之事，故謂之東都。然其中疎駁甚多。」按趙雖云然然，後世欲考汴宋文獻，亦藉以有徵焉。

宋大事記講義二十三卷 寫本。

右宋教授温陵吕中撰。所紀亦皆北宋事，分類爲編，各加論焉。

宋史新編二百卷 刊本。

右明主事莆田柯維騏撰。會宋、遼、金三史爲一，以宋爲正統，遼、金附焉。升瀛國公、益、衛二王於帝紀以存統，正亡國諸叛臣之名以明倫，列道學於循吏之前以尊儒，皆維騏之特見。其書歷二十載而成。詳見朱彝尊跋。

南宋書增削定本六十卷 知不足齋寫本。

右明大學士嘉善錢士升輯。亦以《宋史》失之繁雜，故取南渡後各朝事重爲更定。有太學生許重熙爲贊。

大金國志四十卷 開萬樓寫本。

右宋宇文懋昭撰。懋昭嘗仕於金，爲淮西歸正人，宋改授承事郎工部架閣。其書於端平元年表上。所志起金太祖至宣宗，凡一百七十年事。

契丹國志二十七卷 知不足齋寫本。

右宋秘書丞嘉興葉隆禮撰。述契丹自阿保機初興，迄於天祚，凡二百餘載之事。畧仿紀傳體。前有《遼國始興本末》、《九主年譜》。末附《宋臣紀録》、《諸蕃國雜記》、《歲時雜記》等種。於淳熙七年表上。錢曾稱是書謹嚴詳贍，有良史之風。

金志一册 寫本。

遼志一册 寫本。

右二書約述金、遼興廢本末及歲時風俗事畧。當是後人從《大金國志》、《契丹國志》兩編中抄撮而成，故仍署懋昭、隆禮二人之名也。

續弘簡録四十二卷 刊本。

右國朝少詹事仁和邵遠平撰。一名《元史類〔一〕編》。遠平之高祖經邦曾爲《弘簡録》，以續鄭樵《通志》，所載自唐迄遼、金止。遠平因取《元史》删繁訂誤，兼採諸家所著，補其缺畧成此編，以續祖書。朱彝尊爲之序。

〔一〕「類」原本作「續」，據盧文弨校改。

皇明書四十五卷 刊本。

右明鄧元錫撰。黄虞稷曰：「輯洪武至嘉靖十一朝君臣事蹟。」蓋仿正史體爲之。

皇明史竊一百七卷 刊本。

右明新昌知縣東莞尹守衡撰。黄虞稷曰：「書分帝紀八卷，志六卷，世家十卷，列傳八十三卷。」其《高后紀》、《百官志》、《田賦志》、《河漕志》四卷原缺。

識大録五十二册 開萬樓寫本。

右明宣城劉振撰。亦仿正史例。所載起太祖迄穆宗朝事。

明書一百七十二卷 刊本。

右國朝尚書靈壽傅維鱗撰。自序謂搜求明興以來行藏印鈔諸本，與家乘、文集、碑志，得三百餘部，九千餘卷。參互實録，考訂異同，纂成此書。起元天曆元年戊辰，迄明崇禎十七年甲申。於萬曆以前釐然詳備，泰昌而後故牒散失，多有缺畧。述本紀、宮闈紀、表、志、記、世家、列傳凡七十七目，合一百七十二卷。

霸史類

七國考六册 寫本。

右明烏程董説撰。取羣籍所載戰國時七國之事，彙録而分系之。每國爲十四考，首職官，終瑣事。

吴越紀餘五卷 知不足齋寫本。

右明長洲錢貴撰。述春秋時吴越事。自識云：「摭其大綱爲三首。復擬其事之可信者爲三十五首。又末附《雜咏》十餘題。」蓋皆取材史籍而以己意融裁之者。

華陽國志十二卷 寫本。

右志本晉常璩撰。華陽，梁州地也。其書紀漢以來巴蜀人物。今本爲宋知成都府李垕叔〔一〕就璩原編，更取各史，訂正缺譌，重加編次者。

〔一〕 李垕，字叔廑。此作「李垕叔」，當衍「叔」字。

蜀鑑十卷 刊本。

右宋李子文撰。記蜀事，自周秦間至宋平孟昶止。

蜀國春秋十八卷 刊本。

右明成都荀廷詔輯。紀蜀事，自蜀山氏開國迄明代止。後附《郡縣通釋》，詳其沿革焉。

十六國年表一册 開萬樓寫本。

右明武陵孔尚質輯。取兩晉間十六國事，分國分年而載之。非縱横列格之表也。

後梁春秋二卷 刊本。

右明海鹽姚士粦輯。以蕭詧乃昭明第三子，梁之嫡系，宜有史書，故次其三十三年之事爲專編焉。

晉列國指掌二卷 寫本。

唐藩鎮指掌二卷 寫本。

右明眉山張大齡撰。晉之十六國及唐末河北諸鎮事蹟，散在史册，往往不得要領。觀此則興廢本末犁然在目矣。

五國故事二卷 天一閣寫本。

右紀吴楊行密、南唐李昇、蜀王建、孟知祥、漢劉巖、閩王審知五國軼事。不著撰人姓氏。吴焯跋云：「編中稱劉爲彭城。考《吴越備史》，凡劉皆稱彭城，避武肅諱也。則此或亦吴越人所爲。」

吴越備史四卷補遺一卷 瓶花齋寫本。

右載《通考》者有二，《吴越備史》九卷，注吴越掌書記范坰、林禹撰。又《吴越備史遺事》五卷，注全州觀察使錢儼撰。并引陳振孫言，謂《備史》亦儼所爲，託名林、范者。而今本則有吳焯跋云：「嘗得吳越二十四世孫受徵刊本，與此校對，其刊本小傳頗有删節，則此鈔本爲當時林、范原撰，亦未可定。又據刊本武肅王二卷，文穆王、忠獻王、吳越國王各一卷，凡五卷。其備遺一卷，云是越中比部德洪所纂。則此前四卷當作五卷，鈔本標題誤耳。」

三楚新録三卷 瓶花齋寫本。

右宋秘書省校書郎周羽冲撰。録馬希範、周行逢、高季興始末各爲一卷。

蜀檮杌三卷 晁《志》及《通考》俱作《外史檮杌》十卷。寫本。

右宋屯田員外郎張唐英撰。以王建、孟知祥父子四世凡八十年，比之公孫述輩，在蜀最爲久遠，因取其本末編年次之。自序謂凡《五代史》、皇朝日曆所載者皆畧而不書。有治平間陸昭迴跋。

江表志三卷 瓶花齋寫本。

右宋兵部郎中福州鄭文寶撰。志南唐三主事，各爲一卷。晁氏謂此書雜記如事實之類，蓋不以年月爲編也。按文寶本南唐人。陳氏《唐餘紀傳》列諸義行。後入宋舉進士，因仕焉。

江南野史十卷 曝書亭寫本。

右宋螺川龍袞撰。亦載南唐三主及三十一臣之事。仿紀傳體爲之。朱彝尊跋曰：「《江南野史》，鄭樵《通志》載有二十卷。此本止録十卷，當再於別志審之。」今按《宋史》及晁《志》俱作二十卷，共八十四傳。則所傳似非足本也。

南唐書三十卷 刊本。

右宋陽羡馬令撰。序言其祖太博元康世家金陵，多知南唐故事，未及撰次。令纂先志而成之。其書亦仿紀傳體，所載較備。

唐餘紀傳二十四卷 瓶花齋寫本。

右明刑科給事中吳興陳霆輯。以李昪爲憲宗之裔，比蜀之昭烈，梁之蕭詧，故曰「唐餘」。書分國紀三卷，列傳十九卷，志畧、附録各一卷。

十國春秋一百十四卷 刊本。

右國朝檢討仁和吳任臣輯。以補歐史十國世家所未備。爲紀二十，世家二十二，列傳一千二百八十二。又爲紀元、世系、地里、藩鎮、百官、五表。五季遺文軼事，惟此及朱彝尊《五代史注》搜采最詳。此已刊，而朱《注》藁終於未就，惜哉。

明氏實録一卷 倦圃寫本。

右明新都楊學可撰。叙夏國明玉珍兩世始末，起至正辛丑，迄洪武辛亥，凡十一年事。

雜史類

歷代小史一百五卷 刊本。

右明河南道御史豐城李栻輯。録《路史》而下至明代諸家所紀，凡一百五種，種各一卷。皆節其文者。

邃古記八卷 刊本。

右明朱謀㙔輯。記古初逸事。采摘諸書爲之。

考定竹書十三卷 刊本。

右國朝仁和孫之騄輯。以《竹書紀年》中有錯失，乃考據他書所載，更爲釐定詳注，以補沈約舊注之缺。

晉史乘一卷楚史檮杌一卷 刊本。

右元吾丘衍撰。此僞書也。簡端有衍叙，云：「近得二書，不著姓名。與《晏子春秋》相似，疑出一時。」蓋假託之詞，實衍所造耳。

後漢書年表十卷 開萬樓寫本。

右宋廸功郎權澧州司户參軍熊方撰。以范史無表，故補作。同姓王侯表二，異姓諸侯表六，百官表分上、下各二。乃思陵朝經進本。朱彝尊謂此編宜附刻范史後，以成一代完書。

漢唐秘史六卷 寫本。

右明寧王權輯。考漢、唐史内帝王政治之本末而編次之。自序謂承太祖命而作。有弟安王楹跋。

三國紀年一卷 天一閣寫本。

右宋永康陳亮撰。前有目録，列宗室、外戚至高士、列女凡十一目。而下止有三國各君臣論贊，並無紀年事實，蓋所缺甚多矣。

三國雜事二卷 天一閣寫本。

右宋提舉常平丹徒唐庚撰。亦係論斷三國事。分條雜辨，非纂次其實蹟始末也。

大唐創業起居注三卷 刊本。

右唐温大雅撰。紀唐高祖起義至受禪凡三百五十七日事。

貞觀政要十卷 刊本。

右唐學士浚儀吴兢撰。晁《志》云：「兢以唐之極治，貞觀爲最，故採時政之可備勸戒者，上之於朝。凡四十篇。」

東觀奏記三卷 天一閣寫本。

右唐右補闕裴庭裕撰。記宣宗朝事，凡八十九條。蓋當時詔修《實録》，故庭裕爲此以奏記於史閣者。

唐闕史二卷 寫本。

右唐高彦休撰。亦記大中以後事，凡五十一篇。

大唐傳載一卷 天一閣寫本。

右雜記唐事。書不署名。按《唐藝文志》有《林思傳載》一卷，當即此。

南部新書十卷 知不足齋寫本。

右宋員外郎錢希白撰。雜記唐代故事。按此書傳本多寡不一，晁《志》祇作五卷。又嘗見别本載有元子真子跋，謂以蜀本相對，此有者彼無，彼有者此無，因深以爲疑。又清隱老人跋則言：「原序作三萬五千言，事實若干，列卷十。今本止一萬五千言，事實二百五十有七，亦列卷十。所以子真子跋云云。因取曾公《類説》所收者，摘鈔事實五十一條，以作補遺。」而近時吴焯跋則云：「余所藏高承埏舊本，較多於此三倍，即補遺諸條咸在，計件繫之，事凡八百數十則。」今鮑氏所藏正與吴跋相符，自甲至癸凡十集，蓋完書也。

中朝故事二卷 寫本。

右後唐尉遲偓撰。晁《志》云記唐懿、昭、哀三朝故事，故曰中朝。

五代史補五卷 曝書亭寫本。

右宋潯陽陶岳撰。補録五代軼事，每代爲一卷。凡一百七條。

五代史闕文一卷 寫本。

右宋翰林學士鉅野王禹偁撰。晁公武曰：「録《五代史》筆避嫌漏畧者，以備闕文。凡一十七事。」

龍川別志八卷 寫本。

右宋蘇轍撰。録宋初至慶曆間雜事。蓋居龍川時所作。

涑水紀聞二卷 知不足齋寫本。

右宋温國公司馬光撰。晁云：「記賓客所談祖宗朝及當時雜事。」按《通考》作十卷，今本乃後人所併。

甲申雜録一卷

聞見近録一卷

隨手雜録一卷 俱寫本。

右宋宗正丞王鞏撰。鞏，文正公孫也。所記皆宋初故事。有靖康甲寅淮海張邦基跋。按此書初未顯，鞏有從曾孫名從謹者，於隆慶改元得於向氏，因而傳之。復從吴一能校本補鈔《甲申》、《聞見〔一〕》二録内所缺二十六條附焉。皆見從謹跋。

〔一〕原本「聞見」二字誤倒，今乙正。

宋紀受終考三卷 刊本。

右明新安程敏政撰。歷引各書以明宋太祖、太宗受終之正，而力闢「燭影斧聲」爲誣説云。

四明尊堯集十一卷 刊本。

右宋司諫延平陳瓘撰。專辨王安石《日録》之誣僭而作。朱子嘗剖論之。詳見《通考》。

宋宰輔編年録二十卷 知不足齋寫本。

右宋太常博士徐自明撰。取宋代輔臣事編年次之。起建隆，迄嘉定間止。

宋西事案二卷 刊本。

右録宋禦元昊事，並諸臣經畧等疏。今本不署名。考黄氏書目作張鼒，《傳是樓書目》作祁承㸁，姑兩存之。

錢氏私誌一册 天一閣寫本。

右宋廸功郎錢世昭撰。自謂叔父太尉昭陵之甥，親見宣政太平文物之懿。其在帝左右，銜命出疆，凡耳目所接，皆能廣記而備言。因請其説，得數萬言，敘而集之。按太尉者，錢愐也。《敏求記》遂以此書直署愐名，誤矣。

宜齋野乘一卷 天一閣寫本。

右宋江陰吴枋撰。隨手劄記時事。先成十餘卷，燬於火，後乃追記一二，録此。自序云。

湘山野録三卷續録一卷　天一閣寫本。

右宋餘杭僧文瑩撰。晁《志》云「記國朝故事。」

玉壺清話十卷　天一閣寫本。

右前人撰。元豐戊午自序，謂收得國初至熙寧中文集數千卷，其間神道、墓誌、行狀、實録、奏議之類。輯其事，成一家言。玉壺，隱居潭名也。按此書明時止傳五卷。吳人吳岫訪得後五卷。四明范欽又從岫借鈔成完書。吳、范各有跋見今本。其前八卷皆雜記，九卷爲《李先主傳》，十卷爲《江南遺事》。

清溪弄兵録一册　天一閣寫本。

右宋王彌大輯。記清溪方臘事迹。前半從方勺《泊宅編》中録出，後半從《國續會要》中録出。兩存之，以備參考。嘉泰改元自序云。

靖康要録三册　《通考》作五卷。今不分。　寫本。

右本名《孝慈淵聖皇帝要録》。所記自元符三年欽宗誕生，至南渡高宗即位之日止。向無撰人。故陳振孫已云不知誰作。今按末條云「五月一日今上即位」，則當是高宗時人也。

靖康紀聞一册又紀聞拾遺一卷　寫本。

右宋太學生武陵丁特起撰。疑即《孤臣泣血録》也。

靖康蒙塵録一卷 天一閣寫本。

右不署名。以上二種皆記徽、欽事。

北狩見聞録一卷 瓶花齋寫本。

右宋太尉曹勛撰。乃扈從二帝北狩時所紀。時勛爲保信軍承宣使知閤門事，故本書列銜如此。

北狩行録一卷 寫本。

右書《通考》作蔡鞗〔一〕、王若沖二人撰。他處或止署鞗〔二〕名。亦記徽宗事。

〔一〕、〔二〕「鞗」原誤作「絛」，今據《四庫總目》、《中國叢書綜録》改。

南燼紀聞一册 瓶花齋寫本。

右宋淮海周煇撰。起自靖康元年正月金人臨汴，以至二帝往五國城而止。編年編日，所紀頗詳。然此書他處或不署名，前人有疑其僞者，則以徐夢莘《北盟會編》所列書目中無之，而晁《志》、陳《録》均不載也。存以俟考。

建炎時政記三卷 天一閣寫本。

右宋尚書李綱撰。趙希弁曰：「所編自建炎元年五月一日至於八月十八日事。」

建炎維揚録一卷 天一閣寫本。

右記渡江時事。按《通考》有無名氏《戊申維揚録》一卷，或即此。戊申者，建炎二年也。

建炎復辟記一卷 寫本。

右記苗劉作亂，隆祐太后臨朝，及後復辟並平定始末。似爲韓世忠作。《通考》亦曰無名氏。

竊憤録一册 寫本。

右宋安撫使辛棄疾撰。

南渡録一册 寫本。

右不署名。或亦作辛棄疾撰。以上二書皆記靖康、紹興間事。但多未可信。前人嘗論之。

美芹十論一册 寫本。

右前人撰。乃當時進獻守禦之策。

中興禦侮録二卷 二老閣寫本。

右不署名。記宋將吴璘、劉錡與金用兵事。

順昌戰勝録一卷 寫本。

右記紹興十年宋劉錡破金兵於順昌事。按《通考》有《順昌録》一卷，又有《順昌破敵録》一卷，皆不著撰人。而今本則署楊汝翼名。未知是否。

采石瓜洲斃亮記一册 寫本。

右記宋紹興辛巳尚書虞允文敗金兵於采石瓜洲間事。爲虞門人宣教郎潼川蹇駒所編。

曲洧舊聞十卷 寫本。

右宋直秘閣新安朱弁撰。弁爲朱子從父，建炎丁未使金，留十七年乃歸。王明清謂此書事多出晁氏，世頗傳之。蓋弁本晁壻所紀當時事蹟，凡二百九十餘條。

松漠紀聞二卷 寫本。

右宋徽猷閣直學士番陽洪皓撰。陳振孫曰：「皓奉使留虜中，録所聞雜事。」

紹興正論一卷 寫本。

右書據馬端臨云：「序稱瀟湘野夫，不著名氏。録文武官不附和議及忤秦檜得罪者。」本二卷，今作一卷〔一〕。

〔一〕「卷」字原脱，據盧文弨校補。

東南防守利便三卷 錢塘趙氏小山堂寫本。

右宋江南東路安撫使吕祉撰進，實其屬吴若、陳克二人所爲。其狀畧云：「臣自到建康，裒集方策所載山川險阻、道里遠近、軍馬屯戍之地，争戰勝敗之事，作《東南利害總論》。以襄陽、江陵、武昌、九江皆建康上游，上下之勢要在相接，作《江流上下論》。北則合肥、壽春、盱眙、廣陵，上下皆其表也，表裏又當如一，作《江淮表裏論》。今圖恢復，必據要會以爲根本。建康實中興根本之地，作《建康根本論》。自六朝建都以來，沿江戍守、城池、宫室、郊廟、河渠事蹟悉以類舉，南北之事盡此矣。」

燉煌新録一卷 寫本。

右書陳振孫曰：「有序稱天成四年沙州傳舍集，而不著名氏，蓋當時奉使者。敍張義潮本末及彼土風物，甚詳。」按義潮使金九年始歸，所稱「天成」疑作「天德」，蓋金主亮年號也。

襄陽守城録一册 知不足齋寫本。

右宋趙萬年撰。開禧二年，金以二十萬兵圍襄陽，都統趙淳固守得保。萬年時爲幕客，紀其事皆史所不載。

辛巳泣蘄録一卷 汲古閣寫本。

右宋蘄州司理趙與褎撰。嘉定十四年，蘄爲金陷，時與褎暨同官力守不保。既脱生，因敍其始末。且云：「欲觀者知蘄之陷，非郡官士民無備之患，實爲援兵之所誤。」末附壬午褒贈邺典。

四朝聞見録五卷 小山堂寫本。

右宋龍泉葉紹翁撰。録高、孝、光、寧四朝雜事。自甲至戊凡五集。

金人弔伐録二卷 寫本。

右不著撰人。黄虞稷曰：「記金人伐宋往來文檄盟誓書。」

錢塘遺事十卷 開萬樓寫本。

右宋武陵劉一清撰。皆南宋雜事。

廣王衛王本末一卷 寫本。

右宋兵部侍郎陳仲微從二王入廣，目擊當時情事而録之。後仲微没於安南。元時安南入覲，言及仲微事，因傳其書。首尾有元人無名氏二跋云。

歸潛志八卷 天一閣寫本。

右金渾源劉祁撰。錢曾曰：「劉京叔以布衣遨遊士大夫間，爲遺山諸公所推。築堂曰『歸潛』，因以名其書。所記多金源逸事。後之修史者足徵焉。」按此書足本有十四卷。

南遷録一册 汲古閣寫本。

右記金大定間自燕遷汴事。相傳金著作郎張師顔撰。據大德間浦元玠跋，稱較《金國志》所載事語同而年號殊，或當以此爲正。然其中實有可疑，故陳振孫及趙與時《賓退録》皆力辨其僞。諒非信史也。

遼小史一册 刊本。

金小史一册 刊本。

右明禮部主事吴縣楊循吉撰。約遼三世九十年之事爲一篇，文止八千餘言。其述金者，亦僅四倍之，而首尾百餘年之事具焉。以帙少，故名「小史」。其實所舉皆大綱，非雜綴瑣事者比。

遼金大臣年表二卷 寫本。

右未詳撰人。遼、金各一卷。表年於上，而以諸臣名爵緯列其下，以資檢考。

皇元聖武親征記一卷 寫本。

右不著撰人。紀元太祖誕生時起及在位二十二年中出征始末。

平宋録三卷 寫本。

右元杭州路司獄官燕山平慶安撰。記伯顔平宋事蹟。有大德間鄧鑄、方回、周明三序。按《千頃堂書目》載此，作劉敏中撰，未詳何據。

平猺記一卷 寫本。

右元學士虞集撰。記萬户章伯顔平粤西猺洞事。至元元年作。

保越録一卷 寫本。

右紀元至正間，樞密院副使吕珍守紹興事。黄虞稷謂係張士誠幕客所作。

庚申外史二卷 天一閣寫本。

右紀元順帝三十六年之事。卷首並録二序。其一無名氏序謂：「葛溪先生，姓權名衡，吉安人。隱德研學之士，著書甚多。洪武辛亥，偶在船中相見，因閲此録。遂廣其傳。」其一名廸簡者不著姓。序，自謂：「洪武二年，受命訪求史事。赴汴梁，有名忠之者，能言二十年來朝野事。與之極論數晝夜。又以昔所聞知庚申帝元統以來十五六年之事，總前後凡三十六年事筆於書，號曰《庚申大事紀》。」據二序所言不同如此，而《明史》及《千頃堂目》俱直作權衡。今仍兩存之，以俟知者考定焉。

高廟紀事本末八册 開萬樓寫本。

右不著撰人。仿《通鑑紀事本末》例，載明祖事實頗詳。

高皇后傳一册 刊本。

右明仁孝皇后撰。永樂間曾頒賜諸王及百官。

國初事蹟一卷 刊本。

右明禮部侍郎金華劉辰撰。述明祖開創時事。乃永樂時經進本。

秘閣元龜政要十六册 小山堂寫本。

右亦紀太祖朝事。其書流傳頗少，撰人無考。疑亦當時勅修者。

國初禮賢録一册 寫本。

右紀明劉基、葉琛、章溢、宋濂四人被徵及一時恩遇之榮。書爲基所述。

北平録一册 寫本。

右紀洪武間北征沙漠事。

平蜀記一册 寫本。

右紀洪武四年平蜀事。以上二書皆不著撰人。

剪勝埜聞三卷 寫本。

右明徐正卿撰。雜記明祖發祥始末，并其時軼事。

賢識録一册 刊本。

右明翰林侍讀崑山陸釴撰。亦多追述洪武間舊事。

皇明定保録二册 寫本。

右明無錫趙元祉撰。上册紀太祖諭訓，下册紀成祖諭訓。各分九類。

革除備遺録一册 寫本。

右明御史新淦張芹撰。本宋端儀之《革除録》，取建文帝時忠於所事者四十六人，次其行事。事無考者，則存姓氏、爵里於後焉。

拾遺書一册 寫本。

右明蒲陽林塾輯。正德乙亥自識云：「革除之人，前史失書。予始考郡志與少保李文達《拾遺》四十二人，近又見僉事宋端儀、御史張芹增入江右數人行實，復得十二人。共五十有四人。」

姜氏秘史一册 寫本。

右明尚寶少卿弋陽姜清撰。黄虞稷曰：「倣實録編年法，記建文事。諸臣附見焉。」

革除遺事六卷 寫本。

右明黄佐輯。亦本宋、張所録而增廣之者。有正德庚辰自序。

革朝遺忠録二卷 刊本。

右明嘉興郁衮輯。亦據宋、張二《録》并何孟春《續録》而彙次之者。

革除遺事十六卷 寫本。

右明黄巖符驗輯。嘉靖癸卯自識云：「泰泉先生出檇李郁氏本相示，俾予覈往牒以正其訛漏。予故考定爲十六卷，以復于泰泉云。」按此編視黄、郁二家所載加詳。有郁衮跋。

革除逸史二卷 刊本。

右明朱睦㮮撰。《千頃堂目》載有《遜國記》二卷，當即此。

革除編年一册 寫本。

右不署人。據《浙江通志》作嘉善袁仁撰。以上二種皆分年紀事。

建文朝野彙編二十卷 刊本。

右明山東副使秀水屠叔方輯。悉取諸家所記，以年編之。述建文事，此爲最詳。按叔方嘗爲鄱陽令。先是遜國諸臣疎屬一丁一地，分戍劇邊，一遇絶丁，輒行勾補，飛符嚴急不勝擾。方在鄞，適有符勾鄞人胡閏絶丁者，慨然曰：彼死忠何罪，其親屬又何罪。使吾有言責，必碎首争之矣。比擢御史，即具疏請謚、請祠、請修治塜墓、卹録子孫，及交遊姻黨之株累編戍者，悉寬宥之。神宗感動，張榜大赦一千六百餘人。方後歸田，乃輯是編。事見《檇李詩繫》。

建文書法儗一册 刊本。

右明諸生東吴朱鷺撰。分三編。前編爲《太祖本紀》，起洪武十年建文帝誕生，迄三十六年。正編爲《建文帝紀》，凡四年。皆仿《綱目》體，大書分注。附編雜録諸家之論，并爲忠臣譜録三百八十餘人。

忠節録六卷 刊本。

右明鴻臚卿海州張朝瑞輯。取建文之臣，人各爲傳，亦取材於諸家者。後有考誤一卷。

懷忠録七卷 寫本。

右明莆田鄭應旂撰。以革朝死事諸臣隱括其事爲詩歌。後附《遺忠列傳》四十篇。

皇明表忠記十卷 刊本。

右明錢士升撰。凡忠於建文者，爲傳八卷。又爲三不忠傳一卷，則李景隆、茹常、陳瑛也。凡例云：「留芳遺臭合之，而勸懲之義始備。」末卷曰：「正譌則辨《致身録》、《從亡隨筆》等書之僞。」

遜國忠記十八卷 刊本。

右明周鑣撰。亦分人立傳。謂紀遜國事之書幾二十種，擇其近可信者存之。楊廷樞爲序。

奉天靖難記四卷 寫本。

靖難功臣録一册 寫本。

右二書紀成祖靖難及翊戴諸臣事。皆不著撰人。黄虞稷謂《奉天記》語多誣僞。

立齋閑録三卷 寫本。

右明閩中宋端儀撰。條記故事自明初迄宣德間止。

平定交南録一卷 寫本。

右明丘濬撰。記定興忠烈王張輔平安南事。

正統臨戎録一册 寫本。

右明指揮使楊銘撰。以下四書皆記英宗北狩事。

否泰録一卷 寫本。

右明侍郎永新劉定之撰。説見上。

出使録一卷 寫本。

右明給事中李實撰。或作《使北録》。

北征事蹟一册 寫本。

右明錦衣指揮同知新昌袁彬撰。乃纂修《實録》時經進本。《千頃堂目》云一作尹直著。

復辟録一卷 寫本。

右明豐城楊瑄撰。記景泰八年英宗自南内復辟事。後附記石、徐諸人之敗。

成憲録十一卷 寫本。

右書與實録體相類。紀洪武迄天順間朝章政蹟。撰人無考。其卷帙或不止此也。

天順日録一册 刊本。

右明大學士定遠李賢撰。所録多時政，亦有近説家處。

古穰雜録三卷 寫本。

右前人撰。亦雜記時事而間及理學語。

雙槐歲鈔十卷 寫本。

右明長樂知縣香山黄瑜撰。黄虞稷謂此書記洪武迄成化中事，凡二百二十餘條。後瑜孫佐掌南京翰林院事時，於院中得吳元年故簡足成之。

可齋筆記一册 寫本。

右明大學士彭時撰。多自記在館閣時事。

南征録一卷 寫本。

右明布政使江浦張瑄撰。瑄於天順間征兩廣苗蠻，每營中稍隙，掌記一日行事與所見聞履歷，因成此録。

聞見類纂小史十四卷 寫本。

右明訓導鄞縣魏偁撰。分内外篇。劄記時事，各以類從。自謂所載與《筆談》、《揮麈録》、《桯史》等書相仿。

皇明政要二十卷 刊本。

右明成都府訓導婁諒撰。畧仿《貞觀政要》體，紀洪武迄成化政蹟，凡四十篇。其子兵部郎中性於弘治間表進。

治世餘聞二卷 寫本。

繼世紀聞五卷 寫本。

右明陳洪謨撰。每卷首注「筈陂」二字，當即洪謨號也。前書記弘治間事，後書紀正德間事。

蹇齋瑣綴録八卷 寫本。

右明大學士尹直撰。雜綴朝野事。有正德丁卯自序。

損齋備忘録二卷 寫本。

右明中都留守梅純撰。純，南京孝陵衛人。所記關涉掌故爲多，間有辨證詩文經史者。

平番始末二卷 寫本。

右明太常卿靈寶許誥追述其父進於弘治間征勦西域方畧。書於嘉靖九年奏進。

視草餘録二卷 刊本。

右明大學士新都楊廷和自記在内閣時事。乃歸田後所述。

雙溪雜記一册 刊本。

右明尚書晉溪王瓊撰。記洪武至正德間事，并加論斷焉。

皇明傳信録七卷 寫本。

右多述明代軼事之有關係者。不署撰人。所録至武宗末年而止。

皇明紀畧四卷 刊本。

右明吴郡皇甫録撰。皆雜記朝事。

明良集七卷 刊本。

右集凡五種，宋濂《聖政記》一卷，金幼孜《北征録》一卷，楊士奇《聖諭録》三卷，李賢《天順日録》一卷，李東陽《燕對録》一卷，乃禮部尚書南海霍韜所彙。

今獻彙言八册 刊本。

右明高鳴鳳輯諸家雜記朝野事者，凡二十五種，始陸釴《賢識録》，終王文禄《竹下寤言》。

皇明小史三十二卷 寫本。

右集明人紀明事者，凡四十六種。未詳何人所編。

紀録彙編二百十六卷 刊本。

右明侍郎烏程沈節甫輯。前列明帝御製碑記等八種，又博採各家著述百三十種而彙編之。明代稗乘此爲搜羅最富。雖間有小説家言，要以有關掌故時事者爲多，故列於史。

九朝談纂十册 天一閣寫本。

右不知何人所纂。九朝者，洪武至正德也。其所取材，如《西樵野紀》、《蓬軒類記》、《前聞記》、《龍江夢餘録》、《中州野録》、《蜩笑稿》、《庚巳編》之類，凡五十二種，有書目列於前。

枝山野紀四卷 寫本。

右明祝允明撰。多記遺軼事。《明史·藝文志》載允明《九朝野紀》四卷，當即此。

館閣漫録三册 天一閣寫本。

右明左諭德山陰張元忭撰。自永樂迄正德，以年月爲次，所録皆朝政之大者。此書有刊本，分十卷。

瀛艖談苑十二卷 天一閣寫本。

右紀洪、永至正、嘉朝章典故，以類爲次。題曰「釣瀛子」，不著名。

徵吾録二卷 刊本。

右明鄭曉撰。取明代大事分條述之。凡三十一篇。

馬端肅公三紀三卷 刊本。

右明尚書鈞陽馬文升撰。正德中陶琰序云:「馬端肅奇勳不可一二數。若平石城,撫遼陽,復哈密,其尤著也。乃摭三事始末而自爲之紀。」

穀山筆麈十八卷 刊本。

右明大學士東阿于慎行撰。亦間及詩文雜類,而有關史事爲多。

安楚録十卷 刊本。

右載明正德間湖廣巡撫秦金平定猺寇并治楚事蹟。乃其孫柱所輯録者。

世廟識餘録二十六卷 刊本。

右明尚書徐學謨輯。紀嘉靖朝事頗詳。

閣諭録四卷 寫本。

右明大學士楊一清撰。自録嘉靖間在閣時題奏諸事。

諭對録三十四卷勑諭録一卷詩賦録一卷 刊本。

右明大學士張孚敬自録嘉靖間所奉勑諭并召對諸事。末一種則賜詩和韻等作也。

南城召對録一册 寫本。

右明大學士李時自記嘉靖入相時召對語。

南内記一册 刊本。

右明嘉靖間有布衣曾入南内，因記其所歷。不著名。

南奉使集二卷 刊本。

北奉使集一卷 刊本。

右明唐順之撰。一紀奉使舟山撫勦倭寇事，一紀奉使薊鎮設官操練防禦事。皆順之以郎官出使時所作。

遼紀一册 寫本。

右明錢塘田汝成撰。取自洪武二年始置遼東衛，迄嘉靖十八年事，挈綱列目而書之。

平黔三紀一册 刊本。

右紀洪武壬子、正統己未、嘉靖甲子三次平黔之事。題曰「點蒼山人」。考黄氏書目作趙汝謙撰。

雲中紀變二册 寫本。

右明僉事東野孫允中撰。紀嘉靖甲申大同兵變始末。

甲乙倭變二卷 寫本。

右明侍郎華亭張鼐撰。紀嘉靖間江浙倭寇事畧。乃萬曆時經進者。

土魯番哈密始末一卷 寫本。

右紀嘉靖正德間經畧事蹟。不著撰人。

平吴凱旋録四卷 刊本。

右明諸生定海朱澤撰。録嘉靖庚子平崇明寇秦璠、黄艮等始末。而以紀功詩文附焉。

欽定平夷功次一册 寫本。

右明嘉靖三十四年，平定四川宜賓縣蠻寇，叙功以按察使僉事焦希程爲最。希程因録其事蹟并賞罰差等爲此書。

張峿峽定變録一册 刊本。

右紀明兵部尚書張佳胤定浙西兵變及滑縣大盗等凡六事。爲盧柟諸人先後所述，而按察副使許岳彙録之者。

平攘録五卷 刊本。

右明會稽諸葛元聲撰。録隆、萬兩朝間先後平俺荅、平都蠻、平寧夏、平日本、平播州之事，各系以贊。商濬謂其事核詞嚴，庶幾實録。

經畧復國要編十四卷 刊本。

右明兵部侍郎宋應昌撰。萬曆二十年倭寇陷没朝鮮，其王李昖上疏乞援，時應昌奉命經畧。事既竣，因録其疏、咨、檄、諭等件而彙存之。

龍憑紀畧一卷 刊本。

右紀明粤西副使翁萬達戡定土夷韋應、李寰、趙楷三人事。爲田汝成撰。

南泰紀畧一册藤峽紀畧一册 刊本。

右皆載廣西平猺始末。蔚州尹耕所紀并爲之論。

交黎事畧五卷 刊本。

右明按察副使麻城方民悦撰。記陳瑄勦撫安南事。

平倭四疏三卷 刊本。

右明僉都御史吳郡章煥先後所陳平倭方畧。皆於嘉靖間奏進者。

征蠻紀畧二卷 刊本。

右明萬曆間後軍都督同知王尚文征勦廣西十寨事畧。爲尚文所自記。

處苗近事一册 刊本。

右載明代湖廣貴州諸省撫苗之事。副使李愷所録。

嶺南客對一卷 寫本。

右題曰「粤西舜山子撰」，不著名。設爲問答一篇，備言招撫粤中苗蠻措置事宜。

國史考異六卷 曝書亭寫本。

右不著撰人。取明代實録所載與諸家稗乘所紀事蹟有異同者，摘其原文，分條考證之。此書詞核而義顯，中有引及明季人説者，疑所譔不止此，今止洪、永兩朝之事而已。識以俟考。

孤樹裒談十卷 刊本。

右明鹽運使安成趙與可〔一〕輯。所裒録凡三十一家野史之言，以時代次之。始太祖迄武宗。張仁洊曰：「此書所述事蹟，有未可盡信處。」

〔一〕《浙江省第四次吳玉墀家呈送書目》、《千頃堂書目》均作「趙可與」撰。《四庫總目》作李默撰。

萬曆野獲編三十卷 寫本。

右明舉人秀水沈德符撰。德符家世仕宦，習聞國家掌故，且及見嘉靖間名流遺獻。講求故事，網羅放失，勒成一家言。朱彝尊謂其事有左證，論無偏黨。明代野史未有過焉者。

貽清堂日鈔一册 寫本。

右明仁和錢養廉撰。皆記隆、萬以後時事。凡百三十番。每條上方標以硃字，分箴銘、模楷、瑕疵、隆遇、睹記、分定、紀異、覆鑒、辨誣等門。亦間有删潤處。蓋養廉手藁，雖非清本，其先後可以意重編之也。養廉萬曆己丑進士，曾典山東試，後落職。其書持論最平，筆頗修飭。惜罕有傳之者。

見聞雜記三卷 刊本。

右明吴興李樂撰。前一卷從董漸川《古今粹言》及鄭端簡《今言》中録出。後二卷乃自記所聞。

聞見録一册 寫本。

右明金陵姚宣撰。亦雜記時事。

棗林雜俎五册 寫本。

右明海寧談遷撰。遷曾撰《國榷》一百卷，復以紀述所不盡者爲此。凡十三門，曰科牘，曰藝文，曰彤管，曰空元，曰炯鑒，曰名勝，曰營建，曰器用，曰榮植，曰牘動，曰幽冥，曰叢贅，曰逸典。

耳鈔秘録一册 寫本。

右雜録明代朝宁軼事。署曰「楚東無名子述」。

燕山叢録二十二卷 刊本。

右明刑部郎常熟徐昌祚撰。皆四方見聞實事。每卷爲一類，自敦行至俚語，其目二十有二。乃官於燕京時所録，非專録燕事也。

西臺漫記六卷 刊本。

右明吴郡蔣心化撰。官御史時所紀，畧具故事。惜後多無甚關要語。

事辭輯餘二册 寫本。

右明歸安沈謏撰。謏先作《事辭類輯》一書，其未盡者復爲此編。大約取諸朱國楨之《大政》、《大事》二記，類述明代政蹟。前分七畧，曰除官〔一〕，曰武功，曰封貢，曰宫藩，曰貴幸，曰禮制，曰内閣事實。後則撮舉各大案本末，於分紀中仍寓編年之意焉。

〔一〕「曰除官」三字原脱，據《四庫全書總目》補。

先撥志始二卷 刊本。

右明長洲文秉撰。述明神廟以來如争議建儲及東林奄禍諸事。謂國本之撥實始於此。

乙未私志一卷 刊本。

右明太常少卿鄞縣余寅記萬曆乙未兵部失察事。

泰昌日録一册 寫本。

右明太學生豐城楊惟休撰。光宗不及改元，廷議追書之曰泰昌。元年八月朔即位，盡歲止。而八月以前則仍爲萬曆四十八年。惟休此編皆紀泰昌朝事，仿實録體爲之。

熹廟拾遺百詠一卷 倦圃寫本。

右天啓朝宫詞百首。各注本事於下。有崇禎癸未自序，不署名。又有枕流子跋云：「我虞秦元方氏所作。」

明季逆案一册 寫本。

右明崇禎初大學士韓爌等奉命核奏客魏等罪案。

五十輔臣編年一卷 瓶花齋寫本。

右不署名。止載天啓七年莊烈即位起及崇禎元年一歲之事，蓋未成之編也。姑録以備考。

賣菜言一册 寫本。

右記明代事，及評隲人頗有直筆。題曰「匪齋」，不署名，蓋自晦之也。

山書十八卷 寫本。

右國朝孫承澤撰。所録皆明季雜事。

二申野録八卷 刊本。

右國朝孫之騄撰。專録明代災異事。二申者，洪武戊申，崇禎甲申，舉首尾而言也。

續表忠記八卷 刊本。

右國朝給事中錢塘趙吉士撰。表天啓以後忠節諸臣事。續云者，蓋以續錢士升之《遜國表忠記》也。

管窺小識四卷 寫本。

右雜記明代朝政而各加以論斷。未詳何人撰。

平閩記十三卷 刊本。

右國朝少保三韓楊捷撰。捷爲福建提督，平海寇有功。因自輯其章疏移檄諸件爲此。

交山平寇本末三卷 刊本。

右國朝康熙初趙吉士宰交城縣時，戢平各山寇，其友吴興諸生夏駰親覩其事而叙記之。潘耒序謂其「於地形事勢，曲折變化，如指諸掌。」

辦苗紀畧八卷 刊本。

右國朝提督關中俞益謨輯。凡圖誌及疏議公牘等若干件。皆康熙間勦撫湖南紅苗事宜。

掌故類一 總類

歷代制度詳説十二卷 寫本。

右宋吕祖謙撰。分十二門。採擇羣書，考其制度，繫以詳説。於古今沿革之制，世道通變之宜，貫穿折衷，首尾備見。泰定丙寅彭飛序，謂此未竟之書云。

古今考三十八卷 刊本。

右宋魏了翁撰。以漢最近古，用班固書帝紀隨句解釋大意。以古制之變在於周末，及秦，古制之不復，又在於漢，因秦制，故爲此以考之。原藁僅二十則，餘俱方回續成。回有序。

杜氏通典詳節四十二卷 刊本。

右不知撰人姓名。節録杜氏《通典》，依類增入歐陽、蘇、曾、王以至陳傅良、葉適等二十一家之文，題曰「增入諸儒議論杜氏通典詳節」。元至元間重梓。

西漢會要七十卷 寫本。

右宋武學博士清江徐天麟撰。取馬、班兩史撮要合編，各以類從。嘉定四年進。李訦、戴溪序。

東漢會要四十卷 内有闕文。寫本。

右前人撰。體例與前書相類。寶慶二年進。馬端臨謂此二書所載漢家制度典章散於紀、傳、表者，倣唐以來會要體，分門編纂。其用力勤矣。又葉時云：「仲祥父子伯仲，刻意史學，各有書行於世。」仲祥，天麟字也。

兩漢詔令二十三卷 汲古閣寫本。

右《西漢詔令》十二卷，宋吳郡林虙、信安程俱輯。《東漢詔令》十一卷，宋四明樓昉輯。元蘇天爵彙編之。西漢四百一篇，東漢二百五十三篇，各以世次日月先後爲差比，凡直叙事寔不載詞命者不録。陳振孫云：「惟平、獻二朝，莽、操用事，如錫莽及廢伏后之類，皆當删去。而莽時尤多也。」按宋洪咨夔原有《兩漢詔令》一書，不傳於世。林、程諸公乃仿而爲之。洪僅存《總論》一篇，見今本卷首。

開元禮一百五十卷 商丘宋氏寫本。

右唐蕭嵩等撰。《序例》五卷，《吉禮》七十五卷，《軍禮》十卷，《嘉禮》四十卷，《凶禮》二十卷，合一百五十卷。按此書先經徐堅、李鋭、賈登、張烜、施敬本、陸善經、洪孝昌諸人草創討論。其時因王嵒請删《禮記》舊文，益以時事，張説又上言《禮記》不刊之書，不可改易，久無定論。後經嵩及王仲丘編定，蓋取貞觀、顯慶二禮折衷異同。當時曾頒行天下，用以設科取士。周必大序曰：「朝廷有大疑，稽是書而可定。國家有盛舉，即是書而可行。洵一代之鉅製也。」

大唐六典三十卷 刊本。

右唐宰相李林甫等撰。大體仿《周禮》六官之制，其沿革並入注中。玄宗勅云「法以《周官》作爲唐典」者是也。按此書《唐會要》謂開元二十七年二月中書令張九齡等撰上。韋述《集賢注記》謂二十六年奏上。朱彝尊曰：「考新、舊《唐書》，九齡以二十四年罷知政事，尋謫荆州。是進書之日九齡久已去官。惟程大昌《雍録》謂書成於九齡爲相之日，進御當在二十四年，林甫注成或在二十七年。其説良是。今卷首直冠林甫之名，若與九齡無預，後學所當考正也。」今本係正德乙亥重刊，王鏊序。

唐會要一百卷 寫本。

右宋守司空同中書門下平章事并州王溥撰。其書本於蘇冕、冕弟弁共纂四十卷，述高祖至德宗朝止。後楊紹復等續之。溥乃更集兩家，取宣宗以後事廣爲百卷。卷中多存蘇氏駁義。建隆二年進，太祖稱其詞簡而禮備。

唐大詔令集一百三十卷 寫本。

右宋常山宋綬輯。熙寧三年子敏求序云：「先君宣獻公機務之隙，日寫唐之德音號令非常所出者，彙之未定，甲乙未爲標識。」則是書乃綬創始，而輯成於敏求之手者。今本第十四至第二十四、第八十七至第九十八共二十三卷缺。

唐摭言十五卷 曝書亭寫本。

右唐王定保撰。唐時以進士科爲重，此書所載於進士故事獨詳。卷尾有柯山鄭昉一跋云：「嘉定辛未刻於宜春郡。」而國朝王士禛謂：「《摭言》足本從朱竹垞翰林借鈔。視《稗海》所刻多什之五。」即今本也。

五代史會要三十卷 寫本。

右宋王溥撰。朱彝尊跋曰：「五代干戈俶擾，未暇修其禮樂政刑。然當日累朝咸有實録可采，而歐陽子作史僅成司天、職方二考，其餘概置之。微是書，典章制度無徵矣。」按此編宋時曾有二刻，一爲慶曆六年文潞公帥蜀時所刻，一爲乾道七年施元之刻於衢郡。潞公、元之俱有跋見卷尾。

政和五禮新儀二百四十卷 天一閣寫本。

右宋知樞密院事鄭居中等撰。宋初開寶有《通禮》，景祐有《太常新禮》，嘉祐有《太常因革禮》，率皆繁簡失中。大觀初乃設議禮局，以居中及郭熙、丁彬、王侯、莫侍〔一〕、李邦彦、葉著、蘇桓〔二〕、張崇〔三〕、劉焕、强淵明、慕容彦逢、白時中等分任纂修，於政和三年進，爲書二百四十卷。首御製序一卷，次御筆指揮九卷，次御製冠禮十卷。其自二十一卷至四十四卷爲序則、序例，四十五至五十卷爲目録，以下分五禮編載，則皆居中等所修者。

〔一〕文淵閣《四庫全書》本作「莫儔」。
〔二〕文淵閣《四庫全書》本作「蘇恒」。
〔三〕文淵閣《四庫全書》本作「張漴」。

太平治蹟統類前集四十卷 曝書亭寫本。

右宋眉山彭百川撰。畧用袁機仲《通鑑本末》例，詳記北宋治蹟。舊本流傳甚少，失其卷目，文多譌闕。今本乃朱彝尊以意編録之者。百川又有《中興後集》三十三卷今未見。

皇宋事實類苑六十三卷 寫本。

右宋知吉州事江少虞撰。采輯紹興以前朝野事實，分類釐訂，爲門二十有八。少虞自序。

建炎以來朝野雜記四十卷 知不足齋寫本。

右宋布衣井研李心傳撰。分甲、乙二集，各二十卷。自建炎及嘉泰七十年，纂紀凡六百有五事編。首有國史院劄子、公牒三通，自序二通。陳振孫曰：「上自帝系帝德、朝政國典，下及見聞瑣碎，皆録。蓋南渡以來野史之最詳者。」

東宮備覽六卷 小山堂寫本。

右宋廸功郎秘書省正字陳謨撰。謨爲教授時所進。采摭故事有關教育者凡二十條，各繫以論。前有進書表及自序各一，勅一，省劄一，後序一。勅有「爾經明行修，齒宿才壯，會粹成編，以廣儲學。朕甚嘉之」之語。

春明退朝録三卷 寫本。

右宋諫議大夫常山宋敏求撰。敏求居春明里，故以名其書。自叙云：「觀唐人泊本朝名輩撰著以補史遺者，因纂所聞見繼之。」

文昌雜録六卷 寫本。

右宋朝散大夫單州龐元英撰。乃元英官禮部郎時作。王士禛稱爲宋人説部之佳者。其實所記掌故爲多。

愧郯録十五卷 刊本。

右宋岳珂撰。珂，字肅之，忠武王孫，霖之子。著述甚多。是書紀一代典故，於北宋尤詳。以誌禮失在野之感云。

朝野類要五卷 寫本。

右宋文昌趙昇撰。爲目二十，曰班朝，曰典禮，曰故事，曰稱謂，曰舉業，曰醫卜，曰入仕，曰差除，曰陞轉，曰爵禄，曰職任，曰法令，曰文書，曰政事，曰雜制，曰帥募，曰降免，曰退閑，曰憂難，曰餘紀。所載多南渡以後事。

金集禮十九卷 寫本。

金明昌六年禮部尚書張暐等進。原有四十卷，今止存十九卷。又自十二卷以下多缺文。但按《敏求記》謂此書諸家目録俱不載，藏書家亦無有蓄之者。則今本雖非完書，金源典故猶藉以有考焉。

元典章六十卷 寫本。

右書前列詔令、聖政、朝綱、臺綱四門，後依六部編次。據卷首載大德七年中書省劄「准江西奉使宣撫呈乞，照中統以至今日所定格例編集成書」，又云「如中統至今聖旨條奏及朝廷已行格例，置簿寫録檢舉」，蓋是書始事於大德七年，成於至治元年。而書中所載條例則自中統至延祐四年止。延祐爲英宗年號，七年改元至治。書中稱「今上皇帝」即英宗也。

元典章新集二册 寫本。

右書亦元英宗朝輯。其首一條云：「自中統建元至延祐四年所降條畫，板行四方已有年矣。謹自至治新元以迄今日頒降條畫及前所未刊新例類聚梓行。」又末注云：「至治二年以後新例，候有頒降，隨類編入。」知是書所編係延祐五年至至治二年新例。其延祐四年以前前所未載者間亦編入。

治世龜鑑一册 刊本。

右元參政知事趙郡蘇天爵撰。凡六門，曰治體，曰用人，曰守令，曰愛民，曰爲政，曰止盜。

承華事畧一册 寫本。

右元朝列大夫燕南河北道提刑按察副使王惲撰。采述儲闈之事，於至正十八年表進。按自序凡二十篇，篇有圖，圖後有説。今本圖佚説存。

大明集禮五十三卷 明内府原板刊本。

右明曾魯等撰。按《皇明大政纂要》云：「太祖既克元都，徵曾魯、何克寬、胡綸、陶凱、徐一夔、梁寅、周子諒等纂修禮書，以吉、凶、軍、賓、嘉及冠服、車輅、儀仗、鹵簿、字學、樂律爲綱，凡五十卷，今增多三卷。名曰《大明集禮》。」又按此書之成，《實録》繫之洪武二年辛酉〔一〕，《纂要》繫之洪武三年庚戌。朱彝尊謂：「禮局之設始於吴元年丁未，逮己酉楊維楨續至修飾潤色之，庚戌書成。」當得之。今本爲嘉靖九年重刊。有世宗御製序。

〔一〕洪武二年爲己酉，此「辛酉」當作「己酉」。

國朝典彙二百卷 刊本。

右明僉都御史蘭溪徐學聚輯。始於太祖，終於穆宗。前繫朝端大政，後分六部編次。

國憲家猷五十六卷 刊本。

右明東吴王可大〔二〕撰。凡十四門。所編自太祖迄神宗朝止。自序云：「上而朝廷之政足垂憲萬世，與夫典籍所載前代已試之事，驗於古而宜於今。下迨卿大夫士庶，人之可遵可行，家門之内所必賴者，分類書之。」

〔二〕「可大」原誤作「大可」，據盧文弨校乙正。

國朝典故紀聞十八卷 刊本。

右明編修交河余繼登撰。凡關國家大政大本則書，非大事而於世爲急則書，非大非急而爲異聞見則書，非異而事所從起則書。馮琦序云。

明典禮志二十卷 刊本。

右明侍郎江夏郭正域輯。序題：萬曆庚戌正域自言識其大者，若纖悉因革則有司存。

皇明祖訓一册 寫本。

右明洪武二年四月命中書編次。其目十有三，曰箴戒，曰持守，曰嚴祭祀，曰謹出入，曰慎國政，曰禮儀，曰法律，曰内令，曰内官，曰職制，曰兵衛，曰營繕，曰供用。至六年五月書成，太祖自爲序，復命宋濂序之。

皇朝典章十二册 寫本。

右書纂集洪武至嘉靖朝詔誥。

皇明詔令二十一卷 刊本。

右書亦起洪武至嘉靖朝。以上二種均未詳撰人。

皇明詔〔一〕制八卷 刊本。

右明南京禮部尚書霍韜編。輯列朝詔令，亦至嘉靖十八年止。侍郎呂柟校刊。

〔一〕「詔」原作「誥」，國家圖書館藏明嘉靖刻本作《皇明詔制》，今據改。

文華大訓箴解三卷 刊本。

右明大學士崇仁吳道南撰。《文華大訓》三則，本憲宗御製，道南衍爲十二解，繫以箴表進之。

睿養圖說一册 刊本。

右明檢討楊觀光撰。有養性、養氣、養體三圖，圖各有説。乃青宫教育之書。

三才考二十六卷 刊本。

右明魏顯國撰。首《司天考》八卷，次《輿地考》八卷，次《職官考》十卷，卷各附圖。其體倣史家之志。

經世〔一〕格要二十八卷 刊本。

右明常熟鄒泉撰。倣《通典》例，分六官爲編。

〔一〕「世」原作「史」，今據《四庫全書存目叢書》影印明刻本改正。

古今治統二十卷 刊本。

右明臨川徐奮鵬撰。自三皇迄於元代，分篇著論，以詳究其治迹。

典制紀畧十五册 寫本。

右國朝侍郎宛平孫承澤撰。雜記古今法制名物，多援引經史及百家之説而著其原委焉。

教養全書四十一卷 寫本。

右國朝應撝謙撰。首《選舉考》，終《鹽法考》，凡十二門。畧用馬氏《通考》例。

石樓臆編六卷 刊本。

右國朝松江周綸輯。分編六曹，畧考歷代舊制，參述本朝之典法。於康熙初年事例爲詳。

掌故類二 職官

職官分紀五十卷 寫本。

右宋富春孫逢吉撰。以楊侃《職林》爲本，而增其門目之亡缺，補其事實之遺漏。元祐七年秦觀序之。又有趙叡序。

翰苑羣書二卷 寫本。

右宋資政學士鄱陽洪遵彙輯李肇《翰林志》、元稹《承旨學士院記》、韋處厚《翰林學士記》、韋執誼《翰林院故事》、楊鉅《翰林學士院舊規》、丁居晦《重修翰林學士壁記》、李昉、張齊賢、賈黄中、李沆、李至、蘇易簡等十七人《禁林讌會集》、蘇易簡《續翰林志》、蘇耆《次續翰林志》、無名氏《學士年表》、沈該《翰苑題名》各家，而以遵自撰《翰苑遺事》殿焉，凡十二種。遵自跋其後。

中興館閣録十卷　續録十卷 寫本。

右前録十卷，宋秘書監天台陳騤撰。計九門，首沿革，次省舍，次儲藏，次修纂，次撰述，次故實，次官聯，次廩禄，次職掌。淳熙中騤長蓬山，與同僚録建炎以來事爲此書。丹棱李燾爲序。今書多闕佚，然南渡以前官聯畧具，可備參考。《續録》載至咸淳間止，係嘉定三年館閣重編，後人次第補録者。

百官箴六卷 寫本。

右宋提轄新安許月卿撰。自左丞相至太子、太孫、師友、僚屬作箴四十九篇。南宋時經進之本。

元秘書志十一卷 寫本。

右元著作郎東平王士點、著作佐郎曹州商企翁同輯。朱彝尊曰：「所載詔旨公移多用國書文，以是流傳者罕。然一代之典故存焉。」

官制備考二卷 刊本。

右明太僕卿秀水李日華撰。用明代官制標題，溯其源流，以見古今之别。

官爵志二卷 寫本。

右明尚書嘉興徐石麒撰。吳焯題曰：「此編條理清晰，可備明史志職官之採。」

公侯簿三册 寫本。

右簿載明代公侯伯封襲始末。嘉靖時所編。

皇明功臣封爵考八卷 刊本。

右明吏部郎中鄭汝璧輯。紀明代異姓封者，公十八人，侯八十人，伯八十七人，王一人，凡百九十四人，萬曆時猶世及者五十三人。其以文臣封者，公一人，伯八人，不得嗣者六人。外戚封者，公一人，侯六人，伯十六人，惟彭城惠安以軍功得世。所編自開國迄嘉隆間止。汝璧自識云：「署中舊有功臣底簿一帙，僅僅四十五家。病弗全也，乃於公暇取異姓諸侯王序功分類，約世封、除封爲二，而採券文及鄭端簡公《吾學編》列傳附入諸家，間以見聞補其缺畧。以備考核云。」

翰林記二十卷 曝書亭藏刊本。

右不署撰人。《千頃堂書目》作黄佐撰。載明代翰林掌故極詳。所記題名自永樂甲申至正德辛巳止。

殿閣詞林記二十二卷 刊本。

右明學士廖道南撰。記洪武至嘉靖殿閣諸臣寵遇及陳奏事宜。自九卷以下題黄佐同編。

翰林典故翰苑須知合一册 刊本。

右明張位輯。有萬曆丙戌序。乃官司底簿所載，殊簡畧。

舊京詞林志六卷 刊本。

右明詹事府右春坊右諭德鄞縣周應賓撰。專紀南院掌故。乃應賓萬曆間掌南京翰林院事時作。凡紀事者二，紀典者二，紀官者二。自序云：「永樂十九年以前未分南北，雖事在行在猶得繫之。十九年以後，止載南院，凡涉北院者概不書。」

南京太常志十三卷 刊本。

右明副都御史崇陽汪宗元撰。舊有太常寺卿呂九栢《容臺纂例》、太常博士李元錫《太常沿革志》二書，宗元增損爲之。凡十三門。

南京太僕寺志十一卷 刊本。

右明侍郎應城余允緒撰。書凡七門，曰謨訓，曰事例，曰官司，曰轄屬，曰規制，曰丁田，曰種馬。采史傳及簿籍有關牧政者皆入之。

太僕寺志十四卷 刊本。

右明太僕寺卿太倉顧存仁撰。存仁以南京太僕寺有志，北寺獨缺，因同寺丞王淑採輯故事編爲此書。

南京行人司志十六卷 刊本。

右明監生吳縣翁逢春撰。天啓初，修神宗、光宗兩朝《實録》下南京諸司各志故實，時廬陵彭惟成爲行人司副，屬逢春輯爲此書。書凡八門。

大明官志五卷 刊本。

右書載明代職官，兼及道里、編户、土産等。末附《制儀》一卷。係坊肆通行之本。

明職一册 刊本。

右明僉都御史吕坤撰。乃坤撫山右時申誨大小職官而作。凡十八條。

歷代宰輔彙考八卷 寫本。

右國朝萬斯同撰。秦、漢、三國爲一卷，晉、宋、齊、梁、陳爲一卷，魏、齊、周、隋爲一卷，唐及五代爲一卷，宋、金、元、明各一卷。皆具列其姓氏，而於沿革大端尤爲明晰。如漢時丞相不由列侯，自公孫弘始，大司馬、大將軍輔政自霍光始，三公三孤廢置不恒，惟太尉、司徒、司空爲三公，自東漢迄宋元不改。漢魏録尚書者始爲宰輔，否則但爲加階。侍中、中書監與尚書鼎立爲三，自魏晉始。唐時左右僕射、侍中、中書令參預朝政，參知政事同中書門下三品，同中書門下平章事，皆爲宰相之職。惟僕射爲尚書省之長，侍中爲門下省之長，中書令爲中書省之長。唐承隋制，謂之三省之長。玄宗以後僕射爲閑官，代宗以後中書令爲加官。惟同中書門下平章事終唐世不易。樞密院始於唐，宋則與宰相並稱兩府，或爲宰相兼官。

明初罷丞相，政權歸於六部。内閣之設，其秩甚卑。朝班各依其品。洪武後始用翰林大僚，然以侍中、詹事、少詹入者猶不遽授大學士。自張居正以侍郎入，遽列銜東閣。自是初拜無不即授大學士。凡此歷代宰輔名制相承之由，皆掇舉其要，分著於篇，使觀者瞭然心目云。

南臺舊聞十六卷 刊本。

右國朝常鎮道順天黄叔璥撰。叔璥官御史時所輯。前八卷叙設官命職之意，後八卷述居官奉職之規。

掌故類三 食貨

漕政舉要十八卷 刊本。

右明邵寶撰。首述河渠之政，次舟楫之政，次倉廒之政，次轉輸之政，次卒伍之政，次統領之政，次紀載之政，次稽古之政，次準今之政，而以雜録終焉。蓋寶於正德四年官總督漕運，此書乃其時所作也。

漕運通志十卷 刊本。

右明楊希仁撰。表七卷。曰漕職，曰漕卒，曰漕船，曰漕倉，曰漕數，各一卷。曰漕渠，二卷。閘壩附焉。畧三卷，曰漕例，曰漕議，曰漕文。又圖一卷，居首。亦希仁嘉靖間官總督漕運時所作。

通漕類編九卷 刊本。

右明按察使黎陽王在晉輯。乃通述古今漕政利弊并海運事宜。萬曆甲寅序。

海運誌二卷《千頃堂目》作一卷。刊本。

右明總督漕運副都御史臨海王宗沐輯。隆慶時宗沐曾議試行海運之策，因輯爲此書。所載題請移册及海程遠近、風雨占驗悉備。

海運詳考一册 刊本。

右前人輯。此則專論海運變通之宜，其造舟通運之制畧具焉。

民事録十卷 刊本。

右明尚書桂萼撰。乃萼令武康時，課民農桑種藝，録其事爲書。

救荒活民書三卷 寫本。

右宋鄱陽董煟撰。係表進之本。煟紹聖五年進士，嘗知瑞安縣。述歷代卹災之政，救民之策，并當時名賢議論見諸施行者，彙爲三卷。成化壬戌莫琚序。

救荒活民補遺書三卷 刊本。

右明江陰朱熊撰。因前編而重加補輯者。

救荒策會七卷 刊本。

右明祠部郎嘉善陳龍正輯。取宋董煟、元張光大、明朱熊三家之書，益以時事，彙成此編。

古今鹺略九卷補九卷 刊本。

右明山東都轉鹽運使秀水汪珂〔一〕玉撰。述明代鹽法因革之端。分爲九門，門各一卷，曰生息，曰借用，曰職掌，曰會稽，曰政令，曰利弊，曰法律，曰徵異，曰雜考。《補編》亦九卷，分門如之。二編皆自序。崇禎壬申所刊也。

〔一〕「珂」當作「砢」。

長蘆志十三卷 刊本。

右明按察使吳興閔遠慶輯。專紀長蘆鹽法。乃姜松盤創稿，遠慶重修之。

入閩政議三卷 刊本。

右書無序目。天一閣藏本題今名。所載條欵爲部運、鹽法、綱銀三事。皆明嘉靖間閩省詳定者。

淮鹺本論二卷 刊本。

右國朝御史鄞縣胡文學撰。乃詳論兩淮鹽政利弊，凡二十五條。

茶馬類考六卷 刊本。

右明御史沔陽胡彥撰。茶法二卷，鹽法一卷，馬政三卷。有《全陝輿圖》列於卷首。以茶馬爲邊政所闕，故於鹽法下自注云：「歷代因革備載《兩淮鹽政志》中。兹不及詳者，考爲《茶馬》，作懼泛也。」

大明通寶義一卷 刊本。

右明副使盱江羅汝芳撰。分《本義》、《通義》、《廣義》三篇。所論鑄錢利弊甚晰。

掌故類四 儀制

大禮集議四卷 刊本。

右明禮部尚書席書於嘉靖四年奉勅編修者。時議定興獻之禮，目分奏議、會議、續議、廟議各一卷。私議則爲附録於後。書成奏御頒行。

大樂嘉成一册 刊本。

萬古法程一册 刊本。

右明休寧教諭建業袁應兆撰。前册詳考文廟樂制。後册詳考至聖、四配、十哲及兩廡姓名位次而以漢、唐、宋、元、明諸儒年表附之。

頖宫禮樂疏十卷 刊本。

右明太僕少卿仁和李之藻撰。考正頖宫祀典、禮器、樂律并鄉飲酒、鄉射禮。疏皆各爲圖譜。江都王納諫序云：「李公涖事秦郵，爲頖宫具軒懸之器，被以雅音，因成此書。」

聖駕臨雍録一册 刊本。

右明祭酒費誾撰。弘治元年駕臨太學誾，因爲此書。記其儀注并錫賚諸典。

雍署二卷 刊本。

右明慈溪陳念先輯。念先之祖敬宗官南雍祭酒，有名其時，見聞所及有足備太學掌故者，因録此。

南雍志二十四卷 刊本。

右明南京祭酒南海黄佐撰。此則詳記南雍規制。事紀四卷，職官表二卷，雜考十有二卷，列傳六卷。

禱雨録一卷 小山堂寫本。

右明臨江知府海鹽錢琦撰。自識云：「嘉靖乙巳秋，邑大旱。余自覿時艱，乃録古人禱雨故跡爲雜説一編，備當事者省覽焉。」

存心録十卷 刊本。

右明吴沉撰。編次明代祭祀壇位禮儀，列爲圖説。并述古來災祥可驗之事附於後。

紹興十八年同年録一册 刊本。

右書録宋狀元王佐以下三百三十人。朱子名居五甲第九十人。小名小字俱載之。明弘治間重刻。錢曾曰：「宋朝登科録，惟此與寶祐四年者僅存。」則知此録之傳以文公故而垂之久遠爾。

寶祐四年登科録一册 寫本。

右書載策題、試官姓名，并文天祥《對策説》。詳錢曾《敏求記》。

明貢舉考九卷 黄氏書目作八卷。 刊本。

右明儀制司郎中隆昌郭元柱、鹿邑知縣海州張朝瑞同編。考明代科舉，起洪武四年辛亥，迄萬曆八年庚辰止。

皇明三元考十四卷 述古堂寫本。

右明武進張宏道、張凝道同輯。所載起洪武三年庚戌，迄萬曆四十七年己未止。歴科殿、會、鄉試榜首及館選者，各著其籍。凡兄弟同榜及少年登第與歴官最顯者，亦見焉。

浙元三會録一册 刊本。

右明侍郎鄞縣楊守阯輯。録浙省解首，自成化六年始，爲《六元文會》。《七元文會》、《後七元文會》繼之。皆有賦詩序引以誌其盛，署序本人職官贈謚，而其子孫科名宦跡亦附著之。

莆陽科第録二卷 刊本。

右明訓導寧鄉吴爵輯。備録莆陽一郡科第，自洪武庚戌至嘉靖丙午止。

謚法通考十八卷 刊本。

右明布政司參議上海王圻撰。圻于《續文獻通考》中既撰《謚法考》，又因其例推廣而成是書。

謚苑二卷 刊本。

右明宗室睦㮮撰。上卷采《史記》、《汲冢周書》、《春秋釋例》、《獨斷》、《廣謚》諸書及沈約、賀琛、扈蒙、蘇洵、鄭樵、陳思諸家所述彙而編之。下卷則皆明代有謚諸臣姓氏也。

明臣謚考二卷 刊本。

右明郎中新安鮑應鰲撰。

謚法纂十卷 刊本。

右明主事奉化孫能傳撰。以上二書則專録明代謚典，兼及當時議疏。

冠圖一册 寫本。

右明武陵顧孟容撰。考歷代冠制。自司寇冠、章甫冠以下各爲之圖而繫以説。孟容以製冠爲業者。有永樂間吴郡尤芳序。今本圖存説亡，序亦不存。

保和冠服圖説一册 刊本。

右明大學士張璁撰。嘉靖七年，光澤王奏請冠服之式，上命張璁以燕弁爲準，參考隆殺以賜宗室。璁爲圖以進。此其説也。

使規二册 刊本。

右明翰林院修撰東吴張洪撰。洪於永樂四年銜命往諭緬甸宣慰使那羅塔。在滇陽使館之暇，采古人奉使得失之事，分條論列，用以自規。後附《示緬書》六篇。其於當時情事頗詳焉。

使西日記二卷 刊本。

右明太僕少卿吳郡都穆撰。穆於正德間以禮部郎被命勅封壽陽王妃時作此。

四譯館考十卷 刊本。

右國朝太常少卿漢陽江繁撰。述異域貢獻并國朝賜賚盛典。後附譯字。

掌故類五 兵刑

補漢兵志一卷 刊本。

右宋宗正少卿永嘉錢文子撰。其意懲宋養兵之費廣，冗兵濫食，不可究詰。漢制寓兵於農猶爲近古，而班史無志，因以補之。自爲注。其門人陳元粹序。王大昌跋。中有綱目十六條，則元粹所加也。

歷代兵制八卷 寫本。

右宋陳傅良輯。所紀自周至宋止。傅良長於經制之學。此述兵制原委具晰，蓋亦有爲而作者。

全浙兵制三册 《千頃堂書目》作四卷。 刊本。

右明總兵金山侯繼高輯。蓋爲備倭而作也。詳志水陸各軍規制并時事始末，中有圖説。甚精密。

海防圖論一册 刊本。

右圖自浙右迄於遼東，沿海險要皆備。論六篇則言守禦方畧。惜不著其撰人。

兩浙海防類考續編十卷 刊本。

右明金一龍纂，范淶續修。分五綱、四十二目。以詳籌海事宜。

温處海防圖畧二卷 刊本。

右明温州知府劉芳譽等輯。亦記沿海備倭事宜。芳譽跋云：「處無海而兼及者，處居内猶堂奥也，温居外猶藩籬也，藩籬固則堂奥安。」

江防考四卷 刊本。

右明僉都御史仙居吴時來撰。專紀新江營規制沿革。自九江府以下至入海統爲圖説，列之卷首。隆慶三年自序，謂新江營設水操軍以萬計，而都御史督之。蓋自永樂遷都後未之有改也。

吕梁洪志九卷 刊本。

右明主事晉安王應時輯。紀其建置事宜，並采詩文之爲吕梁洪而作者。

類輯練兵諸書十八卷 刊本。

右明少保登州戚繼光撰。毘陵董承詔彙輯者。繼光久任戎行，其條議事宜並營陣操練及製造軍器等法各有成書。承詔因類纂之，以見其用兵之次第本末焉。

鄭開陽遺書十一卷 刊本。

右明崑山鄭若曾撰。書凡五刻。初刻爲《萬里海防圖論》二卷。二刻爲《江防圖考》一卷。三刻爲《日本圖纂》一卷。四刻爲《朝鮮圖説》一卷,《琉球圖説》一卷,《安南圖説》一卷。五刻爲《海防圖説》一卷,《海運圖説》一卷,《黄河圖説》一卷,《蘇松浮粮議》一卷。各有序跋,合爲一編。皆其裔孫定遠於康熙間次第梓行者。○按若曾爲魏莊渠之門人,留心實學,其書皆不苟作,作必有用。後之言東南防禦者,得以采擇於此書云。

嶺西水陸兵記二卷 刊本。

右明秀水盛萬年撰。萬年於萬曆間爲廣東僉事,自記其任内設立營伍規制事宜。

馬政記十二卷 刊本。

右明南京太常寺少卿上饒楊時喬撰。詳記明代馬政沿革條例。爲喬官太僕時作。

火器圖三册 寫本。

右明信陽令温陵顧斌輯。詳考火器製造之法。如佛狼機、大將軍等名,火箭、火鎗、火彈等制,繪圖繫説。前著《火器原》、《火器要》二篇。後附《風雨賦》一篇。皆實濟時用,不爲空言者。

棠陰比事一册 寫本。

右宋知常德府事鄞縣桂萬榮撰。摘取歷代折獄之事,比事屬詞,編以韻語。總一百四十四事。今本係明吴訥重爲删增。

法家裒集一册 寫本。

右明蘇祐輯。節録律例，舉其要領。本潘智所集補綴之。

祥刑要覽二卷 寫本。

右明副都御史常熟吴訥輯。上卷載經典大訓、先哲論議凡三十一條。下卷載歷代治獄善可爲法者十三人，惡可爲戒者十人。

疑獄集十卷 刊本。

右書前四卷爲五代和凝及其子㠓所輯。後六卷爲明張景續。皆類次古人折獄精審之事。

疑獄箋四卷 刊本。

右國朝仁和陳芳生撰。亦雜記前人剖斷疑獄之事。

掌故類六 河渠

水部備考十卷 刊本。

右明都水郎襄陽周夢暘輯。分職官、河渠、橋道、舟車、織造、器用、權量、徵輸、供億、叢事爲十考。末附吏典承行事件。

海道經一册 刊本。

右書詳記海程也。明應良序云不知何人所述。南始閩浙，北極遼東，數千萬里，井然具陳。後附元朱晞顔〔一〕《鯨背吟》一卷。

〔一〕「朱晞顔」原作「米希顔」，今正。

治河總考四卷 刊本。

右明河南按察使司僉事車璽輯。所載自周定王五年河徙砱礫并歷代修治方畧，至明正德間止。第書内於明較詳。

治河通考十卷 刊本。

右明尚書松陵吳山輯。亦考黄河故道及遷徙形勢，並歷代治河事蹟。前列總圖。

問水集六卷 刊本。

右書載明嘉靖間總督河道劉天和經理黄、運兩河方畧。爲工部都水郎中鄖城楊旦所録。後四卷俱奏議也。

黄運兩河考議六卷 寫本。

右不著撰人。考古今河流遷徙，採述成議，撮其大要而加論斷焉。

兩河經畧二册 刊本。

右明尚書潘季馴輯。自録總理河漕時之疏奏條欵編爲此書。前列圖説。

兩河管見三卷 刊本。

右前人撰。《圖説》一卷，《問難》一卷，《修築事宜》一卷。季馴治河政蹟卓然，爲明代所推。其著書極有倫脊，誠後來者治河之龜鑑云。

漕河志三卷 刊本。

右明吏部尚書晉陽王瓊撰。專述漕運事宜及諸河源委，而詩文亦采録焉。原八卷，今本止三卷。

漕河奏議四卷 刊本。

右明侍郎王以旂輯。以旂於嘉靖間督理河道，時運河淺澀，相度形勢而疏治之。有前後諸議奏，因彙録之。

河漕通考二卷 寫本。

右明巡撫黄承元撰。上卷專紀河防要務，下卷詳述歷代疏濬事宜，并及泉源諸湖塘工。

明代河渠考四册 寫本。

右國朝萬斯同輯。備採有明歷朝實録及諸家疏奏紀述有關河渠漕政者，悉按年入之。起洪武六年，迄崇禎十四年止。

治河奏績書四卷 寫本。

右國朝總河三韓靳輔輯。前二卷考定則例，後二卷編列奏議。

新河成疏一册 刊本。

右明郎中游季勳等輯。自南陽至留城創濬新河諸奏議彙而編之。

膠萊新河議畧二卷 刊本。

右明副使王軒輯。自序云：與鰲山衛指揮僉事朱繼祖、登州武舉千户周魯拾而輯之，總名曰《河議》。蓋以膠萊新河爲海運所關作此。

北河續紀七卷 刊本。

右國朝孟津閻廷謨撰。本謝肇淛《北河紀》一編續加修纂。自魚臺至天津，北河源委、疏治事宜俱載焉。

掌故類七 水利

全吳水畧七卷 刊本。

右明華亭吳韻〔一〕撰。全吳謂杭、嘉、湖、蘇、松、常、鎮七郡也。所載水利繪圖紀畧而亦及海塘之事。

〔一〕按：《四庫總目》作「吳韶」。

三吳水考十六卷 刊本。

右明御史懷安林應訓撰。亦誌杭嘉七郡水利。萬曆壬午皇甫汸序，謂一曰《水源》，二曰《水道》，次以《水年》，又次以《水官》，示之經畧，列之膚功，繫之《水田》，《水文》終焉。

吳中水利通志十七卷 刊本。

右書分紀七郡之水，各一卷。先叙水，後治績。又取前人考議、奏牘、序記等文，摘録其畧爲十卷。末署「嘉靖甲申錫山安國活字銅板刊行」。惜不著撰人。

東吳水利考十卷 刊本。

右明王圻撰。此則載嘉、湖、蘇、松、常、鎮六郡水利。皆有圖説。

吳中水利全書二十八卷 刊本。

右明兵部尚書東陽張國維撰。國維巡撫江南，詳究水利，因採明代詔令勑書并歷代疏狀、碑志、公移、書序、考説有關七郡水利者録之。有水源、水脉、水名、河形、水年、水官、水治諸目。前有《圖説》二卷。書爲崇禎九年刊行。

開江書四卷 刊本。

右國朝婁縣顧士璉輯。前二卷爲《新劉河志》，專紀順治間知州白登明開濬事宜。後二卷爲《婁江志》，統紀婁江原委。新劉河即婁江之尾閭也，故合焉。

東南水利八卷 刊本。

右國朝山東道監察御史歸安沈愷曾輯。前五卷皆康熙間議疏太湖下流及劉河、白茆河水利事宜，并清釐田賦等奏濬河之議。愷曾發其端，故彙内外諸臣疏而録之。後三卷述宋元來前人所志太湖水利之言。

四明它山水利備覽二卷 寫本。

右宋鄞縣魏峴撰。自序謂：「鄞之水利皆仰於它山。峴爲里人，故考其顛末爲此。俾後來講明水利者觀之易爲力云。」

蕭山水利二卷續刻一卷三刻三卷 刊本。

右書前編爲明僉事富玹輯。後二編爲邑人張文瑞續纂。專紀蕭山西江塘及湘湖水利之事。

餘姚海堤集四卷 刊本。

右書爲元餘姚州判葉恒修築海堤而作。裔孫翼彙各家歌頌詩文次之。有元人陳旅、王沂二記，金華黄溍、王禕二跋。

新濬海鹽内河圖説一卷 刊本。

右書係載明萬曆間增築海鹽土塘、新濬内河二事。繪圖系説。不著撰人。

千金堤志八卷 刊本。

右明謝廷諒等輯。千金堤在撫州城外，所以防臨汝水患也。此書志其成蹟，並附紀咏詩文。

潞水客談一册 刊本。

右書張元忭序曰：「徐子初入諫垣，首疏言西北水利事，方下水衡議未果行，而徐子適以累謫太平。既去都門，猶對客談其疏之所未竟，已而次其語爲書，曰《潞水客談》。」按書中不署名。伯繼，其字也。俟考。

敬止集三卷

右明祠部郎泰州陳應芳輯。專論泰州河工事。

掌故類八 營造

營造法式三十四卷 寫本。

右宋通直郎李誡撰。陳振孫曰：「前二卷爲總釋。其後曰制度，曰功限，曰料例，曰圖樣。而壕寨石作，大小木調鏇鋸作，泥瓦、彩畫刷飾，又各分類。」據《讀書志》謂「熙寧初，勅將作監編修《營造法式》。誡以爲未備，乃考究經史，詢訪匠氏，以成此書，頒之列郡」者。按《通考》作「李誠」。未知孰是。

兩宮鼎建記二卷 寫本。

右明賀仲軾輯。仲軾之父盛瑞，萬曆時爲繕部郎，監造乾清、坤寧兩宮。工程多所節省，以不事權貴罷職。仲軾曾手疏其父所用工料以鳴其寃。此書之所由作也。疏稿一篇附後。

造甎圖説一册 刊本。

右明屯田郎張問之撰。專紀明代營造宫殿，奉勑監造方甎諸式，爲圖系説。蓋當時經進本。

西槎彙草二卷 刊本。

右明工部營繕司郎中餘姚龔輝撰。係輝使蜀採木時所作。首卷列採運圖，狀山川險惡，採木之難。次卷皆論説、劄子、詩歌等文。有嘉靖癸巳東吴郟鼎跋。

卯洞集四卷 刊本。

右明知府餘姚徐珊撰。卯洞，隸辰州府。珊時守辰州，以構廟材採木督役至其地，構忠敬堂居之。凡二年而役竣採木事宜。悉著於篇。其所著書記叙説、雜著、賦詩，俱隱然有民勞之義焉。

浙江採集遺書總録戊集 史部

傳記類一 總類

歷代君鑒五十卷 刊本。

右明景泰四年御製序云：「朕景仰堯舜三代聖神暨我祖宗謨訓，拳拳而勿忘矣。然又以主善爲師，雖一善弗可棄。乃采漢唐來諸君嘉言善行并編之，揭曰善可爲法。其言行有足以警省者附於末，揭曰惡可爲戒。固將朝夕觀覽，以資勸懲，而亦以垂鑒於方來。」

帝鑑圖說六卷 刊本。

右明大學士張居正等撰。取歷代興亡事繪圖系説。乃隆慶間經進本。

宗藩昭鑒録十一卷 《明史》作五卷。寫本。

右明洪武中輯。初太祖嘗命禮部尚書陶凱、主事張籌等采録漢唐以來藩王善惡以爲鑒戒。後凱出秦行省，編輯未成。於是詔秦王傅文原吉、翰林編修王僎、國子博士李叔元、助教朱復、録事蔣子杰等續修之。六年三月書成，太子贊善宋濂爲序以進。頒賜諸臣。語見黄氏《書目》。

古今宗藩懿行考十卷 刊本。

右明潞王常淓〔一〕輯。亦載宗藩事而專録其善行。用自則傚云。

〔一〕「淓」原作「芳」，今正。

歷代臣鑒三十七卷 刊本。

右明宣德元年御製序云：「古者君臣有交相助益之義，三代而上，見諸經昭昭矣。春秋以來二千餘年，凡臣之行事，其善惡大概分類録之。用賜羣臣，俾時省覽。」

外戚事鑒二卷 寫本。

右亦宣宗御製。體例與《歷代臣鑒》同。

歷代相臣傳一百五十卷 刊本。

右明博士南昌魏顯國輯。采列史之文，自黄、虞迄宋、元，分人編傳，薈萃頗詳。

碩輔寶鑑要覽四卷 刊本。

右明提學副使黄州耿定向輯。自臯、夔、稷、契迄宋韓、歐、范、富諸人，約舉其事蹟之要而各系以讚述，以爲輔臣之鑒。

名相贊一册 寫本。

右明尹直撰。所贊皆漢、唐、宋三朝之賢相。

歷代名臣芳躅二卷 刊本。

右明平湖金汝諧輯。采古言行而分次之。凡爲類九。

歷代相業軍功考二卷 刊本。

右明湖州沈夢熊輯。考相業，自伊尹、傅説以下終于陸秀夫，凡四十七人。考軍功，自太公、尹吉甫以下終于孟珙，凡五十六人。而出將入相者，則注其下以别之。

臣鑒録二十卷 刊本。

右國朝監察御史金壇蔣伊輯。亦分勸、懲二門。每門又分細部，各列事實若干條，格言若干條。

儒林全傳二十卷 刊本。

右明魏顯國輯。所采自孔、孟迄元儒止。體例與《歷代相臣傳》同。顯國尚有《歷代守令傳》二十四卷，並見《明史》。

廣卓異記二十卷 刊本。

右宋都官宜黄樂史撰。唐李翱有《卓異記》三卷，述唐君臣超異之事。史以其未詳，于初入館殿時曾撰《續唐卓異記》三卷進上。繼又讀漢魏以降至于五代史，見聖賢卓異之事不下唐時人。乃更纂采，并唐總爲一集，名曰《廣卓異記》，續上之。語見自序。

廣羣輔録六卷 刊本。

右國朝仁和徐汾撰。因陶靖節之《聖賢羣輔録》，更采史傳有陶公所遺者則補之，陶以後自劉宋迄近代則續之，而仍以原編彙入焉。

事編六卷 刊本。

右明孫慎行輯。摘録古人行事可法者，始子産，終耶律楚材。人各數則。

歷代將鑑博議十卷 刊本。

右宋戴溪撰。取古今諸將行事得失而論述之。今本爲明嘉靖間重刊。

歷代忠義録十四卷 刊本。

右明提學副使金溪王蓂輯。録史集所載商周迄元忠節諸人事。

孝史類編十卷 刊本。

右國朝嘉興黄齊賢輯。前列《孝經》，次述歷代帝王孝行，次述歷代孝子。各以事跡相似者分類，凡二十有二。每人系傳，寓以史翼經之義。

廉吏傳四册 刊本。

右明參議仁和黄汝亨輯。本宋費樞《廉吏傳》而增續之。自春秋迄元。列上、中、下三等以次其事。

古今廉鑑八卷 刊本。

右明松江喬懋敬輯。亦纂次廉吏事。

牧津四十四卷 刊本。

右明布政司參政山陰祁承㸁輯。録各史循吏事，以類爲次。俾牧民者有所津逮云。

牧鑑十卷 刊本。

右明朝城縣知縣汀州楊昱輯。採經傳語于前，而摘録循吏故事及諸評論分列四門，曰治本，曰治體，曰應事，曰接人。

壺天玉露四册 刊本。

右明舉人海鹽錢陛輯。春秋以來迄明隆萬間士大夫廉介可法之事，凡録二百九十六則。後附《清士》一卷。

善行録八卷 刊本。

右明兵部侍郎鄞縣張時徹輯。録古今之善行，凡二百九十人。

善行續録二卷 刊本。

右不署名。以廣前編未備。疑亦時徹所爲。

紀善録一卷 寫本。

右明杜瓊撰。所紀皆明代好行善德者。瓊自號鹿冠老人。

西山日記二卷 刊本。

右明尚寶司少卿長興丁元薦撰。皆記明人嘉言懿行。黄宗羲云：「雖其人中下，而一事合宜，亦必書之。」元薦立朝，丰節頗峻，此可以見其取善之長矣。

卓行録四卷 刊本。

右國朝吴江黄容撰。所録皆近代有志節者。兼及列女事。

續高士傳五卷 刊本。

右明閩縣高兆輯。仿皇甫謐之《高士傳》而續之。所采自兩晉迄明隆萬間。

辨隱録四卷 刊本。

右明蘭溪趙鳳翀輯。以古來號隱逸者其人之所處與其品量各有不齊，因以類相從而録辨之。

續觀感録六卷 刊本。

右明崑山方鵬輯。先周是修有《觀感録》，失傳。鵬因而續之。凡古今忠孝節義事，其三代以上及事蹟顯者皆不録。自漢唐來卑官、下吏、女奴、厮役，或優伶蠻俗人，微而事隱，散出于紀傳，非世所恒見者則録之。

歷代黨鑑五卷 刊本。

右國朝徐賓輯。專録列史朋黨事。附以後人評論。蓋有所懲而作者。

貂璫史鑑四卷 刊本。

右明按察司僉事張世則輯。乃萬曆間經進本。取前代事繫宦官者，分條録之，係以箴評。十明劉瑾、王振輩亦及之。可謂直而不汙者矣。

續列女傳九卷 刊本。

右明休寧邵正魁輯。以續劉向之書。其傳各以類從。

閨範四卷 刊本。

右明吕坤撰。録經傳文之有關婦道者，爲《嘉言》一卷。録古今事蹟爲《善行》三卷。書中有釋，有圖，有論，欲使婦女觀之易曉云。○按坤立朝持正，爲小人所忌。此書初出，流傳入内，神宗偶以賜鄭貴妃。貴妃侈上之賜，製序重刊，頒之中外。時儲位未定，舉朝方集矢于鄭氏，而忌坤者謂可藉手中以奇禍。遂有戴士衡劾坤假托閫範説，包藏禍心。無知者又爲憂危竑議，言坤以此書私通貴妃，貴妃答以寶鏹五十、采幣四端。易儲之謀不幸有其迹。時戚臣鄭承恩上疏辨冤，因戍士衡，而坤亦自此退歸不起。見《明儒學案》。

秦氏女訓二册 寫本。

右未詳撰人。亦多述前代閫德及節烈事。

傳記類二 以時代爲次

夷齊考疑四卷 刊本。

右明石門胡其久撰。以史傳所載如采薇不食周粟之説爲可疑，因而考辨之。并取前人論贊諸作彙附焉。

夷齊録五卷 刊本。

右明都察院右僉都御史晉陽張玭輯。玭嘗爲永平守，其地乃夷齊故里，因爲此録。

東家雜記二卷 刊本。

右宋朝議大夫孔傳〔一〕撰。晁氏曰「孔子四十七代孫也」。纂其家舊聞軼事。

〔一〕「孔傳」原作「孔傅」，據《郡齋讀書志》、《四庫總目》改。

素王記事一册 刊本。

右明學正開州李郁輯。凡孔子世系及歷代崇祀封典并禮樂圖説具焉。

尊聖集四卷 刊本。

右明大埔縣教諭曲江陳堯道于嘉靖十一年輯。

宗聖志十二卷 刊本。

右國朝孔胤植輯。以上二書所載與《素王記事》體例相仿，而此較詳。

孔孟事蹟圖譜四卷 刊本。

右明季本輯。繪圖列譜，以述孔、孟事蹟。據《史記》、《通鑑》各書差次歲年而定之。

道統圖二册 刊本。

右書列《聖蹟圖》凡三十有六，乃闕里相傳之本。每圖下有釋。係聖裔名對宸者與吕兆祥摭采年譜事蹟而注之。

聖門志六卷 刊本。

右明樊維城輯。此則志孔子而兼及及門諸賢事。更于周流所至古蹟加考焉。

大成通志十八卷 刊本。

右國朝諸生蘭州楊慶輯。亦與前書相類，而并及先儒事蹟。末附《理齋説要》、《理齋節要》二種。

陋巷志八卷 寫本。

右明萬曆間亞聖後裔博士顏允祚因舊志重修。分《像圖志》一，《世家志》一，《恩典志》一，《藝文志》四。

三遷志六卷 刊本。

右明山東按察司僉事蜀人史鄂輯。亦志圖説、世系、典禮諸類。于嘉靖間修。

孟記〔一〕**四卷** 刊本。

右明陳士元輯。叙孟子生平事。亦采諸書而比次之者。

〔一〕 羅以智批：「標題爲《孟子雜記》。」

戰國人才言行録十卷 刊本。

右明無錫秦淪輯。分世家三卷，列傳七卷。編次戰國諸侯王及諸人之事語。人各一篇。于嘉靖間刊。

東方先生類語十六卷 刊本。

右明海鹽朱維陛輯。列方朔事，而廣採後人傳贊等作分類系焉。蓋深慕乎滑稽者之所爲。

宋名臣言行録前集十卷後集十四卷續集八卷別集十三卷俱分上下**外集十七卷** 刊本。

右《前集》、《後集》朱子所録北宋諸臣，又名《八朝名臣言行録》。陳振孫謂于文集傳記中撮舉其要。前五朝五十五人，後三朝四十二人。其《續集》録靖康、建炎前後諸臣。《別集》録中興後四朝諸臣。《外集》録道學諸臣。則宋李幼武以次輯成者。按趙希弁《附志》但云後人所續，而不著幼武之名。或當時未顯，後乃考定耳。

名臣碑傳琬琰集一百七卷 刊本。

右宋進士眉州杜大圭輯。取諸家所作名臣碑傳等文彙而録之。分爲三集。欲各存其生平本末，後之良史得采擇焉。

南宋名臣言行録十六卷 天一閣寫本。

右明尹直輯。于前五集外補録陳俊〔一〕卿以下至家鉉翁，得一百二十有一人。有弘治癸亥自序。此書流傳甚罕，好古者與前五集合刻之。斯宋賢之言行大備矣。

〔一〕「俊」原作「耆」，據《四庫總目》改。

宋賢事彙二卷 刊本。

右明大學士晉江李廷機輯。凡宋賢之事之可法則者，摘録若干條，以類相聚。

宋史存二卷 刊本。

右國朝嘉興府推官德化文德翼輯。亦皆南宋名臣事。

宋狀元録二卷 刊本。

右明睢陽宋希吕輯。録南北宋之狀元，有事實者均著焉。

忠獻韓魏王别録三卷 刊本。

右宋韓魏王琦之門人涇陽觀察推官王巖叟所記。自謂得于親承。其間事有時人所不知，言有古人所未到者。而晁公武則云：「以國史考之，歲月往往牴牾，蓋失之誣。」其得失固未可臆定也。晁作四卷。

今本爲明御史安陽張士隆刊，上卷四番，中卷不及二番，下卷八番。疑非足本。

韓魏公傳四卷 刊本。

右公裔孫明韓原道〔一〕輯。自言出于家藏。

〔一〕「原道」二字原本誤倒，據《四庫存目標注》乙正。

君臣相遇録十卷別傳一卷遺事一卷 刊本。

右即前書而别刻者。稍有詳畧焉。

張乖崖事文録四卷 天一閣藏刊本。

右録宋張忠定公詠治蜀遺事并詩文，與夫後人題詠諸作。乃明教諭應山顔端輯。

孫威敏征南録一卷 二老閣寫本。

右宋學士睢陽滕甫撰。記皇祐間孫沔征儂智高事。甫時通判潮州，深知平南之策皆本孫措置，狄青後至，莫能出其右。而余靖勒銘長沙，專歸美狄公，非實録。故别紀此表之。

豐清敏公遺事一册 寫本。

右宋給事中贛州李朴撰。記宋樞密學士豐稷事。有紹熙間朱子序。附一卷則清敏之孫慶所編也。

种太尉傳一卷 寫本。

右一篇紀宋种諤事。乃河汾散人趙起撰。起亦宋人。

劍陽名儒録二卷 刊本。

右録宋端明殿學士黄裳之事與文及祠記、墓志等。署曰劍陽，地以人重也。書爲明李璧輯。

思賢録五卷 刊本。

右紀宋贈寶文閣學士晉陵鄒忠公浩事及其遺文。明謝應芳所輯。蓋鄉之後學也。

五先生政跡一册 刊本。

右紀宋周、程、張、朱、陸五子之政事。明豐城李貴彙而録之。

宗忠簡公遺事四卷 寫本。

右紀宋將宗澤事，並以碑記、題咏附焉。乃宗外孫寶謨閣學士王鎔所輯。有嘉定五年劉克莊序。

鄂國金佗粹編二十八卷續編三十卷 刊本。

右皆宋岳珂編次其祖忠武王飛事。前編五種，曰《宸翰》，曰《行實》，曰《家集》，曰《籲天辨誣》，曰《天定録》。嘉定戊寅自序。係珂爲奉議郎權發嘉興府事時進。續編四種，曰《宸翰摭遺》，曰《絲綸傳信録》，曰《天定別録》，曰《百氏昭忠録》。紹定改元自序。係珂官朝請大大權尚書户部侍郎封通城縣開國男時進。前序有云：「即漢制佩章之義，粹五編爲一，名之曰金佗。」後序有云：「先王佩佗綬于鄂，不肖幸因天子沛泰畤之澤，獲以支邑，紹分舊封。」則金佗者，蓋因封爵取義，後遂名其所居。今嘉興有金佗坊，珂故里也。

陸右丞蹈海録一卷 刊本。

右明京口丁元吉輯。厓山海上之事，秀夫嘗自爲記，以授廬陵鄧光薦。光薦没，書失傳久矣。元吉掇拾爲此，兼取後人輓題諸作及遺文二則附焉。亦可謂有心者也。

宋遺民録十二卷 寫本。

右明程敏政輯。自序云：宋末王鼎翁、謝臯羽、唐玉潛三子，其名不載于《宋史》，因輯其遺文以備史事。并附録張毅夫、方韶卿、吴子善、龔聖予、汪大有、梁隆吉、鄭所南、林景曦諸人之作，而係庚申君事實于後。

草莽私乘一卷 寫本。

右元陶宗儀輯。采元人之遺文多關孝行志節者。文天祥、陸秀夫二傳在焉。

名臣事畧十五卷 天一閣寫本。

右元應奉翰林文字趙郡蘇天爵撰。自元初至延祐之際，凡録四十七人。有天曆己巳歐陽玄序。稱太師〔二〕魯國、淮安、河南、楚諸王公之勳伐，中書丞相耶律、楊、史之器業，宋、商、姚、張之謀猷，保定、藁城、東平、鞏昌之方畧，二王、楊、徐之詞章，劉、李、賈、趙之政事，興元順德之有古良相風，廉恒山、康軍國之有士君子操。其他臺府忠藎，帷幄文武，内之樞機，外之藩翰，班班可紀。太保、少師、三太史〔三〕天人之學，陵川、容城名節之特異，至于司徒文正尊主庇民之術，所謂九原可作我則隨武子乎等云云。可以見其書之概。又按至順辛未鄭王理序，言天爵尚有《後録》。今未見。

〔一〕「師」原誤作「史」，今正。
〔二〕「史」原誤作「師」，今正。

劉文靖公遺事一册 寫本。

右前人撰。此則專述静修先生劉因事。

元儒考畧四卷 刊本。

右明副都御史長安馮從吾撰。所考自趙復至胡純，凡百人。皆畧叙其本末。有《元史·儒林傳》所不載者。

開國臣傳十三卷 刊本。

右明大學士烏程朱國禎撰。述明開創時之將相庶官及孝子節義咸在焉。

皇明名臣像圖一册 刊本。

右明崑山吴大有撰。取徐達以下四十八人，各摹其像而系以贊。其于爵里本末稍綴其畧而已。

皇明名臣琬琰録四十六卷 刊本。

右明按察司副使武進徐紘輯。仿宋杜大圭《琬琰録》之體，採明代諸臣碑傳分二集而彙編之。所録頗詳。

皇明名臣言行録前集十二卷 刊本。

右明海鹽徐咸輯。所録始徐達迄羅倫。别有《後集》十二卷，亦咸所編。

皇明相業軍功考二卷 刊本。

右明沈夢熊輯。相業自楊士奇以下十三人，終于申時行。軍功自徐達以下三十人，終于王崇古。人各爲傳。此與前《歷代相業軍功考》同時合刻者。

名世類苑四十六卷 刊本。

右明吴興凌迪知輯。亦録洪武迄嘉靖十朝臣之言行。惟以類次，不以人次，與前三書體各異。

三家世典一册 寫本。

右明武定侯臨淮郭勛撰。三家者，徐達、沐英、郭英也。勛，英之後，因紀其勳閥世系及當時遭遇本末云。

鐘鼎逸事一册 刊本。

右明李文秀撰。此則專紀沐英事。

今獻備遺四十二卷 刊本。

右明舉人秀水項篤壽撰。亦纂名臣事，分人系傳。及于嘉隆而止。

國琛集二卷 刊本。

右明唐樞撰。此所采明人言行，不以類從，亦不以時序，但隨意雜録。而間爲評隲，却有倫要。

先進遺風二卷 刊本。

右明御史黄州耿定向撰。亦録前輩之事。言自宋濂至李謙凡五十六人。

内閣行實二册 寫本。

右明少傅豐城雷禮撰。自洪武迄天順，諸閣臣之行事畧具焉。

國朝列卿紀一百六十五卷 刊本。

國朝列卿年表一百三十九卷 刊本。

右前人撰。二書皆以各部寺官聯爲次序。前編紀其行實，後編則表其姓氏、籍貫及除授月日，分年繫之。並自洪武迄嘉靖止。其隆慶一朝爲子濲所補。

皇明詞林人物考十二卷 刊本。

右明麻城王兆雲輯。所考皆正嘉以前文苑諸人事。

昭代名臣志抄二十四卷 刊本。

右明吳孝章輯。天啓癸亥檇李吳中偉序云：「志鈔者，抄《吾學編》、《四部稿》諸名公傳記而稍節之者也。肇自孝陵，迄于世、穆，神宗以來別有《續鈔》。」按《續鈔》今未見。

嘉靖以來輔臣傳八卷 刊本。

右明尚書吳郡王世貞撰。始楊廷和，終張居正。

掾曹名臣録一卷 寫本。

右明王鴻儒撰。録名臣之以掾史起家者，侍郎劉敏而下凡九人，皆卓然有政行可紀，亦因以見人材之不拘格也。正德甲戌凝齋自序。

獻徵録一百二十卷《經籍志》作二百六十卷。 刊本。

右明焦竑輯。採歷朝實録并薈萃各家所紀文獻之事，順時代先後悉編入焉。考名人行履者，此與過氏《人物考》爲最詳云。

夏忠靖公遺事一册 刊本。

右明太僕少卿夏崇文追述其祖忠靖公原吉事。

商文毅公遺行集一册 寫本。

右明淳安商汝頤追述其祖文毅公輅事。

旌忠録二卷 刊本。

右載明太祖平陳友諒及武宗平宸濠時先後死事諸臣行畧。蘭谿唐龍所輯。

傳信辨誤録一册 刊本。

右明諸生陳虞岳撰。岳之高祖循于正統、景泰間曾爲輔臣。其立朝本末野史誣載失實，虞岳因爲此表暴之。前諸公叙評節畧六條，次傳信六條，次辨誤五條。

忠烈編十卷 刊本。

右書爲明江西巡撫餘姚孫燧死宸濠之難。凡朝廷卹典及諸家紀詠其功者，其子都督堪等録而存此。

崇禎五十宰相年表一卷傳一卷初藁一卷 寫本。

右國朝侍郎秀水曹溶撰。明莊烈朝輔臣更易至五十人，事勢可知矣。溶爲表以著其拜罷之歲月，復爲傳以書其行事，而賢奸得失自見焉。《初藁》一卷，乃《傳》藁也。有溶之門人陶越跋云「與後來訂本互有詳畧」。今兩存之。

崇禎閣臣行畧一册 寫本。

右蜀人陳盟撰。未詳其時代。前亦有《年表》一篇，與曹溶本體例同而事語有異。可參考也。

傳記類三 以地爲次

分省人物考一百十五卷 刊本。

右明贈順天府尹平湖過庭訓輯。取明初至萬曆間人物分省分府而詳載之。凡例云：或採之實録，或採之家乘野史，或從《吾學編》、《列卿記》、《名臣言行録》、《獻徵録》與各省通志等書。有得即記。詳者至千萬餘言，畧者不過數十行或數行。大都因其舊文稍加潤色，非獨任己意爲也。

畿輔人物志二十卷 刊本。

右國朝孫承澤撰。亦皆志明代人物，凡一百二十人。人各爲傳。自序謂「急行誼而緩功業，詳幽潛而畧通顯」，可以見作書之旨也。成克鞏爲序。

兩浙名賢録五十四卷外録八卷 刊本。

右明錢塘徐象梅輯。自儒碩至寓賢凡二十二門。其《外録》則皆釋道也。自識云：「是録上遡唐虞，下終世穆。擷兩浙之徽懿，樹四海之典型。人依代綴，仿傳體而寓編年。事屬類分，總志林而標論世。文雖因舊，義則表微。蓋非賢不録，是以有去取而無褒譏。」曰因舊者，取材史志而稍删潤云。

錢塘先賢祠傳贊一册 刊本。

右元四明袁韶撰。所紀上自許由、嚴陵，至于宋代，凡三十九人。

檇李往哲初編一册 刊本。

右明尚寶卿戚元佐撰。今嘉興府古檇李也。元佐郡人，因述其鄉先達之有勳望者。自明初迄隆、萬間，凡十有四人。王世貞爲之序。

檇李往哲續編一册 刊本。

右國朝項玉筍撰。亦嘉郡之秀水人。乃續元佐爲之。自隆萬至于明季，凡述九十一人。

四明文獻録一册 刊本。

右明按察使僉事黄潤玉撰。四明，今寧波府之山名也。潤玉爲寧郡之鄞人，因録自漢迄明四十四人之本末。分列二門。産于四明者，曰鄉先。達官于四明者，曰鄉大夫。各系傳焉。

敬鄉録十四卷 天一閣寫本。

右元吳師道撰。師道，金華府之浦江人也。金華之人物，宋紹興間婺通守洪遵嘗志之，師道更爲考核，增成此録。

金華賢達傳十二卷 刊本。

右明鄭栢輯。亦浦江人。書凡五門，曰忠義，曰孝友，曰政事，曰儒學，曰卓行。每傳系以贊。

金華先民傳十卷 寫本。

右明福建僉事應廷育撰。郡之永康人也。其書取材古今書籍凡四十餘種，有目列于前。每傳末注云用某書修。固不没其實，而鎔裁如出一手，殊有史法。自謂「始修于嘉靖三十二年，至三十七年乃成，凡五易稿云」。

金華徵獻畧二十卷 刊本。

右國朝貢生王崇炳輯。郡之東陽人也。書分十三門。所載事視前數書以漸增焉。

浦江人物記二卷 刊本。

右明邑人宋濂撰。初濂先成《雜傳》九首：劉滂、鞏豐、葉秀發、喻偘、樓大年、許子良、葉由庚、吳思齊，及流寓之謝翶。其行事皆史官所畧者。既乃廣諸通邑，以次續成，分類次之。蓋元至正間所作。原板燬于火，今本後人重雕。後附題名一册。

義烏人物志二卷 刊本。

右明邑人金江輯。以忠義、孝友、政事、文學分四類爲編。

尊鄉録節要四卷 寫本。

右《尊鄉録》本明台州謝鐸録台人士之事行。尚書黄巖王弼〔一〕以其文繁也而修節之。其總目曰十大儒，曰五大臣，曰六忠臣，曰十五孝子。

〔一〕「弼」原作「啓」，今正。

吴中人物志十三卷 刊本。

右明張昶撰。吴之長洲縣人也。十三卷，卷各一類，始孝友，終藝術。每卷末有論贊，則其孫獻翼所補。

吴中往哲記一卷 刊本。

右明楊循吉撰。

續吴中往哲記一卷補遺三種**共一卷** 刊本。

右明黄魯曾撰。循吉、魯曾皆吴人，楊所記止四十家，黄因而續之。皆元明以來之先哲也。

續吴先賢贊十五卷 刊本。

右明按察使僉事沛縣劉鳳輯。續云者，以楊循吉、徐禎卿、祝允明輩先有所述也。兹録自高啓以下諸人，凡方外寄寓至于藝事之微，咸采入焉。

姑蘇名賢小紀二卷 刊本。

右明文震孟撰。文亦長洲人。所紀始高啓迄王敬臣。

崑山人物志十卷 刊本。

右明邑人方鵬撰。自節行至雜志凡十類。

梅花草堂集十一卷 刊本。

右明吴中張大復撰。亦述崑山人物也。名宦附焉。

雲間志畧二十四卷 刊本。

右明何三畏輯。雲間，今松江府。三畏，松之華亭人。此書合名宦人物凡爲傳三百三十有四，皆明代人。雖云畧而實則詳矣。

毘陵人品記四卷 刊本。

右明給事中毛憲、紹興通判葉金同輯。今常州府于古爲毘陵，亦曰晉陵。記所採始商周迄明代，皆常之産也。有嘉靖壬寅岑原道序。

晉陵先賢傳二册 刊本。

右明歐陽東鳳輯。鳳，常州知府也。録吴季子以下至明代凡六十九人。有傳有論。

東林列傳二十四卷 刊本。

右國朝江陰陳鼎撰。始宋楊龜山，暨明高、顧兩公以下諸君子各爲之傳。其依草附木者，不盡録也。後述熹宗本末，别爲二卷。

潤州先賢録六卷 刊本。

右明四明姚堂輯。潤州，今鎮江府。堂守鎮江時所録，分高風、忠節、相業、直諫、德望、文學凡六門。

中州人物考八卷 寫本。

右國朝孫奇逢撰。奇逢，容城人，晚居中州之蘇門山，因爲是考。皆理學經濟之名人也。

江右名賢編二册 刊本。

右明新建喻均、安福劉元卿同輯。自名臣至孝友，爲目十有一。歷代及明凡録二百四十八人。萬曆壬辰邊維垣序。

建寧人物傳四卷 刊本。

右明雲南提學使郡人李默輯。序云：「凡建州之産，起唐建中迄國朝景泰，凡四百一十七人。以世次爲先後。其或數賢萃于一門，則系其祖若父一人爲主，餘皆附見。」

廣州人物傳二十四卷 刊本。

右明黄佐撰。佐，廣之南海人。故取其鄉之人物，自漢迄明，採史志及稗乘所載事跡各爲之傳。嘉靖五年姚淶序。

地理類一 通志

元和郡縣志四十卷 寫本。

右唐丞相趙郡李吉甫撰。元和八年表進。自序云：「前上《元和國計簿》，審户口之豐耗。續撰《元和郡縣圖志》，辨州域之疆理。起京兆府盡隴西道，凡四十七鎮，成四十卷。每鎮皆有圖在篇首。并目録二卷，共四十二卷。」《唐志》作五十四卷。按圖、目録二卷久佚。今本幷缺第十八至二十、二十三、二十四、三十四、三十五卷，共七卷。後有桯大昌、洪邁、張子顔三跋。據程跋謂「憲宗經畧諸鎮，吉甫實贊成之。其于河北淮西，悉嘗圖上地形。憲宗得以坐覽要害，而陰定策畫者，圖之助多也。惜乎不存。志傳寫久有闕，佚文類誤，不敢强補」云云。則此書在宋時已非足本也。

太平寰宇記二百卷目録二卷 開萬樓寫本。

右宋朝奉郎太常博士樂史撰。太平興國中表進。自序云：「從梁至周，郡國割據，更名易地，暮四朝三。記自河南周于海外，若賈耽之漏落，李吉甫之闕遺，此盡收焉。」蓋以賈《十道志》、李《元和志》爲簡而未備云。○按此書上元焦氏、崑山徐氏所藏俱闕《河南道》第四卷、《江南西道》第十一至十七卷。今本同。

九域志十卷 汲古閣影宋寫本。

右宋元豐間承議郎王存奉勑與李德芻、曾肇同撰。因《九域圖》之舊增定。自序謂：「凡一州之内，首州封，次旁郡。彼此互舉，弗相混淆。總二十三路，京府四，次府十，州二百四十二，軍三十七，監四，縣一千二百三十五，離爲十卷。文直事核，使覽者易知云。」〇按此書流傳頗罕。朱彝尊謂崑山徐氏所藏宋槧本首有缺卷。兹本亦從宋刻精摹，有首卷而缺末卷。復借得吴門朱氏抄足之，始成完璧云。

新定九域志十卷 寫本。

右即前書特於府、州、軍、監、縣均添古跡一門。蓋當時民間流行之本。故晁公武《讀書志》有新舊《九域志》之目。

方輿勝覽七十卷 宋刊本。

右宋建安祝穆輯。每郡分標事要十八門。所收古今詩文甚夥。纂事實爲儷語，附於各州下。嘉定新安吕午序，稱其「辭簡而暢，事備而核」。但按是時中原不入職方，殘山剩水，僅述偏安州郡，論者惜之。

輿地廣記三十八卷 知不足齋寫本。

右宋廬陵歐陽忞撰。其沿革皆繫以宋州縣名。自序云：「以今州縣求于漢，則爲郡。以漢郡縣求于三代，則爲州。三代之九州散而爲漢之六十餘郡。漢之六十餘郡分而爲今之〔二〕三百餘州。其間或離或合，不可討究，而吾胸中已了然矣。」忞爲文忠族孫。書成于政和中。

〔一〕「爲今之」三字原作「今之爲」，據盧文弨校乙正。

寰宇分合志八卷 曝書亭寫本。

右明教諭廣陵徐樞撰。裒集古今興敗得失之故，蓋史家體例。然其間疆里廣狹、都邑遷改亦可以考見分合之由，故以志名。黄虞稷曰：一作盛稔撰。

讀史方輿紀要一百三十卷 知不足齋寫本。

右國朝常熟顧祖禹撰。《歷代州域形勢》九卷，《南北直隸十三省》一百十四卷，《川瀆異同》六卷，《天文分野》一卷，共一百三十卷。詳于山川險易及古今用兵戰守攻取之地，而景物名勝皆在所畧。職方廣輿諸書襲譌踵謬，名實乖舛，祖禹貫穿諸史，折衷考訂，言地理者莫之或先焉。寧都魏禧序。

郡縣釋名五册 刊本。

右明郭子章撰。以直省郡縣名義沿革歷代不同，因爲釋之。

目營小輯四卷 刊本。

右明廣西提學僉事常熟陸化熙撰。亦志郡邑沿革、分野、山川、關税、邊防之類，而于奏議文録關切大計者，隨地附見。取目營四海之義，故名。

烟雲手鏡二卷 寫本。

右明楊繼益輯。摘録名山勝蹟，附以古人題詠，取便省覽而已。

修攘通考四卷《千頃堂目》作六卷。刊本。

右明麗水何鏜輯。取宋蘇軾《歷代輿圖指掌》、明桂萼《一統輿圖》、許論《九邊圖論》三書，更以今名而彙刻之。已寔無所考證也。

廣志繹五卷刊本。

右明天台王士性撰。分記郡邑山水事蹟。後附雜志。

宅京記一册寫本。

右明崑山顧炎武撰。詳考歷代帝王建都之地。

通鑑釋地補注六卷糾繆六卷刊本。

右國朝秀水張庚撰。庚以王幼學《集覽》、馮智舒《質實》二書于釋地多疎舛，因據胡身之注及顧祖禹《讀史方輿紀要》更加參訂爲此。一補其闕，一糾其繆。

地理類二各直省

帝京景物畧八卷刊本。

右明麻城劉侗輯。紀燕京名勝題咏，分目百三十有奇。自序云：「侗友于奕正職蒐討，侗職措詞。事有不經不典，侗不敢筆。詞有不達，奕正未敢許也。所採古今詩歌，侗之友周損職之。」

咸淳臨安志一百卷 壽松堂孫氏寫本。

右宋安撫使括蒼潛説友撰。咸淳四年，説友知臨安府。葺正府志，增益舊聞，書成表上之。浙中舊志存者，此獨爲詳備，庶幾文獻足徵云。秀水朱氏本闕七卷。今即從朱本録出。

乾道臨安志三卷 壽松堂藏刊本。

右宋知臨安府吳興周淙撰。原十五卷，今止存三卷，爲宫闕、官署、橋梁、坊巷、職官五門。陳振孫謂首卷于宫闕殿閣全不記載，其他沿革亦多疎畧。然淙有才具，其尹京、開湖、濬河皆有成緒，民户爲脚船以濟行旅者自此始。○按此書爲宋槧本，紙墨精好。宋地志舊本流傳絶少，存此猶見當時故物，可喜也。

夢粱録二十卷 知不足齋寫本。

右宋錢塘吳自牧撰。劄記南宋武林雜事。蓋仿孟元老《夢華録》而作者。其自序：「昔人卧一炊頃，而平生事業，歘歷皆遍。矧時異事殊，城廓苑圃之富，風俗人物之盛，焉保其常。緬懷往事，殆猶夢也。」

都城紀勝一册 寫本。

右書不著姓名，署「耐得翁」撰。亦記南宋武林雜事。與前書相仿，但稍爲簡畧。

增補武林舊事八卷 刊本。

右宋周密輯。紀南渡後百二十餘年典故及風俗遊讌諸事。原六卷。明崇禎間，工部主事朱廷焕司權杭州時，復補採數十則增八卷。按密有《後武林舊事》五卷，見《千頃堂書目》。

成化杭州府志六十三卷 刊本。

右明成化十一年修。大理寺卿仁和夏時正爲總裁，分纂者錢塘劉英、仁和陸珵，多出于其手。夏序不没其實而詳悉書之。亦猶存古道云。

武林志餘三十二卷 寫本。

右國朝監生錢塘張暘輯。仿田汝成《西湖志餘》例，補綴成編。

海昌縣外志五册 寫本。

右明海寧談遷撰。蒐討其邑之文獻故實，分八門編纂。

嘉興府圖記二十卷 刊本。

右明嘉靖丁未嘉興府知府三原趙瀛修。秉筆者，趙文華也。分方晝、邦制、物土、人文四門。前列諸圖，後附叢記。其體例簡明，可不以人廢云。

海鹽圖經十六卷 刊本。

右明天啓壬戌邑人胡震亨撰。時樊維城爲海鹽令，寔董成之。其書頗有倫要。

澉水志八卷續澉水志九卷 刊本。

右宋常棠輯前志，明董穀續之。澉水屬海鹽縣地，濱海。志于山川形勢、關榷沿革頗詳。

吴興掌故十七卷 刊本。

右明知縣華亭徐獻忠輯。今湖州于晉爲吴興郡。書凡十七類，始宦業，終雜考。有嘉靖庚申自序。

四明延祐志二十卷 天一閣寫本。

右元集賢院學士鄞縣袁桷撰。延祐七年四明守馬潤甫延桷纂修。分十二考，曰沿革，曰土風，曰職官，曰人物，曰山川，曰城邑，曰河渠，曰賦役，曰學校，曰祠祀，曰釋道，曰集古。原闕城邑、河渠第九至第十卷。桷自爲之序。

昌國州圖志七卷 天一閣寫本。

右元鄉貢進士鄞縣教諭州人郭薦等修。有大德戊戌州判官潼川馮福京序并跋。當時福京實董其事也。州今爲定海縣。

會稽志二十卷 天一閣藏刊本。

右宋嘉泰辛酉紹興通判吴興施宿等撰。時龍圖閣學士沈作賓爲守。而分任者，則郡人馮景中、陸子虚、朱鼐、王度與焉。沈尋去郡，惟宿始終其事。陸游爲之序。

會稽續志八卷 天一閣寫本。

右宋梁國張淏撰。續記辛酉以後二十五年事而亦補前志之遺。寶慶元年自序云：「昔虞翻、朱育答郡太守問會稽古今事，應對如流，纖悉弗遺。當時但嘆其殫洽，不知二公皆里人也，其熟習非一日矣。淏雖世本中原，僑寓是邦蓋有年矣。山川風土之詳，人材物産之富，與夫事物之沿革變遷，曩嘗訪聞。兹又目擊，懼其久而遺亡，輒裒次而彙輯之。」以上二書俱明正德五年重刊。

剡録十卷 寫本。

右宋禮部郎鄞縣高似孫撰。剡今爲嵊縣。其書首縣紀年，次山水志，次先賢傳，次古奇蹟古阡，次書文詩，次畫紙古物，次物外紀僧廬，而以草木禽魚詁終焉。按似孫文筆幽峭，所著如《五畧》、《硯箋》皆有致可觀。此書詳贍有法，如山水志、草木禽魚詁尤佳。第中多複衍訛缺，蓋後人傳寫失真耳。

古越書四卷 刊本。

右明山陰郭鈺輯。彙次《左》、《史》、《越絶》等書成編。附《武備志》、《保越録》二帙。

金華雜識四卷 刊本。

右明知州鄞縣楊德周撰。雜記金華一郡舊事遺文。

浦江志畧八卷 刊本。

右明嘉靖丙戌浦江縣知縣麻城毛鳳韶輯。畧仿史例，大書提綱，分書條目，凡八門。

永嘉先哲録二十卷 刊本。

右明員外郎王朝佐輯。編纂温州一郡人物事蹟詩文。

赤城志四十卷 天一閣藏刊本。

右宋國子司業天台陳耆卿撰。前爲圖十有三，分門十有五。赤城，台郡之名山也，故舉以概郡焉。

赤城新志二十三卷 刊本。

右明國子祭酒郡人謝鐸輯。續耆卿《志》也。耆卿後，郡人吴子良有《續志》，林表民有《三志》。鐸兼採而增損之。起宋嘉定迄明弘治丁巳。

赤城會通記二十卷 刊本。

右明王啓撰。取陳氏舊志、謝氏新志并己所編《尊鄉録節要》，及耳目睹記者，會通爲一。皆以世代先後爲次。文簡事該。有嘉靖五年自序。

栝蒼彙紀十五卷 刊本。

右明何鏜撰。分紀十有七。處州一郡事蹟備焉。前有圖。萬曆七年自序。

南畿志六十四卷 刊本。

右明監察御史餘姚聞人銓輯。明代南直隸爲畿輔地。是書分府編次，蓋通志體也。

六朝事迹二卷 小山堂藏刊本。

右宋左奉議郎新安張敦頤撰。紹興庚辰自序云：「余覽《圖經》、《實録》，疑所載六朝事跡尚有脱漏，乃取《吴志》、《晉書》及宋、齊而下史傳與夫當時碑記，參訂而考之。分門編類，綴爲篇目。凡十有四卷。」

按今本止二卷，與原序相懸。又據《通考》亦作二卷，且云不知何人作。未詳其故。

金陵志十五卷 元刊本。

右元奉元路學古書院山長陝州張鉉撰。自序謂依《景定志》，用史例編纂。以周元王四年，越相范蠡築城長干爲金陵城邑之始，斷自是年迄至正癸未，凡一千八百一十五年行事。損益舊聞，附著時事，首尾該涉，粗爲詳備云。

金陵世紀四卷 刊本。

右明翰林院侍講鄞縣陳沂撰。明初定都金陵，自都邑、城郭、宫闕、郊廟、陵寢以及山川、驛路、津梁、官司、第宅、樓觀、臺苑之勝，制作宏麗，屹然東南鉅觀也。沂于嘉靖丁酉修此，分十八紀，詳載之。意蓋仿《三輔黄圖》、《東京夢華録》、《武林遺事》諸書而作。

金陵古今圖考一册 刊本。

右前人撰。此專繪金陵形勝爲圖十六，并系以説。

金陵瑣事四卷續瑣事二卷二續瑣事二卷瑣事剩録四卷 刊本。

右明金陵周暉撰。所記南都遺文逸事甚詳。

吴郡圖經續記三卷 寫本。

右宋秘書省正字郡人朱長文撰。李宗諤舊有《祥符吴郡圖經》六卷，長文續之。記祥符以後事，亦頗補前經之闕畧。

吴郡志五十卷 刊本。

右宋資政殿學士郡人范成大撰。當時書成未行而石湖没，會有求附志而不得者，譁曰此非石湖筆。書藏學官久之，紹定初，李壽朋爲守，始刻之。而書止于紹熙，其後事寔俾僚屬彷褚少孫《史記》例補成之。李履常序目謂郡士龔頤正、滕宬、周南〔一〕皆常薦所聞于公者，而龔尤多。詳見《通考》。

〔一〕「郡士龔頤正滕宬周南」，臺灣「央圖」《善本題跋集録》收趙汝談序云：「郡士龔頤、滕宬、周南厚三人。」則「正」字衍，「厚」字脱。

中吴紀聞六卷 刊本。

右宋宣教郎崑山龔明之撰。

平江記事一卷 寫本。

右元總管郡人高德基撰。今蘇州府元爲平江路。

吴中舊事一卷 寫本。

右元郡人陸友仁撰。以上三書皆紀吴郡山水人物名蹟并拾舊聞。

吴中故實二十四卷 刊本。

右明主事吴縣楊循吉撰。此則專述明代事實之繫于吴者。所採頗富。

吴邑志十六卷 刊本。

右前人撰。嘉靖八年自序謂書凡八萬言，于尊賢訂古，無敢不竭云。

姑蘇志六十卷 刊本。

右明大學士郡人王鏊輯。因吴寬未成之書校訂增益之。時同修者，祝允明、文璧、朱存理諸人在焉。

三吴雜志三册 刊本。

右明中書新安潘之恒輯。彙次前人題咏震澤名蹟。後附所著詩文。

百城烟水九卷 刊本。

右國朝長洲張大純輯。紀吴郡山水名蹟。

嘉靖維揚志三十八卷 刊本。

右明太僕卿江都盛儀輯。本寶祐舊志，採取各書而增廣之。傳志三十七卷，圖一卷。

新安志十卷 刊本。

右宋羅願撰。本《祥符圖經》而增參訂之。時淳熙二年，太守則趙不悔也。朱彝尊謂：「羅鄂州所撰《新安志》簡而有要。篁墩程氏取其材作《文獻志》，此地志之最善者。」

新安文獻志一百卷 刊本。

右明侍講郡人程敏政撰。本郡先達詩文編爲甲集六十卷。先達行寔中兼有外郡人撰次者，以類相從，編爲乙集四十卷。前有《先賢事畧》二卷。

中都志十卷 刊本。

右明給事中郡人柳瑛撰。中都，今鳳陽府，明祖龍興之地也。考洪武戊戌、景泰中戌嘗遣使分行郡縣纂修地志。是時，淮南州縣但録《方輿勝覽》成書，淮北之志尤爲脱畧。瑛因博採羣籍，補闕正譌，書成于成化六年。今本闕第六卷。

滁州志四卷 刊本。

右明嘉靖丙申郡人胡松撰。滁州二卷，全椒、來安二縣各一卷。自序謂：「惟順世代遠邇載記先後，不以科類區域相從。他諸不可離析，然後乃因事附見焉。」蓋仿史家法行之，與凡爲志者體例不侔。

南滁會景編十卷 刊本。

右明太僕寺卿趙廷瑞輯。紀滁名勝，凡前人題咏詩文皆會集焉。

豫章今古記一册 寫本。

右書《宋史·藝文志》作三卷，梁雷次宗撰。類記豫章事蹟山水人物等，分十一篇。

齊乘六卷 刊本。

右元兵部侍郎益都于欽撰。分六門，曰沿革，曰郡邑，曰古蹟，曰亭館，曰土俗，曰人物。至元己卯蘇天爵序。明杜思謂志山水似景純，述人物似靖節。近世之良史。

闕里志二十四卷 刊本。

右國朝衍聖公孔允植輯。

闕里廣志二十卷 刊本。

右國朝典籍宋慶長輯。以上二書所紀皆闕里故寔，而《廣志》較爲詳核。

長河志籍考十卷 刊本。

右國朝郎中田雯撰。長河，今德州。雯爲州人，故采其事蹟志之。自謂仿孟元老《夢華録》、楊衒之《洛陽伽藍記》之體。

汴京遺蹟志二十四卷 刊本。

右明僉事祥符李濂撰。雜記宋舊京遺事。

宋東京考二十卷 刊本。

右國朝嘉興周城輯。採集各書有涉汴京事蹟者。

雍録十卷 刊本。

右宋龍圖閣學士新安程大昌撰。陳振孫曰：「周、秦、漢、隋、唐、五代皆都雍，故以名。録前史及《黄圖》、《宋志》。異同往往辨訂。」

雍大記三十六卷 刊本。

右明提學副使信陽何景明撰。周宗化續成之。

全陝政要畧四卷 刊本。

右明龔輝撰。自謂凡名山大川、古今文章已載在《通志》，兹不録。惟藩封、官師、户口、田賦、河防、關隘、軍政等類，撮其大要書之。後一卷爲《邊鎮圖》。

陝西行都司志十二卷 刊本。

右《千頃堂書目》作包節撰。明嘉靖間修。凡例云：「舊志沿元稱甘肅易行都司，遵制也。行都司，國朝創。」

陝西鎮考一卷 寫本。

右不著撰人姓名。詳載西省邊徼城堡要害。

虔臺志十二卷 刊本。

右明嘉靖十二年副都御史唐胄等輯。贛爲古虔州，明開府于此，故名虔臺。東接漳汀，南際嶺海，西界郴桂，北轄南贛吉安等處。胄時提督四省軍務，作此。陳察爲之序。

虔臺續志五卷 刊本。

右明巡撫談愷撰。續前志也。

楚紀六十卷 刊本。

右明廖道南撰。以補郢志之闕畧。分目十有五。其于全楚文獻搜採最詳。

鄖臺志九卷 刊本。

右明巡撫慈谿葉熙撰。嘉靖間，熙撫治鄖陽，輯其建置始末，起成化迄嘉靖止。時纂修者寔參議張緒也。

楚臺記事七卷 刊本。

右明監察御史順天李天麟撰。前三卷總紀治楚事宜，後四卷分府編次，系以圖説。

岳郡圖説一册 刊本。

右明鄞縣黄元忠輯。元忠時官岳之通判，閲其形勝關隘，因按圖著之。

荆門耆舊記畧三卷 刊本。

右國朝州人胡作炳撰。記荆門人物事蹟。

鄢署雜抄十二卷 刊本。

右國朝知縣休寧汪爲熹〔一〕輯。鄢陵，今宜城縣。熙時爲令，因采典故并見聞雜録之而以自著詩文附焉。

〔一〕「熹」原作「熙」，據《存目叢書》影印康熙刻本改正。

淳熙三山志四十卷 崑山徐氏本作四十二卷。 刊本。

右宋丞相清源梁克家撰。所載自無諸以來及晉建康始置郡，下迄宋代。詳考因革之由，益以見聞。首地理，次公廨，次版圖，次財賦，次兵防，次秩官，次人物，次寺觀，次土俗。淳熙九年自序。朱彝尊謂其體例附山川于寺觀之末，未免失倫。然十國之事可徵信者，多有出于黄氏《八閩通志》、王氏《閩大紀》、何氏《閩書》之外，學者所當博稽也。

閩中考一册 小山堂寫本。

右明福州陳鳴鶴撰。本唐《閩中記》、宋《三山志》，條列城邑、山水、梵刹、古蹟，係專紀福州一郡事。

泉南雜記二卷 刊本。

右明廸功郎秀水陳懋仁輯。泉州山水事跡詩文隨手雜録，故名。

莆陽文獻六册 《千頃堂書目》作七十五卷。 刊本。

右明莆田鄭岳輯。前類聚詩文雜著爲十三卷，後列傳七十四篇。嘉靖甲申林俊序，畧云：「莆文物，起隋，興于唐，而尤甚于宋。紹熙時，始有軍制。洪武時，始有事述。郡志在弘治時。鄭公山齋取立齋手録，參以諸家遺文而類萃之。」按莆陽本莆口地，古名莆，中舉莆以該興化一郡，非止紀莆田一邑文獻而已。

崇安縣志四卷 寫本。

右明訓導天台李讓輯。分類五十有五。其書序事頗簡該。

臺海使槎録八卷 刊本。

右國朝黄叔璥輯。康熙間，臺灣初平，叔璥因考其山川、版圖、風俗並蒐輯詩文著于録。

粤閩巡視紀畧五卷 刊本。

右康熙二十二年，工部尚書秀水杜臻自述奉使清釐二省界外田畝給民耕種并防守事宜。卷首列兩省輿圖，後一卷附澎湖、臺灣事。朱彝尊嘗爲文記之，謂自欽州之防城始，遵海以東歷府七、州三、縣二十九、衛六、所一十七、巡檢司一十六、臺城堡砦二十一，給還民地二萬八千一百九十二頃，復業丁口三萬一千三百，定懸軍之營二十八，而廣東之疆理復。自福寧州西分水關始，遵海以東歷府四、州一、縣二十四、衛四、所五、巡檢司三、關城鎮砦五十五，給還民地二萬一千一十八頃，復業丁口四萬八百，定懸軍之營三十三，而福建之疆理復。其功蓋於南國云。

嶺海輿圖一册 刊本。

右明監察御史莆田姚虞撰。繪廣東省十府及南夷諸國形勢爲圖十有一，各繫以叙記。錢曾曰：「虞于嘉靖間按部廣東，著此書。其言雖簡而要者咸得考焉。」

嶺海見聞四卷 刊本。

右國朝禮部尚書嘉興錢以塏撰。以塏時宰茂名及東莞，前後八年。記其所寓目及得之文獻者成此書。

嶺南二紀二卷 刊本。

右國朝錢塘毛兆儒撰。畧記嶺南方物，各系以詩。

桂海虞衡志一卷 寫本。

右宋范成大撰。淳熙二年自序，謂乾道間出帥廣右，既徙鎮蜀。追記其登臨之處與風物土宜，凡方志所未載者，蠻陬絶徼，見聞可紀者，亦附著之。以備土訓之圖。

桂勝十六卷 刊本。

桂故八卷 刊本。

右俱明通判始安張鳴鳳〔一〕撰。前編列桂林山水名蹟，以志其勝。後編纂一郡文獻，以考其故。因以名。

〔一〕「鳴鳳」二字原本誤倒，今據《四庫總目》、《四庫存目標注》乙正。

西事珥八卷 刊本。

嶠南瑣記二卷 刊本。

右俱明魏濬撰。二書俱雜記廣西風土人物以及見聞巨細之事。

南中志一册 刊本。

右晉常璩撰。記南中諸郡秦漢以來建置始末。明顧應祥序，云向附在《華陽國志》，近世無傳。楊升菴在滇以舊藏本寄示，因梓之。

蜀中廣記三十八卷 刊本。

蜀中名勝記三十卷 刊本。

右俱明曹學佺撰。前書紀蜀郡縣、風俗、方物、藝文之屬。後編專紀山水名蹟而以前人題咏附焉。

下陴紀談二卷 刊本。

右明知府吴郡皇甫録撰。係守順慶時劄記其風土事實。

蜀都碎事六卷 刊本。

右國朝通判仁和陳祥裔撰。雜記蜀中遺事并藝文。

紀古滇説集一卷 刊本。

右元張道宗輯。錢曾云：「上自唐虞，迄于咸淳，其間方域、年運、謡俗、服叛一一詳載。所記金馬碧鷄事與《漢書》頗異。」按今本嘉靖己酉沐朝弼序刊。書中自署「咸淳元年春滇民道宗録」，而末段有降元仍立段信苴寔及中統二年事。或係後人攙入，姑闕以俟考。

滇畧十卷 刊本。

右明左布政使長樂謝肇〔一〕淛撰。亦裒次滇省故寔，益以見聞。分爲十畧，而以論斷終〔二〕焉。

〔一〕「肇」原誤作「紹」，今正。

〔二〕「終」原作「衷」，今據盧文弨校改。

滇考二卷 寫本。

右國朝刑部侍郎天台馮甦撰。滇自楚莊蹻開國，漢武通西南夷置郡縣以後，迄于元明，叛服不常。甦考其治亂得失所由，共三十七篇。時爲永昌推官，康熙乙巳歲也。

黔書一卷 刊本。

右國朝田雯撰。凡七十六篇。王士禎稱其記苗蠻種類，記水西烏蒙馬，記革器，記朱砂、水銀、雄黄、凱里鉛、蒟醬、邛竹諸篇，有似《爾雅》者，似《考工記》者，似《公》、《穀》、《檀弓》者，似《越絶書》者。讀之如觀化人之戲云。

山海等關地形圖一册 刊本。

右明閩人銓輯。舊制御史巡邊，繪山川險阨各圖以進。銓時巡視山海等關，加釐訂焉。

塞語一册 刊本。

右明尹畊撰。備述邊塞法制形勢，各系以論。

炎徼紀聞四卷 寫本。

右明廣西參議錢塘田汝成撰。凡一十四篇。紀明代滇粵土司始末。自序云：「余涉炎徼，所聞若干事，皆起于撫綏闕狀，賞罰無章。不肖者以墨守敗績，賢者以避嫌邀名，二者殊塗同轍。卒至干戈相尋，蔓延荼毒，良可嘆也。間述所聞，著爲此書。」但按書中如于忠肅、王文成二公皆爲所詆諆，議論不無稍僻云。

行邊紀聞一册 刊本。

右前人撰。亦紀粤西、滇、黔三省土司，及蠻種部落風俗。

南夷書一卷 寫本。

右明行人司張洪撰。洪時奉使撫諭滇南土司，因紀其風土，及沐氏平定滇南始末。

土官底簿二卷 寫本。

右不著撰人姓名。朱彝尊嘗書其後曰：「明仿元舊事分設官吏，立宣慰、招討、安撫、長官四司。雲南百五十一員，廣西百六十七員，四川二十四員，貴州一十五員，湖廣五員，廣東一員。初隸驗封，後以其半隸武選。嘉靖中申明舊典，隸驗封者，布政司領之。隸武選者，都指揮使領之。此書乃其承襲文案簿録也。」

南詔事畧一册 刊本。

右明雲南巡撫吳興顧應祥輯。敘南詔七姓建置興廢之由。

四川土夷考四卷 刊本。

右明巡撫茶陵譚希忠〔一〕撰。分列四川土司，邊界繪圖繫説。

〔一〕按：《四庫總目》作「譚希思」。

連陽八排風土記八卷 刊本。

右國朝河南李來章撰。八排係猺種，屬連山縣。來章時爲邑令，因記之。

地理類三 山川 名勝 古蹟

山海經廣註十八卷 刊本。

右國朝檢討仁和吳任臣輯。以郭景純注有未備，爰採衆説以廣之。前列圖五卷。

今水經一卷 寫本。

右國朝黃宗羲撰。自序謂：「余讀《水經注》，參考之各省通志，多不相合。不異汲冢斷簡，空言而無事實。乃不襲前作，條貫諸水，名之曰《今水經》。窮原竟委，庶免空言云。」

水經註集釋訂譌四十卷 寫本。

右國朝貢生歸安沈炳巽撰。據黃省曾、朱謀㙔兩家加以考訂。其經文錯簡，據胡渭《禹貢錐指》改正之。注中所引與原文大異者，悉取原書附注于本文之下。其封建先後，地名互異，及郡邑沿革分合之類，則取《史記》、兩《漢》志表及諸史，參以《一統志》、《輿地》諸書，訂其訛缺焉。

水經注釋四十卷注箋刊誤十二卷附録二卷 寫本。

右國朝監生仁和趙一清撰。以酈注舊多脱譌，因取明朱謀㙔以下，楊氏慎、黄氏省曾、歸氏有光、柳氏僉、趙氏琦美、吴氏琯、朱氏之臣、周氏嬰、陳氏仁錫、鍾氏惺、譚氏元春，二家合共評點。及國朝諸人錢氏曾、黄氏宗羲、孫氏潛、顧氏炎武、顧氏祖禹、閻氏若璩、黄氏儀、劉氏獻廷、胡氏渭、姜氏宸英、何氏焯、沈氏、吴人，不詳姓名。沈氏炳巽、董氏熜、項氏絪、杭氏世駿、齊氏召南、全氏祖望，共二十九家校本，參互異同。其引用沈炳巽本、全祖望七校本尤多。目録一卷。援據《漢志》、《説文》諸書，考正各水名目，以復《唐六典》所云桑欽《水經》一百三十七水之舊。其言曰：「《唐六典》註云桑欽《水經》取引天下之水百三十七，江、河在焉。王應麟《玉海》云：『自河水至斤江水，河、漯、汾、澮、涑、文、原、洞、晉、湛、濟、清、沁、淇、蕩、洹、漳、易、滱、聖、巨馬、㶟、沽、鮑丘、濡、遼、貝、洛、瀔、甘、漆、滻、沮、渭、漾、丹、汝、潁、洧、潩、潧、陰、汳、睢、瓠子、汶、泗、沂、沭、洋、溜[一]、汶、濰、膠、沔、潛、湍、均、粉、白、泚、淮、滍、淯、㶏、濯、瀙、潕、溳、漻、蘄、决、泄、泄、肥、淹、沮、漳、夏、羌、涪、潼、涔、江、青衣、桓、若、沫、延江、沅西、存、温、淹、葉榆、夷、油、澧、沅、浪、瀆、漣、湘、灕、溱、滙、深、鍾、耒、洣、漉、瀏、買、贛、廬、漸江、斤江，非經水常流，不在記註之限。末卷載《禹貢》山水澤地所在，凡六十。』深寧叟所記《水經》之目與今本不殊，以原公爲原，洞渦爲洞，陰溝爲陰，則其所省也。以梓潼爲潼，廬江爲廬，舊本之脱耳。以漯水爲㶟水，濾水爲沮水，施水爲淹水，滙水爲滙水，湞水爲深水，皆誤文也。經水凡百十六，較《唐六典》少二十一，爲證以本注及雜採他籍，得滏、洺、滹沱、泒、滋、伊、灑、澗、洛、豐、溼、汭、渠獲、洙、滁、日南、弱、黑十八水，而漯下尚有濼餘。清、濁漳，大、小遼，原分爲二。删去無注無名之沅西水，合一百三十七水，與《唐六典》數合也。」書中考證詳贍，摘疵糾繆，足稱酈氏功臣云。

〔一〕「溜」《水經注》作「淄」。

水道提綱二十八卷 寫本。

右國朝原任禮部右侍郎天台齊召南撰。召南嘗與修《一統志》，分輯外藩蒙古屬國諸部，因考校圖籍，條其水道。惟圖無可據者，闕之。及告歸，檢校舊稿，次第編録，成此。共二十八卷。將表進之，未果。其書山川都邑並用今名，畧識古蹟，詮列次第。首海水，以海爲萬川所會歸，自北而南取《禹貢》首冀次兖之意。內自盛京鴨緑江口以西，而南，而西南，至合浦。外自雲南而西，而北，又自漠北阿尔太山、肎忒山而東，至海，又自海而南，而西，而北，包朝鮮，至遼陽。域中萬川，綱目畢列。自序謂用《水經》遺意，上法《禹貢》導川，芟除地志繁稱遠引、附會穿鑿之陋云。

洞天福地岳瀆名山記一卷 寫本。

右唐道士杜光庭撰。本道藏《白玉山經》，標列三十六小洞天、七十二福地名目及所在處所。

游名山記十七卷 刊本。

右明觀察括蒼何鏜輯。

名山諸勝一覽記十六卷 刊本。

右明歸安慎蒙輯。

名山勝概記四十八卷

右未詳編次人姓名。六朝唐宋以來，凡游歷讌賞之作無不搜羅。于明代文所採居十之六七。前有圖五十五。附録自東方朔《神異經》、《十洲記》至沈括《忘懷録》、屠隆《游具箋》止，共十一種。王穉登、湯顯祖、及王世貞俱有序。○按以上三書，本都穆有《游名山記》，何鏜因之，旁采史志傳記以補之。慎蒙復因鏜之舊，重加增删，稍爲變其體例。此書當又在蒙後再加編刻者。鏜，字振卿。蒙，號山泉。

海内奇觀十卷 刊本。

右明錢塘楊爾曾撰。凡名山勝蹟之最著者，各繪圖于尺幅，筆記左方。末有洞天福地海外仙山考。自云當有鼓琴動操，衆山皆響者矣。

徐霞客遊記十二卷 寫本。

右明江陰徐宏祖撰。霞客奇情欝勃，年對山水。年三十出遊，從一奴、一僧、一杖、一襆被，遍遊東南佳山水。自吴越之閩，之楚。北遊齊、魯、燕、冀、嵩、雒，上華山而歸。會母喪服闋，益放志遠遊。復由閩之粤，既由終南背走峨眉，訪恒山，作《溯江紀源》一篇。謂《禹貢》岷山導江乃泛濫中國之始，非發源也。中國入河之水爲省五，入江之水爲省十有一。計其吐納，江倍于河。又辨三龍大勢。書凡數萬言。又南過大渡河，至黎雅尋金沙江，從瀾滄北尋盤江。復出石門關數千里。登崑崙，窮星宿海又數千里。至西番，去中國三萬餘里而還。至鷄足山病甚，語人曰：「張騫鑿空未覩崑崙。唐玄奘〔一〕、元耶律楚材啣人主命乃得西遊。吾以老布衣，窮河源，上崑崙，歷西域，與三人而四，死不恨矣。」時年五十有六。牛平未嘗作古文詞。其紀遊之書，雖古今才士莫能過也。

〔一〕「奘」原誤作「裝」，今正。

崑崙河源彙考一册 寫本。

右國朝萬斯同撰。古今論河源者不一，斯同兼採衆説而自爲辨論之。

龍門志二卷 刊本。

右明知縣關中樊得仁輯。龍門在河津縣西三十里。時得仁爲邑令，因輯其事蹟及前人題咏。

岱史十八卷 刊本。

右明鹽運使海寧查志隆輯。爲考者三，曰圖，曰星野，曰形勝。爲表者二，曰山水，曰疆域。爲紀者四，曰狩典，曰望典，曰遺蹟，曰靈宇。爲志者五，曰宮室，曰物産，曰香税，曰灾祥，曰登覽。

衡岳志十三卷 刊本。

右明隆慶辛未督學檇李姚宏謨因嘉靖間彭簪舊志重加修纂。簪，安成人，嘗爲衡山令。有嘉靖戊子自序。

南嶽小録一卷 寫本。

右畧記南嶽勝蹟。未詳撰述姓名。

西嶽華山志一卷 寫本。

右元王處一撰。多談神仙飛舉之事，而於秩祀祠廟畧而不書。

華嶽全集十三卷 刊本。

右明知縣貴陽馬明卿輯。先是嘉靖間李時芳纂有是書，萬曆丙申，明卿爲華陰宰，兵備副使張維新檄令重修。爰據王處一志特增加明代祭告及詩文而已。

恒岳志三卷 刊本。

右國朝大同知府東萊蔡永華輯。分十紀。其名勝各爲之圖。

説嵩三十二卷 刊本。

右國朝登封景日昣〔一〕輯。前十四篇以地爲次，紀山之支幹。後十四門以類爲次，自星野至風俗。於敘述中多寓評斷。

〔一〕「昣」原作「畛」，據盧文弨校及《四庫全書總目》改。

天台山志三十卷 刊本。

右明釋無盡撰。自題曰《天台方外志》。所紀釋家事居多。

幽溪别志十六卷 刊本。

右前人撰。天台高明寺，本幽溪道場也。《志》作十六考。雲間朱輅校。法孫受教增補。天啓甲子張師澤序。

四明山志九卷 刊本。

右國朝黄宗羲撰。木元虚有《丹山圖咏》，丹山，即四明也。宗羲因之采輯藝文加以考證。中辨皮陸四明九題之誤甚悉。

四明山古蹟記五卷 寫本。

右即前書稿本。中多塗乙處，但互有詳畧，因兩存之。

雁山志四卷 刊本。

右書本嘉靖間舊志，南昌胡汝寧重爲校刊者。詳於名勝題咏，而於人物土産頗畧焉。

西天目山志四卷 刊本。

右明知縣循州徐嘉泰輯。天目有東、西兩山，東屬臨安，西屬於潛。萬曆間，嘉泰令於潛，因輯此志。

徑山志十四卷 刊本。

右明教諭常熟宋奎光輯。山隸今餘杭縣。唐欽法師開山後，歷代俱有制勑，名人遊賞，屐齒所到，題咏幾遍。足稱西浙名勝云。

龍唐山志五卷 寫本。

右國朝釋性制輯。山在昌化縣西七十里。《志》云山多怪石，峙立如門。其上爲普濟寺，爲龍池。林谷幽敻，不類塵世。蓋爲梵刹靈勝而作。

普陀山志十五卷 刊本。

右國朝編修慈谿裘璉輯。山舊有志，頗陋畧。璉於康熙間重爲蒐訂。

齊雲山志五卷 刊本。

右明知縣南漳魯點輯。萬曆己亥，點爲休寧令。山在縣西三十餘里，一稱白嶽。程朝京云：「世廟時，以祼祀響應，鼎新宮殿，命官掌祠。」

黄海五十八卷 刊本。

右明新安潘之恒輯。黄海，徽郡之黄山也。書分六紀，凡勝蹟藝文及道録釋藏皆採焉。

茅山志十五卷 小山堂藏刊本。

右元道士劉大彬撰。分十二篇。紀是山仙蹟。原本句曲外史張雨寫刻，極精潔。後板燬。永樂間姚廣孝及成化、嘉靖間屢加重刻。今本前載明代勅書，後採碑文及詩各爲一卷，係柳汧外史邑人江永年集。山屬江寧句容縣，一名句曲山。道書第八洞天，茅君得道于此，故名。

青原山志畧十三卷 刊本。

右國朝侍讀宣城施閏章輯。山在吉安府城東南，爲七祖真寂所開道場。閏章官江西時，因釋大然藁加删訂焉。

京口三山志六卷 刊本。

右明鎮江張萊輯。紀金、焦及北固三山也。京口，今鎮江府。時正德七年，推官史魯命萊修。

京口三山續志六卷 刊本。

右明訓導寧都陳朝用輯。因前志所缺畧，續爲是編。

惠山古今考十卷附録三卷補遺一卷 刊本。

右明無錫談修輯。山在無錫縣。紀是山故實。詩文其自著，亦附焉。

鄧尉山志一册 刊本。

右明長洲沈津撰。在姑蘇城西，元墓之北。山故多名勝及前人題咏，彙而輯之。

林屋民風十二卷 刊本。

右國朝吳縣王維德輯。分紀太湖七十二峯。林屋，洞名，蓋舉一以概其餘云。

廬山紀事十二卷 刊本。

右明監察御史江都桑喬撰。山在南康府城西。喬本舊志而重修者。

峨眉山志十八卷 刊本。

右國朝知縣清源蔣霖輯。在今嘉定府境，一名綏山。自岷山連岡疊嶂，延袤三百餘里，二峯相對，宛若蛾眉，故名。

峨眉志畧一卷 刊本。

右國朝順天張能鱗撰。能鱗曾任川南道，因志之。山舊有牛心石，能鱗改題曰洗心。

武夷九曲志十六卷 刊本。

右國朝王復禮撰。山隸建寧府崇安縣境。峯三十有六。道書第十六洞天，嘗有仙降此，自稱武夷君云。

太姥志一册 刊本。

右明知州鄞縣史起欽輯。時起欽官福寧州，因爲此志。

惠陽山水紀勝四卷 刊本。

右國朝知府當塗吳騫撰。騫官惠州，紀其境内羅浮兩山及西湖名勝。

羅浮外史一卷 刊本。

右國朝嘉善錢以塏撰。羅浮西南屬東莞縣。以塏時爲令，自號羅浮外史。其父煐嘗登是山，繪圖列説于首。以塏因輯成之。

七星巖志十六卷 刊本。

右國朝肇高道閩縣韓〔一〕作棟輯。在肇慶府城北，一名定山。曲折森列，如北斗狀。中一峯洞壑開廣，可容數百人。蘇景熙等有舊志，作棟增修之。

〔一〕「韓」原作「諸」，據《四庫總目》改。

西樵山志六卷 刊本。

右國朝羅浮羅國器輯。山在廣州府南海縣境。峯巒廻合，千態萬狀，若雲谷、雙莊、魚陂、寶鴨池尤勝。

鷄足山志十卷 刊本。

右國朝總督瀋陽范承勳輯。山在雲南鄧川州境。相傳釋迦佛大弟子迦葉尊者藏修於此。

西湖遊覽志三十四卷志餘二十六卷 刊本。

右明錢塘田汝成撰。前《志》挈綱統目，叙列山川。其遺文瑣事俱采入《志餘》。

西湖夢尋五卷 刊本。

右國朝劍南張岱撰。岱嘗客武林，故追記其游歷所至爲此。

太湖備考十六卷 刊本。

右國朝吴縣金友理輯。於太湖原委，及水利兵防人物題咏悉甄録焉。較具區《志》爲詳。

石湖志畧一册文畧一册 刊本。

右明工部郎盧師陳〔一〕輯。《志畧》圖一、志十，爲門十。《文畧》俱採前人詩文。嘉靖間張衮、屠本畯序。周鳳鳴跋，稱爲「職方氏盧君師陳」，名未詳。又云「核而理，約而弗遺」，洵然。

〔一〕盧文弨批曰：「乃吴郡盧襄也。其弟名雍，字師邵。」

荆溪外紀二十五卷 刊本。

右明宜興沈敕撰。荆溪在宜興縣。李文孟序云：「外紀者，蓋自斷其不爲正史例也。」

白鹿洞書院志十六卷 刊本。

右國朝知府連山廖文英輯。洞在南康府。唐貞元中，李渤與兄涉隱廬山，養一白鹿，甚馴，故名。書院創自南唐。宋淳熙間朱子守是軍，請于朝賜額，列爲學次第以示學者。一時名人多從之遊。是編所紀名勝沿革及規條、文翰、祀典、田賦甚備云。

嶽麓志八卷 刊本。

右國朝同知山陰趙寧輯。在長沙府，宋時建書院於此。紀其始末並山水之勝。

白鷺洲書院志二卷 刊本。

右明永新甘雨輯。分十三門。在吉安府境。

石鼓書院志五卷 刊本。

右明衡州府知府富順周詔輯。在衡州府治。與白鹿、嶽麓、嵩陽爲四大書院。宋景祐間賜額。志修于嘉靖癸巳。

東林書院志二卷 刊本。

右明無錫嚴瑴輯。東林，宋楊時講學地也。重興于明高、顧二公。瑴因志其始末焉。後附《辨》一首，《或問》一卷。

鹿城書院集一册 刊本。

右明知府吉水鄧淮輯。淮守温州，考温之先民遊程朱之門者二十三人，因爲建院崇祀，采其傳志遺事爲一編。

麻姑洞天志十六卷 刊本。

右明鄞縣左宗郢輯。紀麻姑靈蹟及丹霞形勝。

大滌洞天記三卷 寫本。

右元道士鄧牧撰。大德九年，大滌住山介石沈多福書云：「大滌天柱爲東南一大勝。概宋政和間唐子霞作《真境録》已不可考。端平間所輯亦復疎畧。遂俾道士孟宗寶、隱士鄧牧心搜羅舊籍。」至大三年元教嗣師吳金序。

洞霄圖志六卷 小山堂寫本。

右前人撰。分宫觀、山水、洞府、古蹟、人物、碑記六門。在餘杭縣大滌山。朱彝尊云：「南渡以後提舉、宫觀諸大臣概未之載，以爲闕典。予老矣，假我數年，思稽舊史以補鄧《志》之缺。」

梅仙觀記一卷 寫本。

右宋道士楊智遠撰。觀在豐城。梅福成仙于此。

瑞石山紫陽道院集二卷 刊本。

右明道士范應虚輯。瑞石山在杭州府吳山南。

武林梵志十二卷 寫本。

右明渤海吳之鯨撰。紀杭郡梵宇及禪宗事蹟。

峽山志畧一卷 刊本。

右國朝海寧蔣宏任輯。在今海寧州境。兩山相對如峽，故名。原本爲同里沈伯翰、蔣丹崖所作。宏任續爲訂正。陳梓序。

曹江孝女廟志十卷 刊本。

右國朝按察使上虞沈志禮輯。曹娥江，源出嵊縣，在上虞縣西，以孝女得名。廟在江干。志禮彙輯古今詩文之紀靈蹟者成此。

石柱記箋釋五卷 刊本。

右國朝歸安鄭元慶輯。唐顔真卿守湖州時，記一郡古蹟，題于石柱。國朝朱彝尊作《補記》一篇。俱元慶爲之考據志籍，箋其出處。

二樓小志四卷 刊本。

右國朝宣城沈廷璐、汪越仝輯。周崑序云：「《二樓小志》爲宛陵北樓、南樓掌故，而太守佟公在郡，乃成是書也。北樓即古高齋，爲南齊謝玄暉太守視事處，唐初名北樓，所謂『誰念北樓上臨風』，懷謝公是也。南樓，明嘉隆時太守朱東源、羅盱江二公書院所自，今增修之，并治其臺榭，始名南樓。則我公寔兼兹二勝焉。」

二樓記畧四卷 刊本。

右國朝寧國府知府襄平佟賦偉輯。與前志爲一時所作。

滄浪小志二卷 刊本。

右國朝商丘宋犖撰。滄浪亭爲宋蘇舜欽遺蹟在今蘇州府治。犖修復之，因輯此志。

金井志四卷 刊本。

右國朝烏程姜虬緑撰。分《山谷志》、《文獻考》、《金石鈔》、《藝文録》四帙。

杏花村志十二卷 刊本。

右國朝貴池郎遂輯。杜牧之爲池陽守，清明日出遊，題咏于杏花村，以此得名。

南漳子二卷 刊本。

右國朝孫之騄撰。分《河渚篇》上，《西溪篇》下。河渚在西溪北，古之南漳湖也。俱錢塘縣境。

地理類四 異域

異域志一册 寫本。

右元知院周致中撰。致中奉使外番者六，熟知四夷人物風俗，因作此。原名《嬴蟲録》。其書明初始流傳，後有重編之者，改題今名。見静明子序。

異域圖志一册 刊本。

右有弘治己酉金銑序，謂編者不知姓名。考寧獻王權撰有《異域圖志》，當即此。書中畫殊域人形象，凡一百五十八國。各記其道里去應天府若干云。

殊域周咨録二十四卷 刊本。

右明給事中嘉興嚴從簡撰。分紀外國事蹟風土，意以備皇華之咨詢也。

皇明象胥録八卷 刊本。

右明茅瑞徵撰。取《周官·象胥氏》之義以名其書。體例與前書相仿。

咸賓録八卷 刊本。

右明豫章羅曰褧撰。採《史》、《漢》以下各史傳所載外國事彙編之。

海語二卷 寫本。

右明粤東黄衷撰。多紀海外風土及險怪之事。

海表奇觀八卷 刊本。

右書題古譚吏隱主人輯。未詳姓名。所載皆海外山川物産并及題咏。

海國聞見録二卷 刊本。

右國朝提督同安陳倫炯撰。上卷記所聞見各洋道里島嶼風俗物産。下卷繪沿海臺灣、澎湖、瓊州諸圖。

奉使高麗記四卷 寫本。

右宋朝散大夫尚書刑部員外郎歷陽徐兢撰。兢奉使高麗時自記其所行典制及所過道里風土事寔。前序其國世系。兢官署充國史提轄人船禮物官，蓋當時出使之銜也。

高麗圖經四十卷 寫本。

右前人撰。此則詳紀其立國始末及制度風俗。於宣和間表進。原書有圖，在宋時已佚。所存者其説也。按各著録家，兢所撰但有《圖經》四十卷，並無兩書。意流傳之本詳畧互異，或前編經後人删節耳。

朝鮮史畧十二卷 寫本。

右書不著撰人姓名。倣編年例，紀朝鮮諸國興廢始末。附史臣論斷。首卷載檀君箕子及三國始立。二卷至四卷爲《新羅紀》。五卷至十二卷爲《高麗紀》。其紀年斷自帝堯戊辰歲始。

朝鮮志二卷 寫本。

右明朝鮮蘇贊成撰。嘉靖間，侍讀華察奉使時，其國令贊成爲此册以獻。備載國中山川古蹟風俗。末有姚咨跋。

朝鮮雜志一册 寫本。

朝鮮賦一册 刊本。

右俱明南京工部尚書寧都董越撰。弘治元年越奉使朝鮮，既輯志以紀其山川古蹟、風俗物産。及歸，復作此賦并自爲註。

朝鮮紀事一册 寫本。

右明禮部侍郎江東倪謙撰。景泰元年，謙奉使朝鮮。自鴨緑江至王城，凡所經歷賓館二十八處，詳爲之記。

日本朝貢考畧一册 寫本。

右明張廸撰。紀日本歷代朝貢事蹟。當時有日本使臣朝貢，留寓姑蘇。其止使了庵，年八十尚在。廸因得所咨詢云。

日本考五卷 刊本。

右明少保李言恭、右都御史郝杰同撰。書於日本風俗、土音字義並詳著之。

日本考畧一卷 刊本。

右明諸生定海薛俊撰。自沿革至防禦分十六門纂紀。後有補遺。

東夷圖説一卷圖像一卷嶺海異聞一卷續聞一卷 曝書亭藏刊本。

右明東海蔡汝賢撰。萬曆丙戌自序云：「國凡二十有四，貌之者二十，間有與圖説相左者，在中國則其服。然今識所見也，餘闕焉。嶺海多奇聞，因輯古今所睹記者并附，以諗博雅君子。」

島夷志畧一册 寫本。

右元豫章汪焕章撰。焕章浮海舶者數年始歸，因書其目之所及各島風土物産，凡數十國。前有己丑三山吳鑒序。末有嘉靖戊申裘表跋。

使琉球録一册 刊本。

右明左給事中四明陳侃撰。時嘉靖十一年，侃偕行人高澄出使，紀其程塗風土及所行典禮。

使琉球録一卷 刊本。

右明給事中臨安蕭崇業撰。萬曆間崇業出使時所録。

琉球録二卷 刊本。

右明嘉靖三十一年戊午，吏科給事中永豐郭士霖，偕行人李際春出使。既還，因取陳侃所進《使琉球録》重加增益編次。其載兩次典禮事實，并其國之山川風俗，以備史官採取。

安南即事詩一册 寫本。

右元禮部郎中陳孚撰。至元壬辰九月，命吏部尚書梁曾及孚奉璽書問罪于交趾。明年正月至其國，世子陳日燇遣陪臣明字陶子奇、奉旨梁文藻等奉表請命。凡駐彼境五十有二日。孚所著詩有百餘首，狀其山川、城邑、風俗頗悉。

使交録十八卷 刊本。

右明天順六年，錢溥爲翰林院侍讀，與給事中王預同使安南。還朝後，溥録此以備掌故，而以安南投贈詩附焉。成于成化元年。溥自序。

越嶠書二十卷 寫本。

右明宜山李文〔一〕鳳撰。自序有云：「正德末，安南黎氏政衰亂，嘉靖初其臣莫登庸篡而有之。會黎氏故臣鄭惟燎航海赴京告變，遣大臣臨邊以廉察之。」又云：「鳳因政暇，乃取其建置興廢之由而詮次之。始之以輿地風俗物産，繼之以書詔制勅，又繼之以編年立國制度始末，又繼之以書疏移文表箋文賦詩詞。共得二十卷。」

〔一〕「文」字原脱，據《四庫總目》、《四庫存目標注》補。

真臘風土紀一册 寫本。

右元永嘉周建觀撰。真臘即占臘也。建觀于元貞、大德間，奉使招諭往其國，因知其城廓、宫室、服飾、官屬、物産之詳而述焉。建觀自號草庭逸民。

東西洋考十二卷 刊本。

右明舉人龍溪張燮撰。《西洋歷圖考》四卷，《東洋列國考》一卷，皆賈舶所通者。每國各立一傳，如史體。其後附載山川方物，如志體。以書爲舶政而設，故交易終焉。又《外紀考》一卷，紀日本紅夷之梗。賈舶者，若朝鮮、琉球雖通貢而未通賈者，不在考内。又爲《税餉考》、《舟師考》、《税璫考》、《藝文考》、《逸事考》共六卷。于明代見聞故事頗詳，不僅援引各史舊文也。

西洋番國志一册 寫本。

右明金陵鞏珍撰。《敏求記》曰：「永樂初，勅遣中外重臣，循西海諸國。宣宗嗣位，復命正使太監鄭和、王景宏等往海外，遍諭諸番。時珍從事總制之幕，往還三年，所至番邦二十餘處。在處詢訪紀録無遺。宣德九年，編次成集。其書詳核贍雅，非若《新〔二〕槎勝覽》等書之影畧成編者。」

〔一〕《星槎勝覽》，明費信撰，疑「新」當作「星」。

海外紀事六卷 刊本。

右國朝釋大汕撰。大汕爲嶺南長壽寺僧。康熙甲戌，雲遊海外之大越國。至丙子始歸。因紀所睹聞及法語詩歌爲此。然其語多誕。吴江潘氏耒曾力闢之。見《遂初堂集》

史鈔類

通鑑總類二十卷 刊本。

右宋太子詹事安吉沈樞撰。以《通鑑》所載歷代事跡分類入之。凡二百七十一門。

兩漢博聞十二卷 《通考》作二十卷，屬誤。 刊本。

右宋楊侃撰。未詳爵里。晁《志》曰：「侃讀兩《漢書》，取其中名數前儒解釋爲此書，以資涉獵者。」又陳氏謂無名氏或曰楊侃。蓋未定云。

讀書漫筆十八卷 刊本。

右莆田方瀾撰。摘舉《漢書》以下各史之文，間附評，至唐代止。此書無序跋，未詳時代。或疑爲宋人。俟考。

古今紀要十九卷 刊本。

右宋宗正少卿慈谿黄震撰。摘録各史姓名事實之要，以爲查檢之本。明正德間書林龔氏與《日抄》同刊者。

讀史備忘八卷 刊本。

右明臨安府知府天台范理撰。亦自漢迄唐，凡前人爵里出處，録其要畧，以備遺忘。

史取十二卷 刊本。

右明龍城賀祥撰。凡分六門。纂次古今史事。

史書纂畧四十册 《千頃堂書目》作四十四卷。 刊本。

右明職方主事平湖馬維銘輯。以世次摘録各史紀傳，自盤古迄元代止。萬曆癸丑序。

讀宋史偶識二卷 刊本。

右明嘉善項夢原撰。乃節録《宋史》所載事之可法者。

人代紀要考證十卷 刊本。

右明吴興顧應祥輯。起五帝迄元代，摘録史語，紀其事要，于地理較詳。

年號韻編一册 寫本。

右明泉州府經歷秀水陳懋仁撰。畧仿史表之式，以韻次歷代各年號。凡正統閏位及諸僣僞之年皆具焉。

廿一史識餘三十四卷補遺三卷 刊本。

右明錢塘張墉撰。鈎取各史中奇事雋語，以類相從。凡大經大法，彰著人耳目者，不在所録，故曰「識餘」。

靳史三十卷 刊本。

右明舉人休寧查應光撰。專取羣書軼事微文，按世次而編之。自三代迄元明止。

史觽十七卷 刊本。

右明謝肇淛撰。專取《史記》迄《五代史》中辭艱事僻者録之。崇禎庚子黄師表序。

史異纂十六卷

明異纂十卷 俱刊本。

右國朝知縣靈壽傅維訶輯。二書所纂，皆灾祥雜異之事。前編悉據正史，明則採之各家傳記之文。

史記法語八卷 寫本。

右宋洪邁輯。説見《經子法語》。卷末亦署「淳熙十二年刊於婺州」。兹蓋影抄本也。

南朝史精語十卷 寫本。

右前人輯。録沈約、蕭子顯、姚思廉所撰各史中語，體例與前書相仿。陳振孫謂法語諸書，皆所以備遺忘，多取句法，隨手信筆抄録者。〇按《通考》所載有《經子法語》、《左傳法語》、《史記法語》、《兩漢法語》、《後漢精語》、《三國精語》、《南史精語》等書。兹惟《經子法語》與此二書得著於録。餘未見。

兩漢雋言十六卷 刊本。

右書前集十卷，係宋括蒼林越《通考》作鉞。輯。即《漢雋》也。取《西漢書》句字之古雅者，分類爲之。後集六卷，則明吴興凌廸知仿林書之例，續采范史雋語而成。

太史華句八卷 刊本。

右明凌廸知撰。亦倣林氏《漢雋》之例，取《史記》中辭句，分門撮録者。

讀漢史翹二卷 刊本。

右明泗州施端教輯。亦類次《史》、《漢》中字句，却無甚義例。

兩晉南北集珍六卷 寫本。

右國朝翰林院檢討宜興陳維崧輯。分段摘記傳中事實，畧具起訖，爲取資臨文遣用之本。

史要編十卷 刊本。

右明巡撫真定梁夢龍輯。取歷代正史及各家稗乘之序表等文，彙録成編。

史學類

史剡一册 寫本。

右宋宰相涑水司馬光撰。自題云：「愚觀前世之史，有存之不如其亡者，故作《史剡》。其細瑣繁蕪，固不可悉數。此言其卓卓爲士大夫所信者。」兹本止八條，疑非完書。

班馬異同二十五卷 刊本。

右宋寶謨閣學士歸安倪思撰。陳振孫曰：「以班史仍《史記》之舊而多删改，大指務趨簡嚴。然或删而遺其事實，或改而失其本意。因其異則可以知其筆力之優劣，而又知作史述史之法矣。」今本有評點。劉辰翁序。

兩漢刊誤補遺十卷 開萬樓寫本。

右宋國子博士河南吴仁傑撰。朱彝尊跋曰：「唐以前讀兩《漢書》者，第有《集解》、《音義》而已。其後李善作《辨惑》，顔游作《決疑》，見於《新書·藝文志》。至于宋作刊誤者四家，張泌、余靖、劉攽，其一忘其名氏矣。劉氏之書，因宋仁宗讀《後漢書》，見『墾田』字皆作『懇』，於是使侍中傳詔中書俾刊正之。攽爲學官，遂刊其誤。今吴氏是編，本以補劉氏之遺而文多於劉，足以徵其博洽也已。」

兩漢筆記六卷 天一閣寫本。

右宋錢時撰。卷首有特進左丞相兼樞密使肅國公喬劄子，畧云：「臣聞嚴州布衣錢時，山居讀書，理學淹貫，嘗從故寶謨閣學士楊簡遊。所著有《論語》、《孝經》、《中庸》、《大學》、《四書管見》、《尚書啓蒙》、《詩學管見》、《周易釋傳》、《兩漢筆記》、《國朝編年》等作。其《兩漢筆記》類皆痛漢氏襲秦之弊，而尤反覆致意于後世所以不敢望三代之繇。又靖康間睦寇跳梁，兀术入浙，其大父𢍰糾率捍禦，幾著奇功，朝廷嘗爲之立廟封爵。而時亦人物魁岸，慷慨激昂，有乃祖風，不但通詩書、守陳言而已。時嘗請漕司文解，比歲已該永免，而場屋竟不足以得之。臣愚，欲望聖慈且與錢時特補廸功郎，畀以秘閣校勘乞下。時本貫嚴州，取所著書繕寫繳進。」按劄内所稱，今唯《四書管見》與此著于録，餘罕傳云。

太史史例一百卷 刊本。

右明按察司經歷松江張之象輯。尋繹《史記》書法，標列二百八十七例，摘其文而分繫之。其書類例有倫。

史銓五卷 刊本。

右明休寧程一枝撰。引各書以校勘《史記》原文，並附論釋。因謂之詮。萬曆己卯杜大綬序。

兀涯西漢書議十二卷 寫本。

右明尚書鄞縣張邦彦輯。節標班書本文，每條繫以論説，俱作「臣按」云云。當是經進之本。

世史積疑二卷 《千頃堂書目》作《世史稽疑》。寫本。

右明左都御史豫章李士實撰。因讀《史記》、兩《漢書》，取其中所載疑似之處而晰辨之。正德七年自序。述程子、東萊讀史之法頗詳。

史記疑問三卷 刊本。

右國朝欽天監監副錢塘邵泰衢撰。凡遷史中疏畧牴牾之處舉若干條，參取先儒之説並析辨之。

六朝通鑑博議十卷 寫本。

右宋侍郎李燾撰進之本。紹熙三載陳之賢序云：「其書始于吴，終于隋。既摭其大綱總爲一論，又條其節目明其去取。中間政事之闕失，形勢之險易，攻守之順逆，人材之長短，曉然具載。」

唐史論斷三卷 寫本。

右宋天章閣待制許州孫甫撰。朱彝尊跋曰：「甫以劉昫《唐書》繁冗失體，改用編年法著《唐記》七十五卷。没後，詔求其書，留之禁中。此則其《論斷》也。廬陵歐陽氏、涑水司馬氏、眉山蘇氏、南豐曾氏交歎美之。」

新唐書糾繆二十卷 刊本。

右書宋朝請郎成都吴縝撰。凡二十門。一曰以無爲有，二曰似實而虚，三曰書事失實，四曰自相違舛，五曰年月時世差互，六曰官爵姓名謬誤，七曰世系鄉里無法，八曰尊敬君親不嚴，九曰紀志表傳不相符合，十曰一事兩見而異同不完，十一曰載述脱誤，十二曰事狀叢複，十三曰宜削而返存，十四曰當書而返闕，十五曰義例不明，十六曰先後失序，十七曰編次未當，十八曰予奪不常，十九曰事有可疑，二十曰字書非是。蓋頗欲爲歐、宋之諍友也。

涉史隨筆一册 寫本。

右宋參知政事觀文殿學士贈少師葛洪撰。本讀史所得，著論自戰國迄唐凡二十六條。有自序。乃進獻之本。

五代史志疑四卷 刊本。

右國朝青浦楊陸榮輯。因讀歐陽史，細覈其字句脱衍及有可斟酌處，隨條誌之。曰疑者，不敢自信耳。

宋元史發微四卷 刊本。

右明四明陸侹撰。林希元稱其「即顯以推隱，搜遺以補缺，摭實以辨誣。信史氏之折衷也」。

宋史闡幽一卷 刊本。

元史闡幽一卷 刊本。

右俱明桐城縣訓導餘姚許浩撰。取二《史》所載可爲法誡者，著論若干篇，使讀史者有以辨别乎是非，分析乎疑似。同邑謝遷爲之序。

宋論三卷 刊本。

右明侍郎永新劉定之撰。標舉宋事，系以論斷。一名《呆齋宋論》。

宋史筆斷十二卷 倦圃藏刊本。

右書署曰「正誼齋編集」，不詳姓名。

綱目分注拾遺四卷 刊本。

右明溧陽芮長恤撰。參互《通鑑》、《綱目》兩書，究心于異同詳畧者。

古史餘論一册 寫本。

右書摘取宋蘇欒城《古史》而詳辨之。未詳姓名。

史義拾遺二卷 刊本。

右元儒學提舉會稽楊維楨撰。取史事爲論，自夏商迄宋止。維楨嘗著《正統辨》、《史鉞》等書，此足與之相發明。

讀史漫録十四卷 刊本。

右明尚書東阿于慎行撰。皆雜識各史疑義。按文定熟于明代掌故，此則論古，堪比于端簡知今云。

史糾一册 寫本。

右明婁縣朱明鎬撰。所論皆諸史紀載異同并是非得失。自《三國志》迄《元史》止。無《晉書》、《五代史》，恐非足本。别有《書史異同》、《新舊唐書異同〔一〕》二類附後。

〔一〕「異同」二字原脱，據《四庫全書總目》及盧文弨校補。

續史十八卷 刊本。

右明錢塘朱里撰。張星瑞序云：「卒讀二十一史而著爲論斷。名曰《續史》，論也，非史也。所載自漢迄元，凡一千五百九十九人，可謂夥矣。」

評史心見十二卷 刊本。

右明江寧郭大有撰。于各史事援據前人評斷而以己説參之。

史談補五卷 刊本。

右書評斷史事，自上古迄宋元止。本明楊一奇輯，陳簡補。

説史二卷 刊本。

右明洪覺山撰。所説起三皇迄宋末止。

史評十卷 刊本。

右明上虞訓導石門范光宙撰。取自《春秋》、《左傳》至《宋史》止。於著名之人各評一則。

東源讀史一册 刊本。

右明知府蕭山田唯祐撰。唯祐于正德丁丑北上，舟中取《少微鑑》讀之，有得作此。

孟叔子史發一册 刊本。

右明會稽孟稱舜撰。取古人事跡，爲論四十篇。始《許由論》，終《謝枋得論》。

罪知録十卷 刊本。

右明通判長洲祝允明撰。意欲辨正史傳之疑似，以蘄不枉是非之公者。然持論亦不無過當焉。

責備餘談二卷 刊本。

右明太常寺卿崑山方鵬撰。謂典籍所載賢智之過，其立身制行，或不近于人情，不合乎中道。學者喜其説之高，跡之奇，而誤効之。爲害匪鮮。因直指而極論之，以自附于《春秋》責備之義。

古今彝語十二卷 刊本。

右明户部尚書婺源汪應蛟輯。尚論古來人物事跡，自《詩》、《書》所載迄于金元止。以其有關于彝常之言，故名。畢懋康序。

元羽外編四十六卷 刊本。

右明眉州張大齡撰。《史論》四卷，《讀史儁言》十八卷，《列國指掌》六卷，《唐藩鎮指掌》六卷，《讀史隨筆》八卷，《支離漫語》四卷，凡六種。按《千頃堂書目》止載《讀史儁言》、《元羽史論》。此爲詳備矣。

史砭二卷 刊本。

右明海陽程至〔一〕善撰。所論亦有不關史事者。命名雖寓鍼砭之義，寔無甚發明也。

〔一〕「至」原作「玉」，據《四庫總目》及《四庫存目標注》改。

史論二册 刊本。

右國朝江寧朱直撰。以胡氏《管見》有苛刻處，每爲糾正之。其立論頗平允云。

詩史十二卷 刊本。

右國朝句容葛震撰。述歷代帝王事而各系以詩。

譜系類

新編排韻增廣事類氏族大全十册 刊本。

右書以氏族依《廣韻》分部，標以五音，詳列各姓事實于下。自甲至癸爲十集。無序跋。故未詳撰人并增廣者。第所采事實至宋人止，或當是宋元人之本。

姓源珠璣六卷 刊本。

右明文淵閣纂修官江陰楊信民撰。其體例與前書相仿。分類八十一，又别著目録。第卷袠稍簡耳。

姓匯四卷 刊本。

右明陳士元撰。所考自上古以來得姓受氏之由。凡二千五百餘姓。

姓觿十卷 刊本。

右前人撰。亦分韻編之，與《姓匯》互爲經緯。

名疑四卷 刊本。

右前人撰。專録古人姓名之異同，以資考檢。曰疑者，志闕疑也。

奇姓通十四卷 刊本。

右明舉人江陰夏樹芳撰。其書仿洪邁、楊慎之體。

氏族博考十四卷 刊本。

右明淩廸知撰。考證得姓之始及支派門第故實。分三門，曰姓氏，曰譜系，曰族望。末附《神仙姓名》一卷。

文竽彙氏二十四卷 刊本。

右明盱江傅作興撰。彙考受氏之始，其分封爵邑、所沿譜系并史傳人物一一備載之。曰文竽者，自謂取迂遠之義，猶竽取錚錚然之意云。

姓氏補纂七卷 刊本。

右明太僕寺卿嘉興李日華撰。凡三種，曰《百家新箋》，曰《散姓》，曰《覆姓》。皆有故實注于下。

希姓譜五卷 刊本。

右明諸生蕭山單隆周撰。因楊慎《希姓録》而補之。所採頗詳。

氏族箋釋八卷 刊本。

右國朝熊峻運撰。所編姓氏各系以駢語。

韓柳年譜一册 刊本。

右書首《韓文類譜》七卷，宋魏仲舉輯呂大防、程俱、洪興祖三家之緒論爲之。次《柳文年譜》一卷，宋文安禮所輯。今本乃近時仿宋槧刻者。

周元公年譜一册 寫本。

右明張元楨〔一〕據舊本而參訂之者。

〔一〕元楨字廷祥，見《中國歷代人物年譜考録》，據名、字關係「楨」當作「禎」。

楊文靖公年譜二卷 刊本。

右國朝無錫張夏輯。即毛譜、黄譜而參訂之。搜采頗詳。第按譜，元豐六年癸亥，公三十一歲，赴徐州司法任。蓋公自熙寧登第至是已八年，當日不仕之故實由于病。如《宋史》所云，調汀州司户，不赴，往師程灝。固混。而胡侍講誌先生成進士，不赴官，杜門積學者幾十年。亦約畧言之。又按元祐八年癸酉，公四十一歲，以師禮見程伊川先生于洛。而《宋史》云見程頤于洛，嘗疑張載《西銘》近于兼愛，與二程辨論。卒聞理一分殊之説，杜門力學者十年，始出知瀏陽、餘杭、蕭山三縣。夫胡侍講所云杜門積學幾十年，謂在元豐之末，未筮仕以前。《史》誤據之以爲文，而綴于見伊川辨論《西銘》之後，則非矣。又舊譜，政和二年壬辰，公六十歲。四月赴蕭山任。羅豫章自延平來學。與豫章年譜四十一歲始從龜山受學，及

《宋史》所云「龜山爲蕭山令，仲素徒步往從」，雖皆相合，然考大觀元年公知餘杭，下距政和壬辰六年，而《餘杭所聞》内已有豫章問答，則不始于蕭山矣。抑或後人誤編也。此三節皆譜中所當致詳者，兹未免稍疎。且以見伊川系于壬辰，恐誤云。

考亭朱氏文獻全譜十册 刊本。

右明歙縣朱鍾文輯。鍾文，朱子十二世孫也。于明萬曆年間重修。遡唐茶院公以來支派，纂紀本末，而于文公生平事蹟及歷代褒典并後賢紀述搜討頗詳。分廣睦至雜記共十三門。

象山年譜一卷 刊本。

右宋四明袁燮、李子愿同輯。燮與子愿，浙東之爲陸學者。

鄭氏家儀一卷 刊本。

旌義編二卷 刊本。

右二書浦江鄭氏輯。其《旌義編》宋濂爲之引，其畧曰：「浦江鄭氏，其遠祖沖素處士綺。自宋建炎初至今，同居已十世，歷二百五十餘年。宋、元二《史》俱載《孝義傳》中。其持守之規，前録五十六則，六世孫龍灣税課提領太和所建。後録七十則，續録九十二則，七世孫青樋府君欽、江浙行省都事鉉所補。今八世孫太常博士濤又加損益而合于一。總一百六十八則。」

鎮平世系紀二卷 刊本。

右明宗室睦㮮撰。自紀恭靖王有爌始封鎮平，迄七世譜系。附載世傳、内傳、述訓。

奕世增光集八卷 刊本。

右明祭酒崑山魏校輯。述其家累世之事。

陸氏世史六卷 寫本。

右明平湖陸濬源輯。以《新唐書》有《宰相世系表》，因推衍其義例，采自《史記》迄元代，凡陸氏之著于史册者，得一百二十人。〔一〕

〔一〕 盧文弨批：五月十六日閲。方公子維甸遣人餽都中帶回乾果。

浙江採集遺書總録己集 子部

儒家類

伸蒙子三卷 寫本。

右唐水部郎中長樂林慎思撰。上卷《槐里辨》三篇。中卷《澤國紀》三篇。下卷《時喻》一篇。書成，筮得蒙之觀，因以名。有咸通六年自叙。

續孟子二卷 寫本。

右前人撰。《崇文總目》云：「慎思以爲《孟子》七篇非軻自著書，而弟子共記其言，不能盡軻意，因傅其説演而續之。」其書宋咸淳間裔孫元復曾爲校梓。莆田劉希仁序。按以上二書，互見於《唐藝文志》及《崇文總目》。惟夾漈鄭氏《通志》並載之。慎思爲萬年令，黄巢寇長安，駡賊不屈死。惜《唐史》不爲立傳。

素履子三卷 刊本。

右唐將仕郎試大理評事張弧撰。分《履道》、《履德》等十四篇。此書《唐藝文志》不載。《宋志》作一卷，屬誤。今本係明范欽校刻者。

樂菴遺書四卷 刊本。

右宋左史秘撰江都李衡撰。衡，《宋史》有傳。其書係門人龔昱編。昱官殿中侍御史。明隆慶間方九功刻之。有沈艾陵序。原編五卷，今本四卷。

儒志編一卷 刊本。

右宋秘書省校書郎永嘉王開祖撰。紹熙間寶謨〔一〕閣待制陳謙識云：「首章言復者性之宅，無妄者誠之原。又曰學者離性而言情，奚情之不惡。又曰使孔子用於當時，六經之道不若是之著矣。末章曰由孟子以來，道學不明。宋興百年，經術道微。伊洛先生未作，景山獨能研精覃思，發明經藴。此永嘉理學開山也。」按開祖皇祐中進士，卒時年三十二。學者稱儒志〔二〕先生。此書載《宋藝文志》。

〔一〕「謨」字原脱，今補。

〔二〕「志」原誤「忠」，今正。

自警編九卷 刊本。

右宋宗室趙善璙著。嘉定甲申自叙云：「余屏跡龜溪，省愆餘暇，集我朝諸公言行。越三年成編。」分類凡九，爲目五十有六。兹本係萬曆間巡撫徐栻重梓。

温公徽言一册 刊本。

右宋宰相涑水司馬光撰。乃暮年隨手摘録經史之文，以垂示後昆者。

潛虚一册 刊本。

右前人撰。仿《太玄》而作。後附張敦實《潛虚發微論》十篇。敦實謂得《潛虚》稿本於公裔孫伋，首尾多闕。尋訪數年始得全文。乃知命詞立意、左右前後、横斜曲直各有條理。因即其圖爲總論。按敦實亦宋人，官監察御史。

元城語録解三卷 刊本。

右宋待制元城劉安世撰，王崇慶解。按元城大觀間謫亳州。揚人馬永卿從之學。後紹興六年，永卿追録其語爲此。紹興丙子左奉議郎范陽張九城序。

童蒙訓三卷 桐鄉張履祥評本。

右宋中書舍人吕本中撰。本中爲宰相公著孫，右丞好問長子。嘉定己亥樓昉序，謂其逮事元祐遺老，書之所載，自立身行己、讀書取友、撫世疇物、仕州縣、立朝廷，綱條本末皆有稽據。

萬物數十八卷 刊本。

右書署河南邵雍撰。嘉靖乙丑陳暹序畧云：「康節之學俱在《皇極經世》，而《經世》實用周天之數，無所謂軌與策者。祝泌《經世鈐》，其傳康節學，乃云以字翻切視何聲音，配爲天地卦，而以掛一既濟圖視何元會運，世之下得數若干以屬何甲乙數，因之以定萬物之興衰。纖微曲折，推算維艱。而世傳康節術，應答如響，意必有簡便之術，若軌策者，或其遺法歟。《經世》以千百十配元會運，而軌策與之同法。其策以萬一千六百當萬物之數，則出於《易·繫辭》。是此數或爲康節所撰。否則宋儒精於《易》者依托耳。」按此書大約占斷之法有三種：有見物成卦，用卦斷事，無假於數，則若占牡丹、占西林寺之類是已。有用老陽老陰之數四，因之而爲策，則若答應選答家宅之類是已。有用少陽少陰之數四因之，而又以少陰少陽所因之數因之而爲軌，則若占出師、占鼓腹之類是已。其法雖殊，而其發明《易》理則一也。暹號暘谷、元居主人。

康節觀物篇解一卷 刊本。

右宋饒州路提幹祝泌撰。乃泌爲冶幕時所作。疑非足本。

皇極經世解起數訣一卷 寫本。

右前人撰。取方淑《韻心》、楊俊《韻補》而參合之。較定四十八音，冠以二百六十四母，發明康節聲音之學。

程氏外書十二卷 刊本。

右朱子所序次。其先曾集《程氏遺書》二十五篇。復裒諸家所輯録者，參互乘除得十二篇，題曰《外書》。有乾道癸巳跋語。

道南三先生遺書十一卷 天一閣寫本。

右《楊龜山語録》四卷，有至大三年王龍蜕跋。羅豫章集録《二程語録》并《議論要語》合一卷，有乾道丙戌羅博文跋。又豫章《尊堯録》四卷，《詩文》一卷，有嘉定己卯羅棠跋。李延平《師弟子問答》一卷，係朱子編，有嘉定甲戌趙師夏跋。此書未詳何人所彙集，惟末卷云「後學海虞周木校字」，或周曾刻之也。

劉先生邇言十二卷 刊本。

右宋劉炎著。設爲問答，多言性命之學。炎，字撝堂，學於朱子。

涪陵紀善録一册 寫本。

右宋承議郎黔州節度判官臨安馮忠恕輯。凡一百十八則。乃官涪時，記所聞於其師尹氏和靖者。取惇史之義以名。有紹定丙申自叙。

麗澤論説集録十卷 振綺堂寫本。

右宋吕祖謙撰。俱係經史講義。《宋志》云祖謙門人記。

仕學規範四十卷 刊本。

右宋奉議郎張鎡撰。記宋代名賢言行，以爲學、行己、涖官、陰德分四類次之，並附詩文。鎡，循王俊諸孫也。

經鋤堂雜誌八卷 刊本。

右宋寶文閣學士歸安倪思撰。思有《承明集》及《齊齋》甲乙二集。此其外集也。明吳興潘大復曾刻之。兹本爲姚江裔孫繼宗所重梓者。

渠陽讀書日抄五卷 寫本。

右宋魏了翁撰。乃讀書渠陽山中所纂次。凡十二門。

鶴山雅言一册 刊本。

右宋巴郡税與權輯其師魏了翁之言。有嘉熙三年南充游似序并與權跋。曾刻於元至正甲辰。六世孫文彝有識語。

真西山讀書記六十一卷 刊本。

右宋資政殿學士浦城真德秀撰。凡三集。甲集、丁集據經傳以闡明性理。其乙集則專録經史中自虞夏迄唐輔臣之事業。

黄氏日抄九十七卷 刊本。

右宋宗正少卿慈溪黄震撰。至元丁丑廬江沈逵序云：「公於文公所以教人者，蓋佩服終身焉。自强仕，用明經，起家法，取科第，積州縣吏能，歷監司郡守，所至有異政，立朝諤諤，敷對無隱詞。暇所閲經史諸書，隨手考訂，并奏劄、申請、勸誡等作凡百卷。」按今本係正德己卯書林龔氏重刊，止九十七卷，或稍有增損耳。

北溪字義二卷 刊本。

右宋安溪簿龍谿陳淳撰。皆闡發性理中字義。後有《補遺》并《嚴陵講義》四篇。

慈湖遺書六卷 刊本。

右宋寶謨閣學士慈溪楊簡著。一卷爲《易説》、《己易》。二卷爲《書》、《詩》、《春秋説》。三卷爲《禮記》、《孝經説》。四卷爲《四書説》。五卷爲雜文。六卷爲賦詩。後附記家訓七十一條。

皇極經世節要三册 寫本。

右元周爽撰。本康節原書，撮其要而推闡元會運世之理，兼及音學。

天原發微五卷 刊本。

右元鄉貢進士歙縣鮑雲龍撰。首太極，次二曰動静，次三曰静動。後二卷明造化之鬼神非釋老之鬼神，述造化之變化及學問之變化。分二十五篇[一]。附方回問答三卷。回與雲龍同邑，友善。有元貞丙申序[二]。

〔一〕 盧文弨眉批：「是書五卷，每卷五篇。此所舉者乃第一卷之首三篇耳。其鬼神及變化是第五卷末二篇也，今以之當卷數，可乎！」

〔二〕 盧文弨眉批：「有明鮑寧辨正本，載方虚谷序係至元辛卯，乃《千頃目》亦作元貞丙申。余未見元本，不能定。」

顔子鼎編二卷 刊本。

右元吴郡徐達左輯。即李存仁、李鼒所編《顔子書》重加訂正。明嘉興高陽爲之注釋。

魯齋心法一册 寫本。

右元懷慶許衡撰。主闡明《易》理，以印證儒先之旨。

學問要編六卷 刊本。

右元贛州劉君賢撰。分天地、理學、經濟、倫紀、論古、雜説六門。爲目八十有五。

讀書分年日程三卷 刊本。

右元衢州路教授鄞縣程端禮輯。本輔廣所述《朱子讀書法》，兼採各儒先緒言，推衍爲格式。並詳音讀，以便學者。

辨惑編四卷 小山堂藏刊本。

右元毘陵謝應芳撰。辨世俗泥於巫覡星卜以祈福禳禍之惑。有至正間序。

景行録一册 刊本。

右元行中書省右丞博野史弼撰。所採多經史語録中堪爲法誡者。

學范六卷 刊本。

右明趙撝謙撰。首論教人之要，次論讀書、作文、學字，末列雜范并及文房藝事。撝謙遊於天台鄭四表之門。其爲學之要，詳見《造化經綸圖》一書。

雜誠一册 刊本。

右明文學博士寧海方孝孺撰。共三十八章。按正學所著有《幼儀》、《宗儀》、《深慮論》等書。此其一也，又名《侯城雜誡》。

夜行燭一册 刊本。

右明霍州學正澠池曹端撰。共十五篇。謂人處流俗中，如夜行。視此，則燭引之於前矣。有萬曆癸卯李汝華跋。

朱子學的二册 刊本。

右明大學士瓊山丘濬輯。本朱子居敬窮理之旨，采其平日言行，與所聞於二程子之説合編之。以爲學者之的。

太極圖説分解一册 天一閣寫本。

右不著撰人。但每條有「鶚曰」云云。書中引及吴草廬之言，間亦有辨其説者，疑爲元末明初人所作。按范氏原目有羅鶴《太極圖説分解》一種。但鶴泰和人，著有《應菴任意録》，今採入雜家，不名鶚也。原目恐有誤。俟再考。

心經附注四卷 刊本。

右《心經》宋真德秀撰。今本爲明程敏政所附注者。弘治壬子自序，謂西山嘗摭取聖賢格言爲《心經》一編。首危微精一十六字，而以朱子尊德性銘終焉。然疑注中或稱《西山讀書記》，凡程、朱大儒開示警切之言多不在卷，意此經本出先生，而注則後人雜入之。因爲參校，且附注其下。

道一編六卷 刊本。

右程敏政撰。合朱、陸兩家之言以證其同。附以諸賢論贊。

伊洛淵源續録六卷 刊本。

右明謝鐸撰。以續朱子也。起宋羅從彦至王柏止，共二十二家。成化庚子自叙。

居業録八卷 刊本。

右明餘干胡居仁撰。闡性理經學以及制度事功。凡八門。居仁爲康齋吴氏門人，與鄉人婁一齋、羅一峯、張東白爲會於弋陽之龜峯，歷主講席。淮王聞之，請講《易》於其府。嘗曰以仁義潤身，以牙籤潤屋足矣。

楓山語録一册 天一閣寫本。

右明沈伯咸記其師章懋論學之語。懋家居二十年，講會於楓木菴中，故名。

聖學格物通一百卷 刊本。

右明湛若水輯。仿真氏《衍義》、丘氏《衍義補》二書推廣其例。係嘉靖間經進本。

楊子折衷六卷 續鈔堂評本。

右前人撰。意以糾正楊簡之學也。

心性書一册 刊本。

右書係若水門人取其師平日所言心性者而彙編之。曰圖，曰説，曰通，並加詮釋焉。

性理要解一册 寫本。

右明南京祭酒晉江蔡清撰。專論太極、河圖、皇極經世掛扐之理。

正學編二卷 天一閣寫本。

右明江西提學僉事晉江陳琛撰。琛，清弟子也。書共二十一篇，多論古今人物，末綴以詩。

海涵萬象録四卷 刊本。

右明黄潤玉撰。摘辨性理經傳子史及古今人物詩文雜説，書頗賅博。

居學餘情三卷 刊本。

右明青田陳中州撰。係雜著古文，多警世語間有詩。

逸語八卷 天一閣寫本。

右明永嘉賀隆撰。隆，别號逸菴，居永嘉之冰壺里，築别墅於晹嶴。淳樸静朗，用心於内。天人淵邃，討剔周詳。故其明理數、考十二律相生之説爲尤精。

心學録四卷 寫本。

右明提學副使金谿王葉撰。采宋儒陸九淵講學之語，間爲論説以發明之。凡五百二十條。

草廬輯粹七卷 刊本。

右前人撰。俱輯吴澄文集中語。

東石講學録十一卷 刊本。

右前人撰。有嘉靖己亥自跋。其書爲門人黄文龍編次。中多書序等作。東石子者，葉自號也。

青林雜録一册 寫本。

右明諸生天台王薰撰。劄記宋儒之説爲多。中有十二卦配十二辰氣方位之圖。

問辨牘四卷續四卷 刊本。

右明婁縣管志道輯。皆與同時諸儒考析義理者。並載尺牘。

困知記三册 刊本。

右明吏部尚書泰和羅欽順撰。上、下二卷嘉靖戊子自序。《續》二卷，辛卯癸巳自跋。《三》、《三續》、《四續》各一卷，丙子自跋。《附録》、《續補》各一卷，皆與人往復之書，并雜著及自序履歷。《外續》則贈言、神道碑、祭文等。碑文乃嚴嵩作，然不足以污先生也。

柏齋三書四卷 刊本。

右明贈禮部尚書武陟何瑭撰。凡三種，曰《陰陽管見》，曰《樂律管見》，曰《儒學管見》。嘉靖壬辰崔銑跋。枕易道人署今名而以《醫學管見》一卷附焉。瑭自跋。

龍溪語録八卷 刊本。

右明武選郎中山陰王畿撰。畿居林下四十餘年。自兩都及吴、楚、閩、越、江浙所至，皆有講會，以畿爲宗盟。此書所述皆其會語也。按自龍溪以下二十二人，黄宗羲《明儒學案》俱列於王門。其中有再傳、三傳者併録之。

説理會編十六卷 刊本。

右明季本輯。性理至諸儒凡十二門。本少師王文轅，後師陽明。其學貴主宰而惡自然。嘗著《龍惕》一書，謂今之論心者，當以龍而不以鏡。龍之爲物，以警惕而生變化，理自内出。鏡之照自外來，無所裁制。嘗與王龍溪、鄒東廓辨復。此可以知其書之概也。

王心齋語録二卷譜餘一卷 刊本。

右明泰州王艮撰。艮之論，以九二見龍爲正位。孔子脩身講學見於世，未嘗一日隱。今書皆其講學語，并載詩文。《譜餘》所紀乃薦牘墓誌等篇。《學案》曰：「陽明而下，以辨才推龍溪，然有信有不信，惟先生眉睫之間，省覺人最多。」

圖書編一百二十七卷 刊本。

右明順天府儒學教授南昌章潢輯。博采羣經諸史暨稗官紀載，分天文、地理、禮樂、刑政等門，以類彙次。可謂識其大者。

惜陰録十二卷 刊本

右明刑部尚書長興顧應祥撰。首論性理，兼及古今人物賢否政治得失。

耿子庸言二卷 刊本。

右明户部尚書黄安耿定向撰。凡七門。首《繹經編》，終《切偲編》。

困辨録八卷 刊本。

右明尚書永豐聶豹撰。豹爲時相夏言所惡，於被逮時，取平昔所得力於《詩》、《書》者録而繹之，以自驗。曰辨中，曰辨易，曰辨心，曰辨素，曰辨道，曰辨仁，曰辨神，曰辨誠，凡八辨。

冬遊記一册 刊本。

右明光禄少卿吉水羅洪先撰。係赴召道金陵時，記其同志論學之語。洪先静坐之外，經年出遊，又有《戊申夏遊記》。按雙江、念菴俱於陽明殁後，始北面稱門生，以錢緒山、王龍溪爲證。詳見黄氏《學案》。

燕居答述二卷 刊本。

右明德清戴經輯。乃述其師聶豹居常答論之語。

宋學商求一卷 刊本。

右明唐樞輯。自宋陳摶及何基諸儒流派，並評斷其學術分量。末附録與友人問議相爲發明者。

一菴雜著三册 刊本。

右前人撰。凡十種。《轄圜雜著》一卷，《積承録》一卷，《因領録》，不詳卷。《景行館録》一卷，《語録》一卷，《酬物難》一卷，《咨言》一卷，《疑義偶述》一卷，《易修墨守》一卷，見前易類。《嘉禾問録》一卷。按樞初事湛甘泉，其後慕陽明之學而不及見，於兩家爲調人。

道林先生諸集二册 刊本。

右明貴州提學副使武陵蔣信撰。分《古大學義》、《桃岡講義》、《桃〔一〕岡日録》、《桃〔二〕岡訓規》四種。桃岡者，係信致仕聚徒講學之所。末附門人所記《侍疾録》。

〔一〕〔二〕「桃」原誤作「松」。

宵練匣十卷 刊本。

右明貢生靖江朱得之撰。凡三種，曰《稽山承語》，曰《烹芹漫語》，曰《印古心語》。宵練，寶劍名。謂匣非宵練，而宵練非匣不藏也。黄宗羲曰其學頗近於老氏。

擬學小記八卷 刊本。

右明户部主事洛陽尤時熙撰。時熙師事劉晴川。晴川言事下獄時，書所疑於獄中質之。書大指以道理於發見處始可見白沙静中端倪爲非。旁及象緯五行。分經疑〔一〕、格訓通解、質疑、雜著、記問〔二〕凡六門。

〔一〕《四庫全書存目叢書》影印清同治三年刻本,「經疑」門下有「餘言」門。
〔二〕《四庫提要》及同治刻本皆作「紀聞」。

薛子庸語十二卷 刊本。

右明提學副使武進薛應旂著。凡二十四篇。其門人向程隆慶己巳序刊。

胡子衡齊八卷 續鈔堂評本。

右明福建按察使泰和胡直撰。列爲九目,分一十八篇,專明學的。大意以理在心不在天地萬物,疏通文成之旨。按直少駘宕,好攻古文詞。年二十六始從歐陽文莊問學。

考亭淵源録三十四卷 刊本。

右前人輯。以朱子爲主。先之延平、籍溪、屏山、白水四先生,以發其端。旁及同時之南軒、東萊、復齋、梭山、象山、同甫、君舉諸公。而凡在朱門者,共三百八十三人,悉以次録焉。末一卷録考亭叛徒三人,則趙師雍、傅伯壽、胡紘也。或曰此書本宋端儀初稿,而直足成之。

三儒類要五卷 刊本。

右明太常寺卿蘭溪徐用檢輯薛敬軒、陳白沙、王陽明三家之語,類而次之。用檢師事錢緒山,顧其學不以良知而以志學者。黄宗羲曰：「先生在都門從趙大洲講學，禮部司務李贄不肯赴會。先生手書《金剛經》以示之，曰此不死學問也。贄始折節向學。嘗晨起候門，先生出，輒攝衣上馬去，不接語。如是者再。贄信向益堅，語人曰：『徐公鉗錘如是。』此皆先生初學時事，其後漸歸平實。此等機鋒，不復弄矣。」

諸儒語要二十卷 刊本。

右明唐順之輯。周、程以下諸儒緒言，分人編次，析其同異，并取釋老條辨其非。黄宗羲曰：「其學以龍溪爲宗，故自言於龍溪只少一拜。」

憲世編六卷 刊本。

右明南太常寺卿武進唐鶴徵輯。取孔、顔至孟子及宋儒周濂溪以下十家，明儒薛敬軒以下四家，各彙其言行，間附注評。鶴徵，順之子也。

心學宗四卷 刊本。

右明桐城方學漸撰。黄宗羲曰：「先生受〔一〕學於張甑山、耿楚倥，在泰州一派別出機軸矣。」

會語續録二卷 刊本。

右明郎中盱江羅汝芳自編其官南都時與各部寺諸大夫及都人士會講語。門人楊起元評汝芳嘗師事

〔一〕「受」原作「授」，據《明儒學案》改。

顔鈞，鈞蓋得泰州心齋之傳者。

明道録八卷 刊本。

右前人撰。亦係其門人所輯汝芳講學之語。

王門宗旨十四卷 刊本。

右明尚寶司卿嵊縣周汝登輯王守仁講學之語，并其雜著詩文。而以王艮、徐曰仁、王畿之説次焉。汝登嘗供羅近溪像，節日必祭事之。南都講會，拈《天泉證道》一篇相發明。許敬菴言無善無惡不可爲宗旨，作《九諦》以難之。汝登作《九解》以伸其説。

講學二卷 天一閣寫本。

右明龍南知縣秀水李培著。培少從唐一菴、王龍溪遊。蓋亦宗心學者。

浙學宗傳四册 刊本。

右明提學副使劉鱗長〔一〕撰。以周汝登所輯《聖學宗傳》於近儒太畧，爰自宋張九成、吕祖謙訖明代諸儒家，各采其行事著述，以爲浙學源流。别録陳亮於後。其所自著文亦附焉。

〔一〕「鱗長」二字原本誤倒，今乙正。

李見羅書要三十卷 刊本。

右明巡撫豐城李材撰。材初學於鄒文莊，已而稍變其説，自拈止脩爲宗旨。

讀書劄記八卷 刊本。

右明户部尚書武進徐問撰。時問巡撫貴州，與諸生辨論經義性理各書録此。《學案》曰其第二册單闢陽明，廣中黄才伯促而成之。

警時新録二卷 二老閣寫本。

右明臨川胡澄撰。凡五十篇，皆辨斥異端并以懲誡薄俗。

學道〔一〕紀言五卷補餘附言二卷 刊本。

右明提學副使松江周思兼撰。按日紀言，多採儒先語録及史書事蹟。後附《事行紀畧》，則其子紹節所編。

〔一〕「學道」二字原倒。今據該書萬曆刻本及《四庫總目》乙正。參《四庫存目標注》本條。

遯言十卷 刊本。

右明孫宜撰。分《天測》、《人矩》、《君道》、《臣則》等共十七篇。後七篇闕。

何之子一卷 刊本。

右明尚寶少卿麻城周弘禴撰。弘禴以上書言事謫雁門，作此。汝南吴同春謂：「元孚且仕且隱，其書譚道譚性以及世變物情。懷之可以葆德頤生，舒之可以垂世永久。」

因明子一册 刊本。

右明布衣張恒撰。多辨證經義。計百三翻。

台學原流七卷 寫本。

右明提學副使臨海金賁亨撰。紀台州一郡起宋徐中行、徐庭筠訖明代諸儒，爲傳三十有八。其疑而莫考者，又十有五人。○按此書著「金一所」，兹據《明史·藝文志》改正。一所或其字與號也。

道南録五卷 寫本。

右前人撰。自序謂：「嘉靖己丑董閩學事，既作道南書院於會城以祀四先生，復推四先生之心以祀明道，乃與吾友黄君偉節萃五先生言行心法爲兹録。」五先生者，程明道、楊龜山、羅豫章、李延平、朱子也。

道南源委録十二卷 刊本。

右明吏部侍郎萬安朱衡撰。以宋楊時爲宗，次及羅、李、朱相傳之派，并再傳、三傳諸人，不詭於程學者皆以序列。

感述續録四卷 刊本。

右明訓導荏平趙維新撰。前二卷自《同春》至《涵養》凡十篇。三卷、四卷則皆自著詩文，而以行畧綴焉。

三難軒質正一册 刊本。

右明御史漢陽戴金撰。金官兩淮行臺時構此軒，取力行、責己、克疑三義以名。

困學纂言六卷 刊本。

右明御史豐城李栻〔一〕撰。乃摘録朱子《名臣言行録》并諸儒語而編之者。

〔一〕「栻」原作「域」，據《存目叢書》影印明萬曆刻本改。

約言一册 刊本。

右明吏部考功司郎中亳州薛蕙撰。凡九篇。蕙初好養生家言，久之讀喜怒哀樂句有得，因作此。其學以復性爲要。

來瞿塘先生日録内篇七卷外篇七卷 刊本。

右明翰林待詔梁山來知德撰。分内外篇，並附雜著詩文。

性理綜要二十二卷 刊本。

右明大學士晉江李廷機撰。綜撮《性理大全》之要，以便誦習而作。

顔子繹二册 刊本。

右明張星撰。分内外篇。後附者，曰《顔子繹餘》，曰《宋明統繹》，曰《顔子舊本》，凡三種。

消閑録十卷 刊本。

右明成勇撰。於宋元明諸儒之言，每採一條則自爲之説，以伸其義。

東溪漫語一册 寫本。

右明曹煜撰。體例與前書相仿，亦分條爲之論説者。

西村省己録二卷 刊本。

右明教諭上虞顧諒撰。皆舉似格言以爲省己之鑑。

剩言十四卷 刊本。

右明江陵戴君恩撰。分内外篇。其外篇兼論二氏，每有調停之説。

呻吟語四卷〔一〕 刊本。

右明贈刑部尚書寧陵吕坤撰。黄宗羲曰：「先生一生孜孜講學，多所自得。大抵在思上做工夫。」蓋即其語之指云。

〔一〕 盧文弨批曰：「本六卷，此疑節本。」

存古約言六卷 刊本。

右明尚書新安吕維祺撰。凡十三篇。酌取《家禮》以下諸書爲條例注釋，而以箴誡格言附焉。維祺在南都立豐芑大社，歸又立伊洛社，脩復孟雲浦講會。中州學者多從之。

小心齋劄記十八卷 刊本。

右明光禄少卿無錫顧憲成記其自甲子至辛亥論諸儒學術之語。末附《還經録》。書爲門人馮從吾等校刻者。

高子遺書十二卷 刊本。

右明左都御史無錫高攀龍撰。嘉善陳龍正編次。附行狀、年譜三卷。

黽記四卷 刊本。

右明錢一本撰。取黽勉自勗之意以名。

子劉子學言三卷 刊本。

右明劉宗周撰。其學以慎獨爲宗旨。書分《聖學宗要》一卷，《學言》二卷。門人黄宗羲、姜希轍校刊。

劉子節要十四卷 刊本。

右書前人撰。門人武進惲日初所輯。倣《近思録》例爲之。黄宗羲嘗譏其所節之失。

媿林漫録二册 刊本。

右明給事中常熟瞿式耜撰。類次前哲之言以自勗。凡分九門。

程子詳本二十卷 刊本。

右明中書嘉善陳龍正編。取二程子論學説經及雜著。亦倣《近思録》例爲之。

學脉正編五卷 刊本。

右明嘉善李公柱輯明薛瑄、胡居仁、顧憲成、錢一本、高攀龍五家語之粹者。

錢子測語一册 刊本。

右明知府海鹽錢琦撰。凡八門。皆論經世理身之事。

垂訓朴語一册 刊本。

右明桐鄉陳其德撰。統論讀書敦行處世之要。中紀崇禎十四、五兩年災荒事，頗覼縷。附《松濤遺詩》十章。

道學正宗四卷 刊本。

右明鎮江顧言撰。敘道統之傳，自羲、農至於朱子。兼採諸儒圖説等彙次焉。

閑道録二十卷 刊本。

右明貢生宣城沈壽民撰。首列程、朱要語，并博采諸家有關於道術者。意以專闢二氏之説。

讀書止觀録四卷 刊本。

右明諸生貴池吳應箕撰。昉於陳繼儒《讀書十六觀》，準釋氏修浄土之名而名也。四明屠本畯從而演之。應箕取舊時所見不盡於二家中者，日鈔數則，曰《止觀録》。門人陳維崧有跋。

叢語十二卷 刊本。

右明杭州司理華亭吳炯撰。多論理學經義。時有辨正。

視履類編二卷 刊本。

右明副都御史昆山李同芳撰。分類自記一生事跡，並附碑傳。

翼學編十二卷 刊本。

右明廣漢朱應奎撰。雜記史傳及時事。分格致、誠正、脩齊、治平四集。

厚語四卷 刊本。

右明於潛訓導海鹽錢衮輯。其體首録前明，次及歷代，凡善事之可以勵俗者，分十七門。蓋官於潛時所作。

諸儒微言四册 刊本。

右明常山詹在泮輯。皆摘録先儒之語。附《説書隨筆》，係在泮自著者。其學於明王守仁、王畿、羅汝芳尤爲契合。

辨惑續編七卷附録二卷 刊本。

右明吳郡顧亮寅〔一〕輯。本謝應芳之編，以辨拘忌輪廻師巫邪説。

〔一〕按：《四庫總目》作顧亮撰，并云：「亮，字寅仲。」則此處「寅」字乃衍文。

明辨類涵六十四卷 刊本。

右明新安詹景鳳撰。分作者辨、造化辨、人道辨、人品辨四門。類聚古今之事言而辨之。

一書增删四卷 刊本。

右明新昌俞邦時撰。推衍太極一元之義，故名「一書」。凡十四傳，共三百六十六章，以當周天度數。康熙間吕夏音爲之增删，序而刊之。

正蒙釋四卷 刊本。

右書每章先列高攀龍集注，次徐必達發明。蓋二人合作者。葉向高序。

閑闢録十卷 刊本。

右明新安程曈撰。取朱子集中各體文，辨正陸氏及浙東吕、陳二家之學。

聖學啓關臆説三卷 刊本。

右明御史吉州龍遇奇撰。遇奇爲直指時，與馮從吾切劘爲學，因録以示諸生。

尋樂編一册 刊本。

右明舉人松陽毛元淳撰。多本王氏陽明之説。附葉希賢、盧璣一傳，并歌詩雜著。

壘菴雜述二卷 刊本。

右明朱朝瑛撰。多論經義理學。其旨頗爲湛深。

參兩二册 刊本。

右未詳撰人。凡四十一目。起參兩圖説，訖静生圖説。自述云：「《潛虚》本人以言氣，近取諸身也。《參兩》本天地以言象言形，遠取諸物也。」

明儒學案六十二卷 刊本。

右國朝黄宗羲輯。明代儒家，以有所授受者，分爲各案。其特起者、後之學者不甚著者，總列諸儒之案。首述《師説》，劉氏蕺山之旨也。各案先崇仁，次白沙，次河東，次三原，次姚江，而以浙中、江右、南中、北方、閩越分列，則王門弟子也。次止修，次泰州，次甘泉，而其一、再傳、三傳者並見焉。然後述諸儒及東林。而以蕺山殿。皆繫其爵里、行事，并論著亦采之。湯潛菴稱其爲一代理學之傳，如大禹導山導水，脈絡分明。事功文章，經緯燦然。真儒林之巨海，吾黨之斗杓也。

理學宗傳二十六卷 刊本。

右國朝孫奇逢撰。首録十一人爲主，於宋得七，於明得四。明則薛文清、王文成、羅文恭、顧端文也。中述漢隋唐迄宋元明各儒考爲輔。後附録張子韶、楊慈湖、王龍溪、羅近溪、周海門五人。皆自出手眼，非徒襲乎舊説者。

歲寒居答問二卷 天一閣寫本。

右前人撰。皆論學語。前列《格物説》及《興學規則》。

憤助編一册 刊本。

右國朝姑蘇蔡方炳撰。本其父懋德所輯續成之。取宋元以下諸儒格言，每人各録數條，并以己説申其義。

楊園全書十九卷 刊本。

右國朝桐鄉張履祥撰。凡十三種，曰《願學記》，曰《問目》，曰《初學備忘》，皆己説爲多。曰《經正録》，則參採朱子《學規》、司馬氏《家儀》、吕氏《鄉約》等書爲之。曰《近古録》，分立身、居家、居鄉、居官四目，多係輯録前人語。曰《見聞録》，曰《喪祭雜記》，曰《學規》，則《澉湖塾約》、《東莊約語》也。曰《答問》，答張佩葱也。曰《門人所記》，曰《訓子語》，曰《農書》。共十九卷。近蕭山學博朱坤重刻之。學使者雷鋐爲之序。按履祥爲蕺山劉氏弟子，其後論學與師説稍異。

聖學大成十二卷補遺一卷 寫本。

右國朝嘉興孫鍾瑞輯。所録凡九十篇。

希賢録十卷 刊本。

右國朝大學士柏鄉魏裔介輯古今嘉言善行堪爲法式者。分爲學、惇倫、致和、治家、涉世凡五門。

洙泗問津一册 寫本。

右國朝嘉興巢鳴盛輯。摘録經史并儒先行畧語録而次之。

洛學編四卷 刊本。

右國朝尚書睢州湯斌撰。所載自漢杜子春以下訖宋穆修爲《前編》。自程子以下訖王慕祥爲《正編》。又有《續編》，附孫奇逢以下七人，則博陵尹會一輯。

中州道學編二卷 刊本。

右國朝少詹事登封耿介撰。自宋程子迄近時陳愹止。並有《補編》。

理學辨一册 刊本。

右國朝布政使嘉興王庭輯。多雜辨心性理氣之説。

性理大中二十八卷 刊本。

右國朝應撝謙撰。節取《性理大全》一書，其間大中者録而存之，稍有不中者則去之，故名。按書中載歷代道統，西漢董仲舒一人，新莽時僞統楊雄一人，東漢鄭康成一人，魏晉王弼一人，南北朝無統，隋僭統王通一人，唐韓愈一人，五代無統，宋周敦頤、程顥、程頤三人，南宋朱子一人，元許衡一人，明王守仁一人。其名目去取居然有筆削之旨焉。康熙間巡撫趙士麟序刊。

三子定論一册 刊本。

右國朝王復禮著。晰辨宋朱子、陸子及明陽明王氏三家之説。

聖賢儒史一卷 刊本。

右前人撰。考自周迄明代聖賢儒先之姓名、生平、里居、出處，故謂之史也。年經事緯，悉爲記載。卷首摹孔子像，謂聖像微須，而傳者誤以爲多須。夫子乃湣公後，而諸書誤以爲煬公。又作《聖賢年譜或問》四則，考據頗詳核云。○按復禮，文成五世孫，僑居錢塘〔一〕，號草堂。樂道耽貧，體羸多疾。初爲中丞范忠貞公賞識，嗣康親王以大將軍南征，廉其文行，賜袍優禮，人咸榮之。所著《性理八書》，此特其一二也。

〔一〕 盧文弨批：「僑居武夷，不知後歸杭否。」

庸言録六卷 瓶花齋寫本。

右國朝諸生仁和姚際恒撰。雜論理學經史諸子。末有《古今僞書考》。雖持論過嚴，而足以破惑。

讀朱隨筆四卷 刊本。

右國朝陸隴其撰。儀封張伯行序云：「稼書先生生於陽明之鄉，而不爲時風衆勢所染，其制行精卓，實得力於朱子之書。其讀朱子之書也，隨其所得而劄記之。於詩賦劄子二十九卷，人所共知者，不加發明。自三十卷至百卷，旁逮别、續諸集，則究研討搜，務見其精意，而得其生平三變之學問。每條之末綴以『愚案』數言，約而不繁，暢而曲盡。其於金溪、姚江之所異者，不必過爲排擊，而辨晰入微，使人不惑。而朱子全書遂已得其要領，則謂朱子之書即先生之學可也。」

問學録四卷 寫本。

右前人撰。此書儀封張伯行曾刊之。今本爲隴其裔孫家藏者。内多增删，蓋晚年手訂本。

松陽鈔存二卷 寫本。

右前人撰。共七十八條，乃宰靈壽時鈔存講學之語。松陽，靈壽别名也。

三魚堂賸言十三卷 刊本。

右前人撰。乃其甥陳濟録，從清獻自作日記中摘録若干條而編刊之者。

王學質疑一册 刊本。

右國朝大興張承烈撰。意以質王氏學之疑也。附《朱陸異同論》并《讀史質疑》五篇。

太極圖説論十六卷 刊本。

右國朝中書錢塘王嗣槐撰。意在排斥二氏，并謂《太極圖説》出於北固老僧，華山道士傳之，點綴其文，詭托濂溪之名者。凡著論七十九篇，不下數萬言。蓋勿憚詞煩句複而堅欲伸其説者。

太極圖説解一册 刊本。

右國朝上虞陳兆成撰。以周子圖説與朱子注並列，而以己意爲折衷焉。并薈萃諸儒《易》訓及《南華》、《參同》之説。

日省編一册 刊本。

右國朝馮昌臨撰。爲《太極圖説疏》、《西銘疏》、《人極圖説疏》等篇。另有附語。康熙己巳胡煦序。

洛閩淵源録十九卷 刊本。

右國朝無錫張夏撰。纂明　代諸儒學行梗概，取其淵源程、朱，題曰「洛閩」。分三品，曰正宗十六人，曰羽翼四十七人，其餘爲儒林三百五十餘人。人各爲傳，仍以時代爲次而别識之。

正修齊治録六卷 刊本。

右國朝石州于準撰。《正修録》三卷，録先儒論學格言也。《齊治録》三卷，録先儒家範官箴也。

學案一卷 刊本。

右國朝金壇王甡輯。取朱子《白鹿洞規條》爲宗，以程、董《學則》繼之。更仿顧憲成《東林會約》，列孔子、顔、曾、思、孟爲標凖，自補注之。後採附朱子《敬齋箴》及《程朱格物法》、《朱子讀書法》。其孫澍校梓。桐城方苞爲之序。

體獨私鈔四卷 續鈔堂寫本。

右國朝監生餘姚黄百家撰。以發明劉氏慎獨宗旨。曰闡章，曰明句，曰證人，曰證言，凡四門。

王劉異同五卷 續鈔堂寫本。

右前人撰。首述王、劉立説之異，繼證王、劉之同，末採擇兩家文集中語，皆以類次之。百家爲黎洲季子，能讀父書。曾以薦預修《明史》。

求仁録十卷 刊本。

右國朝慈溪潘平格撰。其學以萬物一體爲宗，著書幾萬餘言，多彈駁儒先以自伸其説。黄氏梨洲有《答董吴仲論學書》，嘗極譏切之。

餘山遺書十卷 刊本。

右國朝餘姚勞史撰。多論《易》義，并附雜著。其旨頗精實。書爲門人桑調元校刊。

理學就正言十卷 刊本。

右國朝石門祝文彦輯。多雜論性理、古今人物遺事。

閑家編八卷 刊本。

右國朝總督黔南王士俊撰。詳考治家之法，分家訓、家禮、家政、家壼四門。其下又各分細目。自謂傳舊聞者什居六七。

信陽子卓録八卷 刊本。

右國朝巡撫遂寧張鵬翮撰。起道體迄博物，分類爲八。

儒家理要十五卷 刊本。

右國朝直隸張能鱗輯。多采宋五子遺書。中有《正學論》、《朱陸異同説》並《緒言》、《主敬論》，皆能鱗己説也。

白鹿洞規條目二十卷 刊本。

右國朝王澍輯。以《白鹿洞規》爲綱，摭拾前哲之言爲目。

讀書偶記三卷 刊本。

右國朝副都御史寧化雷鋐輯。劄記讀書所得，并其師友所講論者。

廣字義三卷 刊本。

右國朝黄叔璥撰。取宋陳普《字義》一百五十三字，及陳北溪《字義》、程達《原字訓》，推演其説爲下學入門之資，故謂之廣也。

筆記二卷 刊本。

右國朝黄岡教諭程大純撰。皆劄記日用體驗有得之言。

臆言四卷 刊本。

右國朝江都朱顯祖輯。多論下學功夫。

道南正學編三卷 寫本。

右國朝錢肅潤〔一〕輯。述道南祠從祀各儒，並及東林講學諸賢。

〔一〕「潤」字原脱，今據《四庫總目》、《中國人名大辭典》補。

嗜退菴語存十卷 刊本。

右國朝歸安嚴有穀〔一〕撰。録古人言行，分類次之。始立誠，終慎刑，凡三十目。皆持身行己服官涖政之要。柏鄉魏裔介序。

〔一〕「穀」原誤作「聲」，今據《四庫總目》、《中國人名大辭典》改正。

苕西問答一册 刊本。

右國朝知縣南充羅爲賡撰。皆與門弟子辨論性命之語，并同時往復書札。爲門人吴學孔録。

範身集畧三卷範家集畧三卷 刊本。

右國朝無錫秦坊輯。取歷代名人言論事蹟，著爲法式。

四存編四册 刊本。

右國朝博陵顔元撰。李塨序謂：「一存性，命賦於氣質無不善也。存學，周禮之六德、六行、六藝，孔門之仁孝禮樂兵農。主静坐，專誦讀，非學也。存治，論井田、學校、諸王道。然性也，學與治也，皆人也。

緇羽教張人且空與虛，故以存人終焉。」

朱子學歸二十三卷 刊本。

右國朝棘津鄭端輯。摘録朱子文集語類中語，分次之。始德性終詩教，凡二十三類。有康熙癸巳自序。

躬行實踐録十五卷〔一〕 寫本。

右國朝桑調元撰。本程、朱宗旨，意不徒尚乎口説者。

〔一〕 盧文弨手批：「本名《夜炳録》，沈君爲改此名。」

東莞學案一册 寫本。

右國朝金匱吳鼎輯。辨陳建《學蔀通辨》之謬，並附《象山讀書法》、《三魚堂荅秦定叟書》而詳論之。

心鏡編十卷 刊本。

右國朝新會譚文光輯羣書爲之。分敦倫、脩身、勤學、積德、治家、居官、涉世、愛物、樂天、養生凡十門。

演極圖説四卷 寫本。

右國朝知縣臨海秦錫錞撰。明太極陰陽五行之旨爲二十五圖，各系以説。

雜家類

意林五卷 晁《志》作三卷。 天一閣寫本。

右唐扶風馬總輯。本梁庾仲容所鈔子書三十卷中撮其精要，自《鬻子》至徐子《中論》，凡七十一家。前有貞元間戴叔倫、柳晁《志》作楊。伯存兩序。

兼明書五卷 寫本。

右唐丘光庭撰。皆考證經籍及《文選》中事義。末卷係雜記。

珩璜新論一册 瓶花齋寫本。

右宋金部郎中臨江孔平仲撰。晁《志》作武仲，誤。又名《孔氏雜説》。晁云：「論載籍中前言往行及國家故寔、賢哲文章，亦時記其所見聞者。」今本有淳熙庚子臨江假守吴興沈詵識云：「三孔文字漫不可得，獨此編乃傳珩璜之名，未知所由。或謂玉之碎者，豈其然乎。」

學林十卷 寫本。

右宋長沙王觀國撰。體例與前書相仿。考證經史爲多。

獨醒雜誌十卷附録一卷 寫本。

右宋廬陵曾敏行撰。楊萬里序曰：「浮雲居士曾達臣，少刻意於問學，慨然有志於當世。既没，吾得其書所謂《獨醒雜誌》十卷於其子三聘。蓋人物之淑慝，議論之予奪，事功之成敗，具載之無諛〔一〕筆也。下至詣浪之語，細瑣之彙，可喜可笑，可駭可悲，咸在焉。」

〔一〕「諛」原作「腴」，據盧文弨校改。

嘉祐雜志一册 一作《江隣幾雜志》。天一閣寫本。

右宋江休復撰。休復，字隣幾，爲歐陽公之執友。晁公武稱此書所記精博。但《通考》作三卷。近世《稗〔一〕海》所刻與今范氏所藏，或俱非宋時足本也。

〔一〕「稗」原作「裨」，今正。

紫薇雜説一册 寫本。

右宋吕本中字居仁之説也。别有《師友雜説》、《紫薇詩話》各一卷，並見《讀書附志》，與此同條列之，且謂鄭寅曾刻於廬陵。今陶氏《説郛》内竟署作祖謙名，似誤。

寓簡十卷 寫本。

右宋吴興沈作喆〔一〕撰。丞相該之姪嘗爲江右漕屬，以作《哀扇工歌》忤時奪官。有集名《寓山》，此其雜記，故亦名《寓簡》云。

〔一〕「喆」原作「詰」，據《四庫全書總目》及盧文弨校改。

程氏演繁露十六卷 《通考》作十四卷。 刊本。

右宋學士新安程大昌撰。有淳熙庚子自序，畧曰：「大學致知必先格物。聖人之教初學，亦期其多識鳥獸草木之名。是學也，先秦則《爾雅》，入漢則《繁露》，其後轉而爲《釋名》、《廣雅》，正謬刊誤皆小學也。予嘗因學古有問，不問經史稗説諧戲，苟從疑得釋，則亟疏録以備忽忘。雖不皆關涉治道，而棄之可惜，因題其帙曰《演繁露》。非敢自列於董氏，以其董出而董名之，自識其意焉耳。」又後有淳熙辛丑泉州學教授陳應行及門下俞成兩跋。明代族孫煦校刊。

演繁露續集六卷 《通考》作十卷。 刊本。

右前人撰。有嘉定庚辰大昌子覃跋。其分卷，制度二，文類一，詩事一，談助二。

事物紀原十卷 刊本。

右有明成化間李果序，謂是書乃祭酒江右胡先生所傳，南平趙弼先生所删訂者，李因據其舊本畧加增訂而梓之。又有正統間閻敬序，云：「凡紀事一千八百四十有一。作者逸其姓氏，不可考。」今按趙希弁《附志》云：「《事物紀原》十卷，高承編。自天地生植與夫禮樂、刑政、經籍、器用，下至博弈嬉戲之微，蟲魚飛走之類，無不考其所自來。承，開封人。雙谿項彬序。」然則李、閻蓋失考耳。

吹劍録一册 曝書亭寫本。

右宋括蒼俞文豹撰。文豹字文蔚，號堪隱。淳祐三年自序云：「余以文字之緣，漫浪江湖四十年。

今倦遊寓居京國，心跡稍寧。掩關守泊，條理故書，以昔所聞與今所得信筆録此。」

吹劍録外集一册 天一閣寫本

右前人撰。亦有自題詞，署「淳祐庚戌」。庚戌爲淳祐十年，蓋以續前書也。

猗覺寮雜記二卷 寫本。

右宋中書舍人桐鄉朱翌撰。雜論詩文史事，凡四百三十五則。洪邁爲序。

話腴甲集二卷乙集二卷 寫本。

右宋東宮講堂掌書兼撰述臨川陳郁撰。雜述古今人物事類。郁長於文學，度宗嘗贊其像云：「文窺西漢，詩到盛唐。侍予左右，知汝忠良。」此書千頃堂目作《藏一話腴》一卷，當非足本。藏一，郁號也。

蘆浦筆記十卷 小山堂寫本。

右宋清江劉昌詩撰。嘉定時人，與北宋名「昌詩」者另一人。自序云：「凡先儒之訓傳，歷代之故實，文字之訛舛，地里之遷變，皆得遡其源而括其流。」蘆浦乃廨宇之居也。

月河所聞集一册 寫本。

右宋吴興莫君陳撰。多記北宋朝野時事。

雲麓漫鈔十卷 《通考》作二十卷。 寫本。

右宋宗室通判徽州趙彦衛撰。有開禧二年新安郡齋自序，曰：「《擁爐閑紀》十卷，近刊於漢東學宫。

頗有索觀者，無以應其求。承乏來此，適有見版，併五卷刻諸郡齋。近有《避暑録》似與之爲對，易曰《雲麓漫抄》云。」

塵史三卷 寫本。

右宋尚書安陸王得臣撰。得臣自號鳳臺子。自序云：「自朝廷至州里，有可稱、可法、可鑒、可誡者，類以相從。凡四十四門。」

東園叢説三卷 寫本。

右宋桐鄉丞括蒼李如箎撰。前二卷條論經義，後一卷係雜記。

文苑英華辨證十卷 寫本。

右宋鄉貢進士廬陵彭叔夏撰。以《英華》傳本多衍脱疑訛，乃證以羣書，摘其條而辨之。

識遺十卷 寫本。

右宋羅壁撰。自序云：「余舊爲册記，凡經傳所得，家庭所講，師友所問，莫不筆置，以備遺忘。歲久成帙，因剔繁纂要，萃爲一書，曰《識遺》。庶幾往者之筆力不徒爾。」明吴岫題此書云「考據精，論斷審」，非諛詞也。

示兒編二十三卷 一名《履齋示兒編》。刊本。

右宋廬陵孫奕撰。雜辨經訓史事，多前人所未發。《敏求記》云：「季昭辨『伊尹放太甲於桐』，『放』

當作『教』，古隸字相近，遂從而譌。潛溪稱其言爲有識。句曲外史張天雨取此説書於伊尹古像之後。知言哉。」

佩韋齋輯聞四卷 寫本。

右宋永嘉俞德陵撰。亦多論經史而兼及時事者。

耆舊續聞十卷 寫本。

右宋南陽陳鵠撰。論宋人事蹟詩文爲多。鵠，號西塘，一作吴郡人。俟考。

晝簾緒論一卷 倦圃寫本。

右宋天台胡太初撰。始《盡己篇》，終《遠嫌篇》，篇凡十五。因外舅通直試令昚溪，問政於太初，太初乃條列此論贈之。皆服官從政之要。其言質直而切中事理。

幽居録二卷 寫本。

右不著撰人。署曰「新刊全相幽居録」。雜論文史，多及宋代軼事。疑是宋人所作。

席上腐談二卷 寫本。

右元俞琰撰。上卷雜説，下卷多言修養之術。琰嘗注《參同契》，蓋喜談玄者。

脚氣集一册 二老閣寫本。

右元黄巖車若水撰。雜論經籍，間及時事。若水自號玉峯山民，從杜清獻公遊。所著别有《玉峯冗稿》。

管窺外篇二卷 刊本。

右元平陽史伯璿撰。有後三年自序云:「始愚既述《管窺》於四書,亦欲以是施於他常所讀之書而未果也。至正丁亥春,始因朋友有所問辨,輒録之以備遺忘。既積成册,題曰《外篇》。蓋欲與所述於四書者有别耳。」上卷多言天文地理,下卷則皆經史儒説也。

牧民忠告二卷風憲忠告一卷廟堂忠告一卷 刊本。

右元濟南張養浩撰。皆言居官之要。《牧民》爲守令言也。《風憲》爲方面大吏言也。《廟堂》爲卿相言也。王圻曰:「元泰定間,養浩爲御史中丞所奏。」

黄文獻公筆記一册 寫本。

右元侍講金華黄溍撰。辨經六則,辨史十六則,雜辨十三則。末附碑銘謚議。

困學齋雜録一册 小山堂寫本。

右元典簿漁陽鮮于樞撰。雜記故實骨董書畫。此篇原有明弘治、嘉靖間人兩跋,俱不知著書人名,及曹氏溶跋始定爲樞所録云。

冀越雜記一册 刊本。

右元前史官江西[一]行省郎中豫章熊太古撰。分前後集。有至正乙未自序。

〔一〕「西」原誤「省」,今正。

静齋至正直記□卷　小山堂寫本。

右元孔齊撰。字行素，號静齋。本曲阜聖裔，避兵流寓於鄭，故自署曰「闕里外史」。書成於至正間。曰直記者，謂據見聞直筆記之也。歸震川序稱其「備得人情物態之詳，雖文未雅馴，亦有當於道」。吴焯曰：「卷中頗多格言，然太煩瑣，出文筆冗沓故耳。」

原始秘書八卷　天一閣寫本。

右明寧獻王權撰。有永樂九年自識云：「余於是書用心有年。磬百家子史之書，其事物之始，無所不備。啓先聖所未露，發先儒所未言，比古《事物紀原》過之遠矣。具君臣、德政一門，共三百三十三條，於治道至切，於人事極要。皆有褒貶，以匡王業，有功於治道也大矣。删去一門一百一十六條。又於中侍等門删去四百九條。其事物已泯於世矣。嗚呼，謹於言，慎於行，君子保之，但惜乎事物之不備，以爲斷簡殘篇耳。知我者其惟是書乎。」○按卷首尚有寧王原序一篇，并其臣陳克明跋，俱稱此書本名《庚辰集》，以其始事於洪武丙子，斷手於庚辰也。考庚辰爲建文二年，未幾旋有革除之禁，故寫本於二篇之尾俱署云「時在二年某月」，而空其年號。書本十卷，分五十七門。今止八卷者，寧王又自删之，觀後序可見。所云删去一門并四百九條者，定有避忌而不敢存也。然亦深自惋惜矣。

空同子瞽説一册　刊本。

右明編修金華蘇伯衡撰。雜論事理并詩傳雜文。伯衡字平仲，以表箋忤旨坐罪卒。别有《平仲集》。

草木子四卷 刊本。

右明主簿龍泉葉子奇撰。每卷分上下。爲篇凡八，曰管窺，曰觀物，曰原道，曰鈎元，曰克謹，曰雜制，曰談藪，曰雜俎。

胡文穆公雜著一册 寫本。

右明大學士廬陵胡廣撰。多雜論史傳事蹟。

事物記原十卷 刊本。

右明祭酒南昌胡儼撰。當即宋高承之書而儼傳之者。説見前。

菽園雜記十五卷 刊本。

右明參政太倉陸容撰。雜記古今，於明代時事爲多。

餘冬序録十三册 刊本。

右明侍郎郴〔二〕州何孟春撰。自序畧曰：「此春三十歲前已有作，凡十卷。中歲欲作《山天志》，取《易》所謂多識前言往行之義，無何病懶弗力而止。嘉靖甲申因言事調官南部幹局，稍閑乃理舊稿，乙酉冬閏既粹有成帙。又明年得養病歸山林，益多長晷。明年乃命兒子取舊稿而編輯之，歲亦適逢冬閏。夫余之爲學猶是閏耳。帙成六十餘卷，以歲陽爲序，起畢辜盡極陽。分内外篇。内篇以歷代爲序，卷一之五事入君道，六之二十五事多及古今人品。外篇以各自倫類爲序。卷二十六之六十又極陽閏一之五事亦頗有倫類。遂題爲《餘冬序録》云。」

〔一〕「郴」原作「柳」，據盧文弨校改。

延休堂漫録三十六卷 寫本。

右明羅鳳撰。雜録古今微文碎事頗詳。鳳南京水軍右衛人，官至兖州、鎮遠、石阡三府守。

戒菴老人漫筆八卷 刊本。

右明利城〔二〕李詡撰。漫筆者，不以品列，不以類分，不以甲乙次第爲先後，隨記輒書，故云。戒菴歷年八十八始卒，故自名老人。皆王穉登序云。

〔二〕盧文弨旁批：「江陰。」

十二論一册 寫本。

右明吏部員外信陽何景明撰。俱論政術。自《嚴治》至《心迹》凡十二篇。

歸閑述夢一册 寫本。

右明尚書安福趙璜撰。乃璜歸田後追述平生政迹爲此。

見聞隨録一册 寫本。

右明韓邦奇撰。雜述經史性理并明代歷朝政蹟，間及防邊經畧之事。

古言二卷 刊本。

右明尚書海鹽鄭曉撰。自序謂：曉年九歲，先公攜至百可園教識字，時時取經史解説大意。後三十餘年詮録授兒曹云。

楮記室十五卷 刊本。

右明淮陰潘塤撰。其書因事立題，因題分類。自謂退閑以來，課耕外惟喜讀書。理有契於心，事有感於時，或切於用者，輒命楮生記室録之。

古今原始十四卷 刊本。

右明太僕卿桐城趙釴撰。詳考制度所始。亦紀原之類也。

夜燈管測二卷 刊本。

右明太僕寺卿華亭沈愷撰。愷因觀兵海上，夜分燈下，讀史傳論次，數夕而成。自序云。

麈談四卷 《千頃堂》作《兩湖麈談録》十卷。寫本。

右明通判仁和沈儀撰。書分四録，一録論歷代雜事，二録説詩，三録專述明事，四録則皆記武林事蹟也。

百泉子緒論一册 刊本。

右明郎中長洲皇甫汸撰。凡八篇。皆論時俗之失。

齊民要書一册 刊本。

右明温純輯。前録詩文之涉於勸戒者，後附《家禮》節要及蠶桑諸法。

梨洲野乘一册 刊本。

右明舒纓撰。凡紀、書、表、傳共十五篇。梨洲山人，纓自號也。

竹下寤言二卷 刊本。

右明海鹽王文禄撰。書十四篇，篇各分章，倣子家體爲之。文禄别有《胎息經疏》、《醫先〔一〕》、《葬度》等書。

〔一〕「先」原作「生」，據《中國叢書綜録》改。

鳳洲筆記二十四卷 刊本。

右明尚書太倉王世貞撰。前十卷爲詩文尺牘。次《明詩評》四卷，《名卿績記》四卷，《安南詩》二卷。餘爲雜編。

讀書後八卷 刊本。

右前人撰。此則羣書跋語也。

應菴任意録十四卷 寫本。

右明泰和羅鶴撰。雜論各史詩文，亦兼及時事者。

讀書一得四卷 刊本。

右明新都黄訓撰。畧倣讀書記之意，多自抒所得。

林居漫録前集六卷後集五卷 刊本。

右明參政吳郡伍袁萃撰。論次古今言行，其説多侈。袁萃學本不醇，往往爲前人所誚。

鴻苞三十八卷 刊本。

右明禮部主事鄞縣屠隆撰。張應文稱其書以參合三教爲本，網羅宇宙古今，精入造化，散及名物，微言奥義，開示來學甚多。然亦未免過諛云。

少室山房筆叢正集三十二卷續集十六卷 刊本。

右明舉人蘭谿胡應麟撰。《正集》以十干分部。甲部曰《經籍會通》，乙曰《史書佔畢》，丙曰《九流緒論》，丁曰《四部正譌》，戊曰《三墳補遺》，己曰《二酉綴遺》，庚曰《華陽博議》，辛曰《莊嶽委譚》，壬曰《玉壺遐覽》，癸曰《雙樹幻鈔》。《續集》祇甲、乙二部，曰《丹鉛新録》，曰《藝林學山》，則專以正楊慎《丹鉛雜録》、《藝林伐山》二書之訛者。

正楊四卷 刊本。

右明汝南陳耀文撰。亦爲辨正《升菴集》謬訛而作。

四友齋叢説三十八卷 刊本。

右明翰林孔月華亭何良俊撰。自序云：「何子讀書四友齋中，隨所聞見，書之於牘。四友云者，莊子、維摩詰、白太傅與何子而四也。叢説者，言事細碎，甚蕪穢不可理，譬之草木，然則冗冗不可爲用者也。」又自言藏書四萬卷，涉獵殆遍，凡二十五年始克成此云。

禪寄筆談十卷續五卷 刊本。

右明永昌知府錢塘陳師撰。序云：「皆生平口誦耳聞，目覩足履，有會心悦志處，臚列手存。乃師寄跡禪關所作，非言禪學也。」其書分類編次。自言中有評往跡而或嫌曲，責論時事而不惜忌諱，知我罪我安能免夫。

覽古評語五卷 刊本。

右前人撰。亦雜論古今事蹟。末附自著文及守滇西事。

金罍子四十四卷 刊本。

右明應天府尹上虞陳絳撰。所論皆有關經史者。本名《山堂隨鈔》，陶石簣云：「予懼名之近於説，不知者與街談巷語概視之，故更之。」金罍，山名也，絳居其下，因以爲號。

河上楮談三卷汾上續談一卷浣水續談一卷游宦餘談一卷 刊本。

右明山西巡撫新淦朱孟震撰。河上、汾上、浣水皆孟震歷官之地。其《餘談》内附有《西南夷風土記》二十六條，述緬甸、孟養、木邦諸夷事蹟頗詳。

冰署筆談九册 刊本。

右明尚書晉江黄汝良撰。雜録經史及古人事蹟。汝良以翰林起家，故題曰冰署。

秕言四卷 刊本。

右明給事中歸安鄭明選撰。多述古今逸事，以時代爲次。此書刻入明選全集。

戲瑕三卷 刊本。

右明常熟錢希言撰。以劉勰有「尹敏戲其深瑕」之語，因取以名其書。自謂猶之唐人著刊誤辨疑云爾。

推篷寤語九卷 刊本。

右明松江李豫亨撰。書分六篇，曰《測微》，曰《原教》，曰《本術》，曰《還真》，曰《訂疑》，曰《毗政》。《測微》述性理，《原教》述二氏，《本術》述藝術，《還真》述倫理，《訂疑》述訓詁，《毗政》述經濟也。後附《餘録》一卷。

田居乙記四卷 刊本。

右明大理少卿桐城方大鎮撰。分四門。爲目凡八，記學、記仕、記君、記臣、記操持、記作用、記家倫、記性命。實皆襲成説，無甚發明耳。

政訓一册 刊本。

右明按察使莆田彭韶輯。所記皆朱子及真西山氏論居官爲政之要。

正思齋雜記二卷 寫本。

右明進士安成劉教撰。所記俱有關係於宋代諸儒，及明楊月湖所輯《言行録》各加論焉。

警語類鈔八卷 刊本。

右明清江程達撰。分類編次，採及稗官野乘，不專儒家，取其足以警世而已。

闇然堂類纂六卷 刊本。

右明潘士藻撰。以類分編，首訓惇，終徵異，爲目凡六。皆見聞實事可爲鑑戒者。

竇子紀聞類編四卷 刊本。

右明光禄卿秀水竇文照撰。自天文至鳥獸，分類二十有四。皆雜採史傳及見聞，隨筆論述，非以備故實也。

瑯琊代醉編四十卷 刊本。

右明太僕丞蘇州張鼎思輯。鼎思爲諫官，因事忤執政落職，稍遷留都冏丞。丞署在滁陽，瑯琊爲其州鎮也。歐陽公之醉翁亭在焉。鼎思以牧政消暑陶情，取賦頌圖經傳記小史百家言，擇其獲心者録之。書成命曰《瑯琊代醉編》，意以歐公亦由被謫在滁，與己相類，故竊慕其風云。陳性序其作書之由如此。

千百年眼十二卷 刊本。

右明瀟湘張燧撰。有鄒元標序。自謂於經史百家、稗官小説，見可喜可悦、可驚可怪之語，俗儒所不敢道，文人所不能道，目注神傾，輒手録之。然亦病其説之過於新奇也。

未齋雜釋一卷 寫本。

右明臨川黎久撰。以天下事物之理多有可疑者，故著論以釋之。

存愚録一册 刊本。

右明永嘉張純撰。前半論性學史評兼及詩品。後以雜説綴焉。

説原十六卷 刊本。

右明檇李穆希文撰。有萬曆丙戌自序云：「説原者，原天地人物之理而爲之説者也。天地，人物之祖也。人物，天地所生也。而道德藝術又自人而爲之。故以道術終焉。」蓋欲盡博我識，格物無遺也。

藝林考證服飾篇十卷 刊本。

右明吴江沈自南撰。考訂服飾，推其制度之始。其有相襲訛謬者則加辨焉。

藝林考證稱號篇十二卷 刊本。

右前人撰。自宫掖至道釋分類考之。凡十二門。

庶物異名疏三十卷 刊本。

右明嘉興陳懋仁撰。凡稱名之涉險怪岐異者悉録之。如天名「青丙」，地名「青戊」之類。所採頗廣，足備異聞。

廣博物志五十卷 刊本。

右明湖州董斯張輯。廣張華所未備也。徵引頗稱殫洽。

事物初畧三十四卷 刊本。

右明吳郡吕毖〔一〕撰。自序云：「類書歷代多有，予不復廣載。若乃某事起於某人，某物創於某代，爲天下綴文之儒示一捷覽法門，余烏能已。」其書與寧藩趙釴諸編互有詳畧云。

〔一〕「吕毖」原作「吕毖貞」，據《四庫總目》吕毖字貞九，則「貞」爲衍文，今删去。

事物考八卷 刊本。

右明御史義烏傅巖撰。其體亦與前書相近者也。

環應篇八卷 刊本。

右明都御史嘉善錢繼登撰。類集古今事蹟，分八門，曰先幾，曰應卒，曰圖大，曰心計，曰決疑，曰解紛，曰用譎，曰料事。

益智篇四十一卷 刊本。

右明鄞縣孫能傳輯。亦雜記前人臨機應變之事。類分十二，目分七十二。

五雜俎十六卷 刊本。

右明左布政使長樂謝肇淛撰。分天、地、人、物、事五部。雜引經史諸子，參以論斷。

七修類稿五十卷 一云五十一卷《續稿》七卷。刊本。

右明仁和郎瑛撰。分天地、國事、義理、辨證、詩文、事物、奇謔七門。有陳善序云：「馳騁古今，貫穿子史百家之言而折衷之，可謂富矣。春秋八十猶自綜群籍，參互考訂云。」

筆精八卷 刊本。

右明晉安徐𤊹撰。多述古今要典經史微言。其書亦以類分。

吕氏筆奕八卷 刊本。

右明訓導山陰吕曾見撰。亦雜論經史中故實者。

湧幢小品三十二卷 刊本。

右明大學士吴興朱國楨撰。自序云：「會所創湧幢初成，讀書其中，漫爲之説，遂以名篇。」其曰小品，猶然雜俎遺意云。

堯山堂外紀一百卷 刊本。

右明工部郎武進蔣一葵輯。彙録古今軼事，自帝王名臣以下，分類頗廣。

宙合編八卷 刊本。

右明莆田林兆珂撰。雜取羣籍之事理，分條論列。凡六集。其命名多怪，曰《泰真測微》，曰《珍駕提羽》，曰《墨兵微晝》，居三卷。曰《議疇耳剽》，曰《在鈞誦末》，曰《説數鬖髿》。

古今寓言十二卷 刊本。

右明監察御史鉅鹿陳世寶輯。録《莊》、《列》以下至於明代，凡文之涉寓言者，分類次之。

古今評録四卷 刊本。

右明會稽商維濬輯。前半多論史事後半兼録二氏九流之言，并見聞所及。

簡籍遺聞二卷 刊本。

右明四明黄溥撰。雜論古今所記，元明軼事較多。

雅俗稽言四十卷 刊本。

右明教諭張存紳輯。亦類書之屬，而不專排比故寔。自述云：「事理太腐熟者不待言，太生僻者不必言。惟是今昔沿革，人我異同，有考訂有議論者，乃言之。」

文園漫語一册 倦圃寫本。

右明程希堯撰。多詮釋事理。吴焯題曰：「頗亦有創解處。」

藝圃萃盤録六卷 刊本。

右明崑山周汝礪輯。標題分録，凡百餘篇，述古今事詞而論其得失焉。

藝林剩語十二卷 刊本。

右明雲間顧成憲撰。論史事爲多。第所著似不止此。

培壘居雜録四卷 刊本。

右明海鹽鄭端允撰。多述其曾祖曉之家學，廣以先正格言，并録成此。

玉唾壺二卷 寫本。

右明臨淄令杭州王一槐撰。所論皆有涉經籍詩文諸類者。

小語三卷 刊本。

右明金谿姚張斌撰。多與友生談學講藝酧答語。

含元齋別録十卷 刊本。

右明吴人趙樞生輯。樞生，宧光父也，自號含元子。此書自史元考至名物考，凡分十九門。

沈氏弋説六卷 刊本。

右明舉人錢塘沈長卿撰。弋者，取《詩》「如彼飛蟲，時亦弋獲」之義。皆引諸傳記而論説之。自黄帝、老子起，至緒言雜録止，凡二百餘首。

沈氏蘧説十卷 刊本。

右前人撰。自序云：「《弋説》未幾復有《蘧説》，非好爲玄言也，老氏謂先王蘧廬仁義，予謂文人亦蘧廬論説云。」

槎菴小乘四十卷 寫本。

右明福建布政使蕭山來斯行撰。雜論經史百家，并述明代掌故。其大體畧與洪容齋《五筆》相似。

學易堂五筆五册 刊本。

右明秀水項皐謨撰。前雜論經傳。後附《學易》三章，《滴露軒雜著》一卷，《明歷年圖》一卷，《贈言》一卷。

古史談苑三十六卷 刊本。

右明常熟錢世揚撰。倣《七畧》、《新語》之例，采正史及稗乘之語彙録之。凡分四門，曰旌行部、物産部、神逵部、咫聞部。

大滌函書五卷 刊本。

右明諭德黄道周撰。乃石齋在大滌書院掌教時所著。

昨非菴日纂二十卷二集二十卷三集二十卷 刊本。

右明閩中鄭瑄撰。自序云：「兹編事不炫奇僻，語不求綺奥。取其有關於世教倫常修德釋回者，即習聞習覩不妨録存。」所集自宦澤至冥果凡二十門。餘倣此。

樵書十二卷 刊本。

右明來集之撰。集之自號倘湖樵人。自序云：「取古今來可辨可證及宇宙間可喜可愕之事，比事屬詞，連類徵引。」初編、二編各分六卷。

藝圃球瑯四卷 刊本。

右明道士常熟蔣以忠撰。畧倣論體。凡八十八篇。

事始一册 刊本。

右書雜考輿服、官制、器用、名物之原，證以經史。不著姓名，當是明代人。

布粟集八卷 刊本。

右書摘録周、程以下諸子語。題曰布粟子，一號鳳臺。姓氏未有考。〔一〕

〔一〕 盧文弨批曰：當入儒家。

蒙泉雜言二卷 寫本。

右書雜論天地理氣及古今人物。不著撰述姓名。

閑博録一册 寫本。

右書亦無名氏。述先正格言，論達觀保生之樂。中有睦人邵元同作忍、默、恕、退四卦，倣《周易》彖繇象辭，可採。

書影十卷 刊本。

右國朝侍郎祥符周亮工撰。不拘倫類，隨意詮述。其説多新闢可喜。

同書四册 刊本。

右前人撰。雜舉古人之事言，相提並論，皆有創獲，非儷青妃白者爲也。

古今釋疑十八卷 刊本。

右國朝桐城方中履撰。黄虞稷序云：「凡象緯方輿、聲名度數、經史百家之説，靡不會萃羣言，折衷衆論，以歸於一是，使數千百年膠固迷悶於胸次者，砉然如春冰之涣而秋籜之隕也。」

讀書論世十六卷 刊本。

右國朝宣城吴肅公撰。因讀書有得，隨手論列。仍自唐虞迄明，以世次先後編之。

尚論持平三卷析疑待正二卷事文標異一卷 刊本。

右國朝錢塘陸次雲撰。三書皆條論經史。其發揮義理者爲《尚論持平》，辨證疑似者爲《析疑待正》，較析句讀文字異同者爲《事文標異》。

衡書三卷 刊本。

右國朝唐甄撰。論古今事，凡十三篇。甄，字大陶，一字鑄萬，夔州舉人，曾爲縣令。

潛書四册 刊本。

右前人撰。分上下四篇，篇各有目。《衡書》，甄初年所著，晚歲乃益裒集成此編。甄至是有韜輝之志，故書名易「衡」爲「潛」云。

格致鏡原一百卷 刊本。

右國朝大學士海寧陳元龍輯。援據羣籍，考訂事物，靡所不備。自謂每紀一門，必究其原委，詳其名號，而於詩賦故事俱在所畧。

畏壘筆記四卷 刊本。

右國朝編修長洲徐昂發撰。見史傳紀載有失寔者，輒條辨之。

經術要義四卷 刊本。

右國朝提督浙江學政曲阜顧光敷輯。採史書所載嘉言懿行，以類編次者。

湛園札記四卷 寫本。

右國朝原任翰林院編修慈溪姜宸英撰。雜考羣書軼義，於南、北史及杜集爲多。

讀書樂趣八卷 刊本。

右國朝舉人於潛伍涵芬輯。皆經籍中語，録之以自課者。後附自著詩。

敦行録二卷 刊本。

右國朝大學士遂寧張鵬翮輯。摘取經史及前人格言，分孝行、忠貞等二十一門編之。

雲谷卧餘二十卷續八卷 刊本。

右國朝歙縣張習孔撰。條記經籍軼事遺文及耳目聞見，而時論釋焉。

濬元六卷 刊本。

右國朝濬山張必剛撰。多言歲時氣候、陰陽虛寔之理，分綴《月令》繫以論説。

垂世芳型二册 刊本。

右國朝舉人華亭金維〔一〕寧撰。金潮序云：「先生曾著《連珠彙校》一書，取歷代名臣、碩士、孝子、逸民論列之，人立一傳，始三代迄故明，極其詳備。時出評斷，精思妙議，獨闢千古。因不果刊，復取《彙校》中評斷所加者另録一卷，名曰《垂世芳型》。」

〔一〕「維」原作「淮」，今正。參見《四庫總目》、《四庫存目標注》。

容膝居雜録六卷 刊本。

右國朝崑山葛芝撰。隨筆劄記，闡發義理居多。

訂譌雜録十卷 小山堂藏刊本。

右國朝青浦胡鳴玉撰。多取經史中字，考其音訓，以訂沿襲相用之譌。

管城碩記三十卷 刊本。

右國朝當塗徐文靖撰。文靖以舉人曾薦鴻博。是書條辨經史疑義，旁及楚詞、詩賦、字學等類，分門編次，凡一千二百八十四則。孫嘉淦序云：「先之前人之言以發其端，加之案以發其義，著之事以徵其寔。博引羣書，袪疑從信，不妄參以己意。」

説家類一 總類

河東先生龍城録一卷 刊本。

右唐柳宗元撰。乃謫龍城時摭拾見聞逸事成此。龍城，謂柳州也。陳氏曰《唐志》無此書，蓋依托也。或云王銍性之作。

松牕雜録一册 寫本。

右唐李濬撰。多記唐玄宗朝事。按晁《志》有《松牕録》一卷，作唐韋叡撰，未知即此否。

資暇集三卷 寫本。

右唐李匡義撰。匡義字濟翁。晁氏曰：「序稱世俗之談類多訛誤，雖有見聞默不敢證，故著此書。上篇正誤，中篇談原，下篇本物。以資休暇云。」

因話録六卷 刊本。

右唐衢州刺史趙璘撰。璘，大中時人。書多記唐末逸事。

南北史續世説十卷 刊本。

右唐宗室李垕撰。仿劉義慶《世説》爲之。自宋迄隋，分類編焉。

唐世説新語十三卷 刊本。

右唐主簿劉肅撰。亦仿劉體例。序謂起自國初，迄於大曆。事關政教，言涉文詞。道可師模，志將存勸。

雲仙雜記十卷 寫本。

右唐金城馮贄撰。有天復元年自序，謂取九世所蓄典籍，經史子集二十萬八千一百廿卷，撮其膏髓別爲一書。皆傳記集異之説。若見於常常者，此必畧之。但前人如陳直齋、洪容齋輩皆斥其僞。詳見《通考》。

清異録六卷 刊本。

右宋陶穀輯。多摘采雋語異聞。凡分門三十有九。

王氏談録一卷 寫本。

右書雜記文史。後有王洙跋云：「此編必嘉祐以前巨公所爲。」又一跋云：「乃王原叔著。」未知孰是。

深雪偶談一册 寫本。

右宋天台方岳撰。黄虞稷曰：岳「字元善，與歙秋崖別一人」。卷中論宋人詩詞居多，計十二番。

鐵圍山叢談六卷 寫本。

右宋都尉蔡絛撰。絛，京子也。此乃謫鬱林博白時所作。陳振孫云。

侯鯖録八卷 刊本。

右宋宗室趙德麟撰。趙希弁云：「取王氏『五侯鯖』之義而名之。」今本爲嘉靖甲辰芸牕書院重刊。

夷堅志十卷 寫本。

右宋翰林學士洪邁撰。夷堅，古之博物者，出《列子》，邁取以名焉。按《通考》作甲至癸二百卷，支甲至支癸一百卷，三甲至三癸一百卷，四甲二十卷，大凡四百二十卷。陳氏曰：「游戲筆端，未有卷帙如此其多者。邁晚歲急於成書，妄人多取《廣記》中舊事，改竄首尾，別爲名字以投之。不復删潤，徑以入録。雖序事猥褻，屬辭鄙俚，不恤也。」今本仍以十干編次而存卷無幾，蓋後來併省之本。

岩下放言三卷 寫本。

右宋葉夢得撰。陳氏曰：「夢得休致後所作。」今本有明朱存理借抄祝希哲家跋語。

楊公筆録一册 寫本。

右宋朝奉郎楊彦齡撰。雜録故實并及瑣事。

鶴林玉露二十四卷 刊本。

右宋廬陵羅大經撰。雜論古今事蹟而辨證之。後八卷爲明謝天瑞所補。

野客叢書三十卷 刊本。

右宋長洲王楙撰。亦多所考證。有慶元改元自序云：「井鼃拘墟，稽考不無疏鹵，議論不無狂僭。

君子謂其野客則然，不以爲辠也。」

石屏新語一卷 小山堂寫本。

右宋天台戴復古撰。復古居石屏山，因以自號。前有《五代新説》數十則，皆記前五代逸事。注云張詢古，豈此書本張之説而復古録之耶？後載雜説十八條。

閑窻括異志一册 刊本。

右宋嘉禾魯應龍撰。所志多三吴軼事。

澄懷録二卷 寫本。

右宋義烏令錢塘周密撰。自序云：「澄懷觀道，卧以游之。宗少文語也。東萊翁用以名書，蓋取會心濟勝，非直事遊觀也。余夙好遊烟霞之痼，不可鍼砭，因述古今高勝，翁所未録者，附於卷。亦高山景仰之意也。」

志雅堂雜抄四卷 寫本。

右前人撰。論書畫居多。

千古功名鏡十三卷 寫本。

右宋嵊縣吴大有撰。類叙古今休咎報應事，意以爲作善降祥者勸也。大有寶祐間遊大學，率諸生言賈似道姦狀，不遂，退處林泉。元初辟爲國子檢閲，不赴。此書簡端署曰「瑞鰲吴大有勉道編」。

清波別志二卷 刊本。

右宋周煇撰。煇，淮海人，寓居臨安之清波門，著有《雜志》三卷，刻商氏《稗海》中。此其別志以續前書也。有慶元間楊寅、張巖、楚頤正、徐似道四跋。按《宋詩紀事》作周煇，引馬曰琯云：「今刊本《清波雜志》作煇。舊本有紹熙四年張貴謨序者，書中俱作燀，宜從之。」

陶朱新録一卷 寫本。

右宋單父馬純撰。純字子約，隆興初以太中大夫致仕，居越之陶朱鄉，故以名編。乃雜説，非致富書也。

北窻炙輠録二卷 寫本。

右宋施彦執撰。朱彝尊曰：「予得之海鹽陳氏所藏，崑山徐氏、晉江黄氏從予借抄，其書稍稍流傳於世。彦執名德操，海昌人，張子韶之友也。生不婚宦，病廢而没。嘗著《孟子發題》一篇，子韶之門人郎曄編《横浦集》附之卷末。今海昌志人物莫有舉其姓氏者矣。」

梁谿漫志十卷 寫本。

右宋費衮撰。自謂生無益于時，其學迂濶無所可用，故以漫志目之。

賓退録十卷 刊本。

右宋大梁趙與旹〔一〕撰。自記云：「嘉定屠維單閼之夏，得疾瀕死。既小瘉，心力弗强，未敢覃思於窮理之學。因以平日聞見稍筆之策。初〔二〕才十餘則。病起，賓客狎至，語有所及，因而書之。」

〔一〕「旹」原作「時」，盧文弨改爲「旹」，是。

〔二〕「初」原誤作「别」，今據臺灣央圖《善本序跋集録》改。

金壺記三卷 汲古閣影宋寫本。

右宋釋適之撰。專録文字一類，錯舉雋語逸事分條標註。

南窻紀談一册 寫本。

右不著撰人。多論北宋縉紳時事。當是宋人作。

荆溪林下偶談八卷 寫本。

右書多詩文雜説。亦似宋人撰。《千頃堂目》作荆溪吳氏，不知名。

萬柳溪邊舊話一卷 寫本。

右元尚書無錫尤玘撰。玘，字君玉，號知非子，致仕後築室萬柳溪邊。書多述其先世舊事。有洪武丙子舉人曾孫實跋。

山居新語四卷 寫本。

右元楊瑀撰。多記當代故實。

庶齋老學叢談三卷 寫本。

右元從仕郎崇明州判官盛如梓撰。上卷首紀元事而及經詁，中卷多史論，分上下。下卷皆詩話。

閑居録一卷 寫本。

右元吾丘衍撰。於名物多所考證，間及見聞逸事。有吴郡陸友跋。

守溪長語一册 刊本。

右明王鏊撰。多記明代逸事。陶氏《説郛》有《震澤長語》，即此書。

蓬窻類記五卷 寫本。

右明刑部郎吴郡黄暐撰。亦述故事居多。有王守溪序，并袁表跋。

霏雪録二卷 倦圃藏刊本。

右明會稽劉績撰。皆雜説。中多論詩文處。

林泉隨筆一册 刊本。

右明淮浦張綸撰。雜論經籍及唐、宋、元各家詩，時爲辨析其疑義。

寓圃雜記十卷 一作四卷。寫本。

右明長洲王錡撰。字元禹，又稱康孝先生。祝允明曰：「幼侍先參政府君及外大父武功公側，聞所談多歷朝聖政臣業。維吾葦菴王先生每相見輒肯傾吐。如二先公有叩即應。以是知先生所蓄厚矣。允明乃屬其主器淶以先生有談即從而筆之。凡四緘以就此編。」

陳石亭雜録一册 寫本。

右明翰林侍講鄞縣陳沂輯。分四種：曰《維禎録》，署沂名。曰《拘虛晤言》，曰《詢蒭録》，二種俱不署欵。曰《善謔録》，下署大涵山人。其爲沂一人所作，或併録諸家，未可定也。

東園客談一册 寫本。

右明孫道易著。記元時軼事爲多。

病逸漫記一册 寫本。

右明太倉陸釴撰。多記朝野時事。

浮物一册 寫本。

右明祝允明撰。記見聞而各繫以論斷。所著與讀書筆記蚕衣相似。

百感録一卷 寫本。

右明懷寧陳相撰。相，字汝弼。雜録鳥獸蟲魚，多作觀物達生之言。

近峯聞畧八卷 刊本。

右明吳郡皇甫録撰。雜記故實及詩文。

三餘贅筆二卷 寫本。

右明吴郡都卬撰。雜論天象、方輿、物理及釋老宗派等事。卬，字維明，穆之父。穆與王陽明爲同年。有陽明祝維明八十壽文一首附卷末。

都公譚纂二卷 小山堂寫本。

右明太僕少卿都穆撰。亦雜記見聞者。

兩山墨談十八卷 刊本。

右明提學僉事德清陳霆撰。李檗序云：「水南先生結廬兩山之間，鋭志述作。李子公暇，過從，出所著《墨談》。受而卒讀。大則根據經史，訂疑考誤，小則别事與物，窮情盡變。殆博求而詳説者也。」

山堂瑣語二卷 刊本。

右前人撰。即從《墨談》及霆别著《筆林》二書摘録成編者。

常談考誤四卷 刊本。

右明臨沮周夢暘〔一〕撰。凡常言俗語，皆考其所出而辨其誤焉。

〔一〕「暘」原誤作「賜」，據《四庫總目》、《北京圖書館古籍善本書目》改正。

濯纓亭筆記十卷 刊本。

右明戴冠撰。雜記典故詩文及方輿物産。説部之可觀者。

東谷贅言二卷 刊本。

右清江敖英撰。雜論故事并見聞所及。

緑雪亭〔一〕雜言一册 刊本。

右前人撰。自序云：「蜀臺清戎官舍之西有亭焉。環亭有竹百餘竿。每曦馭亭午，飄風徐來，則緑蔭葳蕤，浮連几席，宛若陰洞。崛𡵓之間，洒淅飛雪，涼沁毛骨。先輩好奇，顔其楣曰緑雪亭。予自公退食，嘗來亭中，欣然會心，或追憶見聞，或竊有評議，輒隨筆而雜記之，無譔次焉。」

〔一〕「亭」原作「堂」，據《四庫總目》及盧文弨校改。

水東日記四十卷 刊本。

右明侍郎崑山葉盛撰。雜記朝野之事，可備掌故者。葉藏書盛富，世所傳《菉竹堂書目》是也。

西樵野記十卷 寫本。

右明吴郡侯甸撰。自識云：「余嘗侍枝山、南濠二先生。其清談怪語，聽之亹亹忘倦。余取凡得於見聞者隨筆識之，自國初迄今百七十七事。」

春雨堂隨筆一册 刊本。

右明松江陸深撰。雜記詩畫并前人遺事。

驪珠隨録五卷 刊本。

右明常熟楊儀輯。皆雜文也。自謂因所見録其不盛傳於世者，故多奇僻可喜之作。

詞海遺珠二卷 刊本。

右明潯陽勞堪輯。多摘採藝文中幽異之語，於金石古刻間亦有録其全文者。

墅談六卷 寫本。

右明潞州同知咸寧胡侍撰。乃雜記古今事物。

灼薪劇談二卷 寫本。

右明朱子儋撰。子儋因雪夜與友劇談，遂次其語爲書。多及北宋名人事蹟。

滑耀編四册 刊本。

右明常州賈三近輯。録各家文之借物托事足以風世者。如昌黎送窮，河東乞巧，以及石君木公之傳，責龜册虎之文之類，悉採之。因取《南華經》「滑疑之耀，聖人所圖」之語以名其編。

廣諧史十卷 刊本。

右明秀水陳邦俊輯。録古今譎辨之文，始唐迄明。倣徐氏舊刻《諧史》，增多二百四十二則。

古雋八卷 刊本。

右明楊慎撰。雜取傳記中雋異可喜之文録之。

丹鉛總録三十七卷續録十二卷餘録十七卷摘録十三卷 刊本。

右前人撰。分類編纂故實，搜剔碎文瑣事，蓋詳於考訂者。

逌旃瑣言二卷 寫本。

右明尚書蘇祐撰。雜論經傳并及明代時事。

陸學士雜著十册 刊本。

右明尚書華亭陸樹聲撰。凡十種：《題跋》一，《汲古叢語》一，《長水日抄》一，《家訓》一，《筆談》一，《瘖言》一，《雜著》一，《耄餘雜著》一，《禪林餘藻》一，《善俗裨議》一。

蓬窻日録八卷 刊本。

右明參政閩中陳全之撰。分寰宇、世務、事記、詩談四門。

宋四大家外紀四册 刊本。

右明王世貞、陳之伸、范明泰、徐𤊹同輯。四大家者，蘇、黄、米、蔡也，各爲次其軼事。

山居代膺一卷

枕流日劄一卷

觀生手鏡一卷

學稼餘譚四卷 俱寫本。

右四册俱明僉事海寧陳之伸撰。自署蘋川布衣，或櫟社老人。引述達觀語，并詩話居多。蓋宦成而涉歷多，故因著書以自見云。

青藤山人路史二卷 刊本。

右明諸生山陰徐渭撰。乃摘録史籀故實而考訂之者。

何氏語林三十卷 刊本。

右明華亭何良俊撰。體仿《世説》。其蒐輯自漢魏迄元明，共三十八篇，二千七百八十六事。

學圃藼蘇六卷 刊本。

右明太僕寺卿確山陳耀文撰。此則采史志稗乘所載奇僻之事。

蟫精雋十六卷 寫本。

右明錢塘徐伯齡撰。伯齡博學强記，洞曉音律。此乃雜録文史軼事并考證故實。其父徐珙與其伯徐璟同登宣德丁未會試，名聯璧榜，附記之。

清賞録二卷 刊本。

右明餘杭張翼撰。隨手記見聞，不分門類。

梅花渡異林十卷 刊本。

右明支允堅撰。分列四門，曰軼史，曰時事，曰軼語，曰藝苑。

説儲八卷 刊本。

右明兵部郎常熟陳禹謨撰。采摘羣書爲之。倣《世説》之例。

蘭畹居清言十卷 刊本。

右明信州鄭仲夔輯。亦倣《世説》之例。所采自漢魏迄明嘉隆間事，擇其僻冷者。

玉麈新譚二十四卷 刊本。

右前人撰。分《清言》十卷，《偶記》八卷，《耳新》八卷，《雋區》八卷。有朱謀埠、楊觀香、文震孟三序。

松亭晤語六卷 刊本。

右明閩趙世顯撰。乃雜記見聞爲之。

厭次瑣談一卷 刊本。

右明知縣陽信劉世偉撰。所記皆史傳瑣事，間有評論。

六語二十九卷 刊本。

右明郭子章輯。六語者，諧語、纖語、誑語、詭語、隱語、讖語也。皆摘史籍中成語分録之。

秋槳録一册 刊本。

右明滁州嚴震輯。撮舉歷代史事名號各以數計者，凡二百二十九條。

復齋日記二卷 寫本。

右明餘姚許浩撰。復齋自序畧云：「今春教諭弟攜葉文莊《水東日記》回，與余記者事多相同，因與弟輩究竟録出，凡若干條。」

彈園雜志三册 刊本。

右明參政伍袁萃撰。署古吴外史氏。有萬曆辛亥自序，謂地近闤闠，大如彈丸，故以彈名園。所記皆古今事蹟並附尺牘。

吏隱録二卷 《千頃堂目》作四卷。刊本。

右明太醫院吴郡沈津撰。所記多朝野逸事，并著其先世事蹟云。

霞外塵談十卷 刊本。

右明鄞縣周應治撰。多作清曠語，以爲仕宦熱中者鑒。其分門曰霞想，曰鴻冥，曰恬讓，曰曠覽，曰幽賞，曰清鑒，曰達生，曰博雅，曰寄因，曰感通。

蘇米譚史廣六卷 刊本。

右明宣州郭化撰。張師繹有《蘇米譚史》二卷，化爲廣之。録蘇軾、米芾二人瑣事雜論見於文集及宋人説部書者。蘇四卷，米二卷。

疑耀七卷 刊本。

右明晉江李贄撰。乃雜取羣籍疑義而分條辨之。

玉堂叢語八卷 刊本。

右明修撰上元焦竑撰。分行誼、文學等目五十有四，以詮叙古今事實。

焦氏筆乘六卷續集八卷 刊本。

右前人撰。乃雜記書史故事。

説郛三十卷 《千頃堂目》作六十卷，又初本三十卷。刊本。

右明江寧顧起元撰。所採多説部。分類二十有一，始象緯終蟲注。

客座贅語十卷 刊本。

右前人撰。不分門類，雜記見聞。

李君實雜著十册 刊本。

右明太僕少卿秀水李日華撰。爲《六研齋筆記》四卷《二筆》四卷《三筆》四卷，《紫桃軒雜綴》三卷《又綴》三卷，《禮白岳記》一卷，《璽召録》一卷，《薊旋録》一卷，《竹嬾〔二〕畫賸》一卷《續畫賸》一卷，《墨君題語》一卷。

〔一〕「嬾」原誤作「懶」，據《中國叢書綜録》改。

前定録二卷 刊本。

右明布政使烏程蔡善繼撰。所載皆徵驗諸事。上卷七十八事，下卷九十三事，俱係唐代事實。似從《太平廣記》中摘録爲之。

襄陽外編一册 刊本。

右明無錫顧道洪輯。卷首繪孟浩然像，係唐寅本而縮小者。並採史傳暨諸家贈咏詩文、古今詩話評品。

蔡端明别紀十二卷 刊本。

右明福建徐𤊹輯。多紀宋蔡君謨逸事，而以《荔支譜》、《茶録》殿。

米襄陽志林十三卷 刊本。

右明嘉興范明泰輯米芾軼事爲之，並附《遺集》一卷，《海嶽名言》一卷，《寶章待訪録》一卷，《研史》一卷。

樊川叢語八卷 刊本。

右明湖州姜兆熊撰。雜記時事。分朝廟、山川、考證、詩話、閨秀、仙釋、怪異、數驗八門。

宋氏養生部六卷

宋氏尊生部十卷
宋氏燕閑部二卷
宋氏樹畜部四卷 俱刊本。

右明華亭宋詡撰。乃詳著服食、器皿、製造事宜及種植、飛潛等類。

表異録二十卷 刊本。

右明提學崑山王志堅輯。亦陶穀《清異録》之類也。故海寧陳氏于穀書合刻之。

天都載六卷 刊本。

右明新安馬大壯輯。所記乃見聞之隱僻者。大壯，羅明德之門人。有焦竑序。

文奇豹班十二卷 刊本。

右明華亭陳繼儒輯。摭拾羣書碎事，自天文迄字學，分十二門。

焦氏説楛七卷 刊本。

右明舉人日照焦周輯。周，焦竑子。有萬曆癸丑弟潤生序。

舌華録九卷 刊本。

右明蘇州曹臣輯。有袁中道序。撮取羣説而類聚之，如慧語、名語、豪語、冷語、謔語、憤語、悽語之類，凡十八門。

聞雁齋筆談六卷 刊本。

右明吴縣張大復撰。乃叙所見聞而劄記之者。

湘烟録十六卷 刊本。

右明閔元京、凌義渠同輯。皆新奇之事，加以評斷。自咫聞至偏記凡十門。

歐餘漫録十三卷 刊本。

右明烏程閔元衢撰。係雜著，間論史事。

閑適劇談五卷 刊本。

右明鄧球撰。雜論事理人物并及經籍注釋。

藝彀三卷 刊本。

右明金壇鄧伯羔撰。

折醒漫録六卷 刊本。

右明嘉興陳懋仁撰。

暇老齋雜記三十六卷 刊本。

右明歸安茅元儀撰。以上三書俱隨手劄記並及睹聞爲多。

見聞記憶録五卷 刊本。

右明知縣遂安余國禎撰。分記文、記人、記物、記異及雜記五門。

獅山掌録二十八卷 刊本。

右明武强知縣吴之俊撰。所記多奇異之事。謂書成而宇内之可喜可愕者，燦若指掌，故名。

西臺漫記六卷 刊本。

右明御史吴郡蔣以化輯。多述時事，足備史家採擇者。後附雜記，係以化官西臺時所作。

小窻清紀五卷别紀五卷〔一〕 刊本。

右明吴從先撰。分清語二卷，清事、清享、清韻各一卷，又《别記》三卷。

〔一〕「五卷」下文作「三卷」，盧文弨均校改爲「四卷」。按《浙江省第十次呈送書目》：「《小窗清紀》五卷《别紀》三卷。」則浙江呈本實作三卷，「五卷」乃「三卷」之形誤。唯傳世各本《别紀》均作四卷，蓋浙江呈本有殘佚。又盧文弨批：「尚有《自紀》四卷《豔紀》十四卷。」

枕中秘二册 刊本。

右明衞泳撰。分列賞玩、書史以至飲饌、脩養諸事，凡十九門。

寒夜録二卷 寫本。

右明新建陳弘緒撰。乃雜論人物詩文。上卷四十八翻，下卷五十七翻。

雲薖淡墨六卷 刊本。

右明木增輯。所録闕于二氏者爲多。

俗語一册 寫本。

右書乃考訂俗語之原本經傳者，又記各書所載方言，注其出處。

東皐雜記一册 寫本。

右書亦雜記見聞軼事。

唫堂博笑集五卷 寫本。

右書紀古今女史之以詩文傳者。分死節、勸戒、奇遇、題咏、寄情五門。

山樵暇語十卷 或作《弁山樵暇語》。 寫本。

右書黄虞稷云：「雜論詩文故實，兼覩記軼事。」

埜録三卷 寫本。

右書始文房終畜養，計十二門。以上五書俱未詳撰人姓氏。

玉劍尊聞十卷 刊本。

右國朝水部真定梁惟樞撰。自識云：「竊見自元以來數百年間，雅言韻事幾同星鳳，凡有聞見畧類《世説》者，分部書之。」吴偉業序。

蓉槎蠡説十二卷 刊本。

右國朝歙縣程哲撰。王士禛序云：「此編抱博辨之才，具論斷之識。間亦出曼倩之諧語，效彦輔之清言。」

邛竹杖七卷 刊本。

右國朝吉水施男撰。前五卷多記峒㟭風物事蹟。六卷爲自著詩。七卷則録同時劉湘客、楊廷麟諸人詩。

陸雲士雜著八册 刊本。

右國朝知縣錢塘陸次雲撰。凡九種，《八紘繹史》四卷，《繹史紀餘》四卷，《荒史》一卷，《峒溪纖志》三卷《志餘》一卷，《澄江集》一卷，《玉山詞》一卷，《湖壖雜記》一卷，《北墅緒言》五卷。

今世説八卷 刊本。

右國朝仁和王晫撰。亦倣劉例。自序云：「上自廊廟縉紳，下及山澤隱逸，凡一言一行有可採録，率獵收而類記之。」

秋谷雜編三册 刊本。

右國朝教諭華亭金維寧撰。

雙橋隨筆四册 寫本。

右國朝知縣西安周召撰。

天香樓偶得一册 寫本。

右國朝嘉興虞兆隆撰。以上三書皆雜録古今事，不分類。

韻石齋筆談二卷 刊本。

右國朝常州姜紹書撰。多紀書畫及古器具。

修潔齋閑筆八卷 刊本。

右國朝無錫劉堅輯。雜録説部諸書并自得者三百餘條，復刺取同邑顧氏宸《辟疆園》所記數十則。

觚賸八卷續編四卷 刊本。

右國朝吴江鈕琇撰。皆記雜事。前編吴觚三卷，燕觚、豫觚、秦觚各一卷，粤觚二卷，以所至之地爲分。其續編分言觚、人觚、事觚、物觚各一卷。

查浦輯聞二卷 刊本。

右國朝海寧查嗣瑮撰。記所聞見，間亦證及史傳逸事。

書隱叢記十九卷 刊本。

右國朝吴江袁棟撰。乃多述舊聞。沈德潛序。〔一〕

〔一〕 盧文弨批：「五月十九日閲。」

浙江採集遺書總録庚集 子部

説家類二 文格詩話

文則一册 刊本。

右宋少傅天台陳騤〔一〕撰。摘舉六經文句，以見古人立言體要及句法字法不苟如此。有乾道庚寅自序。

〔一〕「騤」原作「揆」，據《四庫總目》及盧文弨校改。

王公四六話二卷 刊本。

右宋王銍撰。宣和四年銍自序云：「銍類次先子所論詩賦法度與前輩話言附家集之末，又以銍所聞於交游間四六話事寔，私自記焉。」

四六談塵一卷 寫本。

右宋太常少卿陽夏謝伋撰。亦論駢體作法。凡五十有五則。

金石例十卷 瓶花齋寫本。

右元翰林學士濟南潘昂霄撰。首述誌銘之始，次述韓文體例，末二卷爲先正格言、史院凡例。有至正五〔一〕年潘詡跋。焦氏《經籍志》作楊本撰，誤。楊本，鄱陽人，蓋嘗校其書者。○吴焯云：「此書有三刻：一濟南本；一鄱陽本，爲王思明所校；一爲龍宗武摹泰和楊寅弼抄本而刻者。今本從鄱陽本傳抄，故有思明序。」又云：「世行本僅九卷，近項霜田得王弇州藏足本，因借録補云。」

〔一〕「五」原爲墨丁，據《四庫總目》及盧文弨校改。

詩文軌範二卷 寫本。

右元常熟徐駿撰。皆評論詩文語。

六藝流别二十卷 刊本。

右明黄佐撰。自序云：「聞之董生曰：君子志善，知世之不能去惡服人也，是以簡六藝以善養之。其學大矣，而各有其所長。《詩》道志，故長於質。《書》著功，故長於事。《禮》制節，故長於文。《樂》詠德，故長於風。《春秋》司是非，故長於治。《易》本天地，故長於數。人當兼得其所長，是故舉其詳焉。志始於《詩》，以道性情，爲謡爲謌。謡之流其别有四，爲謳、爲誦、爲諺、爲語。歌之流其别有四，爲詠、爲唫、爲怨、爲歎。其拘拘以爲詩也，則爲四言、爲五言、爲六言、爲七言、爲雜言。其雜近於文而又與詩麗也，則爲騷、爲賦、爲詞、爲頌、爲贊。其專事對偶，亡復蹈古，則律詩終焉。《書》行志而奏功者也。其源以道政事，爲典、爲謨。典之流其別爲命、爲誥。謨之流其別爲訓、爲誓。凡典，上德宣於下者也。又別而爲制、爲詔、爲問、爲答、爲令、爲律。命之流，又別而爲册、爲勅、爲誡、爲教。誥之流，又別而爲諭、爲賜書、爲書、爲告、爲判、爲遺命。而間亦有不盡出於上者焉。凡謨，下情孚於上者也。又別而爲議、爲疏、爲狀、爲表、爲牋、爲啓、爲上書、爲封事、爲彈劾、爲啓事、爲奏記。訓之流，又別而爲對、爲策、爲諫、爲規、爲諷、爲喻、爲發、爲勢、爲設論、爲連珠。誓之流，又別而爲盟、爲檄、爲移、爲露布、爲讓、爲責、爲券、爲約，而間亦有不盡出於下者焉。《禮》以節文斯志者也。其源敬也。敬則爲儀、爲義。其流之別則爲辭、爲文、爲箴、爲銘、爲祝、爲詛、爲禱、爲祭、爲哀、爲弔、爲誄、爲輓、爲碣、爲碑、爲志、爲墓表，皆因乎《書》之制焉。《樂》以舞蹈斯志者也。其源和也。和則爲樂均、爲樂義。其流之別爲唱、爲調、爲曲、爲引、爲行、爲篇、爲樂章、爲琴歌、爲瑟歌、爲暢、爲操、爲舞篇，皆因乎詩之風焉。《春秋》以治正志者也。其源名分也。其流之別爲紀、爲志、爲年表、爲世家、爲列傳、爲行狀、爲譜牒、爲符命。其大概也，則爲敘事、爲論贊。敘事之流，其別爲序、爲紀、爲述、爲録、爲題詞、爲雜志。論贊之流，其別爲論、爲説、爲辨、爲解、爲對問、爲考評。而凡屬乎《書》、《禮》者不與焉。《易》則通天下之志矣。其源陰陽也。其流之別爲兆、爲繇、爲例、爲數、爲占、爲象、爲圖、爲原、爲傳、爲言、爲註。而凡天地鬼神之理管是矣。究其大都，則言而履之禮也，行而樂之樂也。藝雖有六，其本諸心則一也。昔晉摯虞嘗著《文章流別》，其亡已久,故予蒐羅散逸以爲此編,統諸六藝,竊比於我董生云。」

玉堂日鈔三卷 寫本。

右明侍讀學士嘉興黄洪憲輯。雜抄前人論文、論詩、論史之語,凡十餘種,間亦參附己説焉。

文斷十五卷 《千頃堂目》作四卷,又注云一作十卷。寫本。

右不著撰人。按《明史·藝文志》作唐之淳撰。詳論作史矩法,以諸經子史及唐宋八家分條編次。皆彙采舊説而釐之者。

詩話總龜四十八卷後集五十卷 刊本。

右宋阮閲撰。説見下。

苕溪漁隱叢話前集六十卷後集四十卷 刊本。

右宋晉陵令吳興胡仔撰。自序云:「余聞舒城阮閲昔爲郴江守,嘗編《詩總》,頗詳備。後居苕水,取讀之,蓋阮因古今詩話,附以諸家小説,分門增廣,獨元祐以來諸公詩話不載焉。考編此乃宣和癸卯,是時元祐文章禁弗用,故阮畧之。余今取元祐以來諸公詩話及史傳小説所載事可以發明詩句者,纂爲一集。凡《詩總》所有,此不復載。一詩而二三其説者,則類次而折衷之。又以余舊所聞見爲説以附益之。」其書但以年代人物之先後爲次第,不似阮之分門别類,此則體裁各異耳。

砦溪詩話十卷 寫本。

右宋黄徹撰。朱彝尊云：「徹，字常明，《書録解題》謂是莆田人，而《八閩通志》則云邵武人，舉紹興十五年進士。殆家本莆田而占籍邵武者也。」編中持論多本少陵。自言官辰、沅逾年。顧志州郡官師者不載姓氏，集亦失傳。

環溪詩話一卷 寫本。

右宋處士崇仁吳沆撰。環溪，沆所居也，因以爲號。謚曰文通先生。有淳熙丁酉謝諤撰行寔及慶元庚申何異敬撰序。見卷中。

吟牕雜録四十卷 刊本。

右宋學士陳應行撰。彙録前人所著詩評、詩格、詩圖諸類頗詳。亦以時代先後爲次者。

歷代吟譜四卷 寫本。

右前人撰。此則沿論漢魏以後各詩體。

詩人玉屑二十卷 刊本。

右宋魏慶之撰。淳祐甲辰黄昇〔二〕序云：「詩之有評，猶醫之有方。評不精何益於詩，方不靈何益於醫。友人魏菊莊，詩家之良醫也。是編自有詩話以來，至於近世之評論，博觀約取，科別其條。凡升高自下，由粗又精之要，靡不登載。」

〔一〕「昇」原刻本作「⿱日㐱」。盧文弨批：「本作⿱日㐱，疑即昣字之變體。」《四庫總目》作「昇」。

對床夜語五卷　寫本。

右宋太學生錢塘范景文撰〔一〕。亦雜記詩話之書。

〔一〕盧文弨批：「題云孤山人，或云靖江有孤山，是其邑人。」

娱書堂詩話一册　寫本。

右宋宗室趙虤撰。條論詩法，兼有考證。

優古堂詩話一册　寫本。

右宋吴幵撰。亦雜論唐宋人詩，間爲辨證其故事。今本明嘉靖間汝南袁表校閲。

陳日華詩話一卷　寫本。

右宋陳日華撰。亦多述唐宋人之説。别有《談諧》一卷附後。

觀林詩話一卷　寫本。

右宋人撰，不知姓名，卷首但署「楚東吴聿子書」云。

天厨禁臠三卷　寫本。

右宋石門釋洪覺範〔一〕撰。明黎堯卿跋云：「頗得三昧法鬭，詩壇蹊徑在焉。」

〔一〕「範」字原無，盧文弨校補。

南溪詩話二册 刊本。

右書摘録羣賢詩話。有明正德時王承裕序云：「南溪逸其姓名，當爲勝國時人。」

修辭衡鑑二卷 刊本。

右不著撰人。亦節録歷朝詩學詩話之類。

南濠詩話一册 刊本。

右明都穆撰。多論宋元及明初人詩。

菊坡叢話二十六卷 寫本。

右明嵊縣令臨川單宇輯。裒古今詩話，兼附己説，分類爲編，自天文地理至四六樂府，爲二十有六門，門各一卷。成化元年自序。

懷麓堂詩話一册 刊本。

右明大學士李東陽撰。王鐸序稱其評論折衷，如老吏斷獄，無不曲當。

哲匠金桴二册 小山堂寫本〔一〕。

右明楊慎輯。第摘取古人詩句以韻次之，間有一二及他書籍者，無所發明也。

〔一〕 盧文弨批曰：有刻本。

丹鉛詩話補遺三卷 刊本。

右前人撰。慎先有《金桴》、《玉屑》及《詩話》三編，兹復補其所遺。乃門人晉陽曹壽甫詮次。

詩法源流三卷 刊本。

右明王用章輯。取傅與礪、黄子肅、揭曼碩、楊仲宏諸家論述詩法爲上卷。取傅若川所選漢魏及陶靖節詩爲中卷。取少陵五七言律數十首而箋其格意爲下卷。下卷有楊仲宏跋云：是少陵門人吴成、鄒遂、王恭三子所傳。蓋託言以欺人者。

詩藪十二卷〔一〕 刊本。

右明蘭溪胡應麟撰。亦采集衆説，考論詩學源流之書。

〔一〕 羅以智批云：四編共二十卷，《四庫存目》著録祇十八卷。

渚山堂詩話三卷 刊本。

右明德清陳霆撰。評詩以風調品格爲先，兼有考證語。

蓉塘詩話二十卷 刊本。

右明仁和姜南撰。凡一十八種，有《洗硯新録》、《輟築記》、《半村野人閑談》諸名目，每種題一名而總署曰《蓉塘詩話》。蓉塘，南號也。陸深爲之序。卷中間及他事，不止論詩。吴焯曰：「文筆修潔，不減南村。」謂可比《輟耕録》云。

過庭詩話二卷 刊本。

右明劉世偉撰。世偉之論亦專尚才調者。

瓊臺詩話二卷 刊本。

右明蔣冕撰。專摘丘濬詩句，詮其格意。冕蓋濬門人也。

冰川詩式十卷 刊本。

右明正定梁橋〔一〕輯。論列各體詩格，頗詳而有據。

〔一〕「橋」原誤作「格」，今正。

藕居士詩話二卷 刊本。

右明嘉興陳懋仁撰。亦考論詩格者。

頤山詩話一卷 刊本。

右書雜論詩品高下。序云頤山老農，不著姓氏。按《明史》作安磐著，有一卷。

竹庄詩話二十二卷 寫本。

右書輯兩漢迄宋人詩，載其本篇，而録前人詩評詩話各繫於篇首。當是明人所纂，不著名。

詩辨坻四卷 刊本。

右國朝錢塘毛先舒撰。説詩自《三百篇》以下，漢、魏及唐皆言其大畧。後有雜論并專辨竟陵之説數十則，而以詞曲終焉。

歷代詩話八十卷 寫本。

右國朝歸安吴景旭撰。書凡十集。甲集論《三百篇》，乙集論楚辭，丙集論賦，丁集論古樂府，戊集論漢魏六朝，己集論杜詩，附杜陵譜系，庚集論唐詩，辛集論宋詩，壬集論金元詩，癸集論明詩。皆博采羣言而以己意疏證之，頗非苟作者。

説詩樂趣二十卷 刊本。

右國朝舉人於潛伍涵芬輯。采諸成説，凡分四十一門。末附《偶吟草》一册。

柳亭詩話三十卷 刊本。

右國朝山陰宋長白撰。考論詩中故寔爲多。

西江詩話十二卷 刊〔一〕本。

右國朝新建裘君弘撰。備述江西派别，自晉迄明，以補《通志》之未備。末附《餘談》一卷。

〔一〕「刊」原爲墨丁，盧文弨校作「刊」。

全閩詩話十二卷 刊本。

右國朝兖州知府晉安鄭方坤撰。七閩人物詩文及遺聞逸事，録之頗廣。

渚山堂詞話三卷 刊本。

右明陳霆輯。取自唐末五代迄明初人詞話彙録焉。

嘯餘譜十卷 刊本。

右明歙縣程明善撰。推闡音學源流，兼及詞令。

詞苑叢談十二卷 刊本。

右國朝檢討吴江徐釚撰。曰體製，曰音韻，曰品藻，曰紀事，曰辨證，曰諧謔，曰外編，分類精切，不蹈襲舊説。其辨證一門，辨古詞寄託之語，有説分彼此者、相異同者。外編皆載仙鬼神怪，以及奇緣異耦載在野史傳奇足資談柄者。丁煒序云：「當今樂府選本，盛推朱竹垞《詞綜》爲最。試持此書以與竹垞揚搉，當必撫弦賞音，共相擊節也。」

詞學全書四册 刊本。

右書凡四種。《填詞名解》四卷，毛先舒撰。《古今詞論》一卷，王又〔一〕華撰。《填詞圖譜》六卷《續集》一卷，賴以邠撰。《詞韻》二卷，仲恒道〔二〕撰。皆國朝錢塘人，故合編之。

〔一〕「又」原作「文」，據《四庫提要》及《叢書綜録》改。

〔二〕盧文弨批：「名恒，字道久，號雪亭。」《四庫提要》云「恒字道久」，則此「道」字誤衍，當刪去。

詞律二十卷 刊本。

右國朝宜興萬樹撰。審體辨音，持論最嚴，多正舊譜之失。

古今詞話六卷 刊本。

右國朝吳江沈雄、休寧江尚質仝輯。分詞品、詞評、詞辨凡三門。

碧雞漫志一册 小山堂寫本。

右宋遂寧王灼撰。《敏求記》云：「晦叔寄成都碧雞坊之妙勝院，追記詞曲所由起，作爲此書。」

太和正音譜一册

右譜元人歌曲凡三百三十有五章，中有闕頁。未詳撰人姓名，但有嘉靖間沂東漁父序，謂成於明初丹丘先生云。

説家類三 金石書畫

考古圖十卷 刊本。

右宋汲郡吕大臨撰。摹古鼎、鐘、鬲、釜以至環珮之屬，物各有圖，圖各有説。并識古器所藏於目録後，自秘閣太常内藏外凡列三十七家。今本爲元大德間陳翼子重所修定。按大臨又有《續考古圖》五卷《釋文》一卷，世所罕傳，惟見錢曾《敏求記》。

博古圖三十卷 刊本。

右書題曰「寶古堂重修宣和博古圖録」。但觀萬曆癸卯洪世俊序，稱其友吳公弘甫〔一〕重刻於寶古堂，則僅翻刻原書，非有所增損於其間也。

〔一〕「甫」字原脱，今補。

歷代鐘鼎彝器欵識法帖二十卷 寫本。

右宋薛尚功輯。彙夏、商、秦、漢彝器法物，繪圖摹篆，亦考古博古之類也。王士禛云：「此書明奉國將軍厭原山人隱之嘗爲雕板。」

嘯堂集古録二卷 寫本。

右宋王球〔一〕輯。李邴〔二〕跋云：「先正歐陽文忠始集名碑遺篆録之。元祐以後，地不愛寶，頽堤廢墓，堙鼎臧敦，所觸呈露，由是考古博古之書生焉。王子俅〔三〕《嘯堂集古》最後出，奇文名蹟，自商及秦，凡數百章，尤爲精夥。余得其鏝〔四〕板，試摘所藏邵康節秦權篆銘較之，毫髮不舛，蓋〔五〕信子俅〔六〕裒類之不妄云。」

〔一〕「球」當作「俅」。
〔二〕「李邴」當作「曾機」。
〔三〕〔六〕「佾」當作「弁」。
〔四〕「鏝」當作「鋟」。
〔五〕「蓋」當作「益」。

紹興内府古器評二卷 寫本。

右宋張掄才輯。專録宋内府所藏古器銘語，時加辨證焉。

金石録三十卷 寫本。

右宋宗室趙明誠輯。有紹興甲寅其室李易安跋云：「自三代下迄五季，鐘、鼎、甗、鬲、盤、匜、尊、敦之欵識，豐碑大碣，顯人晦士之事跡，凡見於金石刻者二千卷，皆是正訛謬，去取褒貶，上足以合聖人之道，下足以訂史氏之失者，皆載之。」

輿地碑記目四卷 寫本。

右宋王象之輯。列古碑刻之目，畧考顛末而分系於某軍某州郡之下，故以輿地名焉。間有一二節録原文，皆舉其要或閒冷者。

寶刻叢編二十卷 寫本。

右宋臨安書肆人陳思撰。以九域郡縣爲綱，各繫其文於下，並採入諸家考證，頗中條理。金石文跋藉以會粹。當南渡後，君臣無意復讎。編地志者，若祝穆、王象之、潘自牧之徒，河淮以北陷蕃州郡，志不復載。思獨博采九域圖經，所遺一一識之。其識高於朝士一等矣。

石刻鋪叙二卷 曝書亭寫本。

右宋廬陵曾宏父撰。宏父字幼卿，又號鳳墅逸客。俱見本書。其爵無考。朱彝尊稱是編叙孟蜀石經及思陵御書石經本末特詳。又南渡以後秘閣帖亦詮訂有序。○按朱跋云：「宏父本名惇，紹興十三年以右朝散郎知台州府事。其以字稱者，避光宗諱也。」近時錢大昕復辨之，謂宋有兩曾宏父，朱所引乃空青之子，與幼卿本非一人。蓋錢嘗得幼卿所刻《鳳墅法帖》殘帙，考其顛末，知幼卿之父名三復，字無玷，起家進士，官至刑部侍郎，《宋史》有傳。因悟此書之非惇作耳。今從錢說。

古刻叢抄一册 曝書亭寫本。

右元黄巖陶宗儀輯。録唐碑文約十餘通，間及漢刻，皆不甚著者。

名蹟録七卷 寫本。

右元崑山朱珪輯。朱彝尊跋云：「珪精於篆刻，一時碑版多出其摹勒。因取平生所刻文字一一志之，曰《名蹟録》。」凡六卷，附以贈言一卷。

古器銘釋十卷 刊本。

右明揚州卞蓑撰。以古器銘多難讀，因考而釋之。卷首有說十四則。

古器具名二卷 刊本。

右明錢塘胡文焕撰。自序云：「取《博古》、《考古》及《欣賞》等編，凡器之具名者，各取其一，得一百有八。其有外此以爲名者，非出於古，非見諸書，雖多奚敢溷哉。」又云具其義如「具臣之具」，謂古器之名畧具於此也。諸器各有圖説。後附《總説》一卷。

金薤琳瑯二十卷 刊本。

右明都穆輯。詳載秦漢迄隋唐各碑誌。凡譌缺處多考訂之。王士禛曰：「穆有《南濠文畧》六卷，其後二卷即《金薤琳瑯》諸碑跋也。」

金石文七卷 寫本。

右明知縣華亭徐獻忠輯。

金石古文十四卷 刊本。

右明楊慎輯。二書皆秦漢以前金石古刻之釋文也，而徐較精核。

石鼓文一卷音釋一卷今文一卷 刊本。

右前人撰。慎自云得蘇軾舊本，因爲摹刻。

水經注碑目一册 寫本。

右前人輯。取酈《注》所載古碑，撮舉其目而詳考之。

金石林時地考一册 寫本。

右明長洲趙均撰。所載金石碑刻亦以省郡時代爲次。頗便省覽。

金石備考二册 寫本。

右明關中來濬輯。

古今石刻碑目二卷 刊本。

右明漢陽知府華亭孫克弘輯。以上二書皆録碑碣文字。

石墨鐫華八卷 曝書亭藏刊本。

右明舉人盩厔趙崡輯。漢唐後金石文字凡二百五十二種，爲六卷。後附記詩一卷。

墨林快事十二卷 寫本。

右明安世鳳輯。録金石欵識，起三代，迄於明世。

唐碑帖考四卷 寫本。

右明會稽周錫珪撰。專考唐碑，不及各代。

吳中金石新編八卷 刊本。

右明通判陳暐輯。暐時通判蘇州，因取吳中各碑記標題分類成此書。凡六門。

新增格古要論十三卷 刊本。

右明王佐取曹昭本增輯之。論次金石書畫，兼及琹硯文房器具。

金石續録四卷 刊本。

右國朝襄城劉青藜撰。弟青震序曰：「續云者，明歐、趙、柳、楊諸公先有成書，兹特踵述也。計跋言一百幾十首。數不及諸公之夥，然亦有不及收者。其考覈辨駁，並有可以正史家紕繆者。未必無考古之一助。」

金石史二卷 寫本。

右國朝關中郭宗昌撰。亦多録周秦漢唐碑銘，附以辨證。

觀妙齋金石文考畧十六卷 刊本。

右國朝嘉興李光映輯。取家藏碑刻，皆引諸家論辨而條列之。原委真贋可考而知。

嵩陽石刻集記二卷 刊本。

右國朝工部主事葉封撰。封本嘉興人，流寓黄州。是書乃爲登封宰時，彙録邑中碑刻，加以評隲。王士禛謂其可傳。

中州金石考八卷 刊本。

右國朝黄叔璥輯。耑録中州諸刻，以各州郡編次。間採前人論辨，綴以案語。

墨藪二卷 刊本。

右唐韋續撰。述歷代書法原委及各家評論。後附法帖音釋刊誤。

章申公九事一册 寫本。

右宋米芾録章惇評論書翰凡九則。末題：元祐六年十一月五日京口西齋東窻大滌翁書。

衍極二卷 刊本。

右宋鄭杓撰，元劉有定釋書，凡七篇。錢曾曰：「蒐討古今書法源流成一家言。」龍溪令趙敬叔曾爲鋟梓以傳。

書小史十卷 寫本。

右宋陳思撰。取自伏羲畫卦下迄五代各書家，述其本末。倣紀傳體爲之，故以史名。

書苑菁華二十卷 寫本。

右前人撰。此則皆載漢魏以後諸家之論。

墨池編二十卷 刊本。

右宋秘書正字吴郡朱長文撰。分八門：曰字學，曰筆法，曰雜議，曰品藻，曰贊述，曰寶藏，曰碑刻，曰器用。裒采諸家，頗爲詳核。治平三年自序。

蘭亭考十二卷 刊本。

右宋桑世昌輯，高似孫復爲删定之者。似孫序云：「禊之爲帖，風流太甚。自晉以來，難乎下語。桑君盡交名公鉅卿及海内之士，以充其見聞，與予游從三十年，見必及此，其有贊於帖考不一。今浙東臺使齊公屬加彙正，遂畧用史法剪裁之。」○按齊名碩，有跋。桑字澤卿，號天台老樵，陸放翁甥也。

蘭亭續考二卷 寫本。

右宋錢塘俞松輯。續桑《考》而作也。朱彝尊有跋。見本集。

皇宋書録三卷 寫本。

右宋董史輯。以列祖書爲上卷，北宋各家爲中卷，南宋各家爲下卷，釋子附焉。又别録閨閣數人爲外篇綴於末。自序謂後二篇第取能書，不復銓次人品云。○按史字更良，自號閒中老叟。有淳祐壬寅自序及咸淳乙丑跋。

負暄野録二卷 寫本。

右宋陳槱撰。雜論書法並論文房諸藝。有至正七年王東跋云：「莫知何人所述。」末又有一跋，則作陳槱著，且言槱與范石湖、張于湖、姜白石同時云。

書史會要十卷補遺一卷 刊本。

右元陶宗儀撰。其體與《書小史》相類。按《居易録》謂此書明厭原山人隱之王孫曾刊之。其末卷爲隱之所續明代善書人名欵識。雕板甚精。有張天雨、趙松雪、楊仁巖、周公謹、柯丹丘、周伯溫、豐南禺鑒定題跋。極可寶玩云。

學古編一册 汲古閣寫本。

右元錢塘吾丘衍撰。首列三十五舉，統論字學篆法印章。後爲小篆品五則，鐘鼎品二則，古文品一則，碑刻品九則，用器品九則，辨謬品七則，字源辨七則。以正德四年晴原書堂曾刻之。今本爲毛氏所録，極精楷。有危素、夏溥序二，自序一。

書法鈎元四卷 刊本。

右元蘇霖輯。裒集歷代諸家評論六書之語，自楊子雲迄劉須溪止。

字學新書摘抄一册 刊本。

右元武夷劉惟忠輯。亦摘采前人書評。凡二十四則。

法書〔一〕考八卷 汲古閣寫本。

右元龜茲盛熙明輯。有虞集、揭傒斯、歐陽玄三序。朱彝尊跋云：「熙明，龜茲人，家豫章。嘗以近臣薦備宿衛，爲夏官屬。斯編創於至順二年，進於元統二年。其文約，其旨該。不意九州之外乃有此人。」

〔一〕「法書」二字原誤倒，據《四庫總目》、《進呈書目》改。

鐵網珊瑚二十卷 曝書亭寫本。

右明都穆撰。皆載評賞書籍、碑帖、字畫及諸古玩器之語。前九卷穆自著[一]，後十一卷乃張掄才[二]、湯垕、牛戩、湯允謨[三]、周密[四]諸家所述而穆彙次之者。

[一] 盧文弨批：「九卷中亦有盛世泰、何良俊、焦竑諸家。」

[二]《四庫提要》云：「掄字材甫。」則此「才」字誤衍，當删去。

[三]「謨」下盧文弨增「趙希鵠」。

[四]「密」原作「宓」，盧文弨改「密」。

墨池璅録四卷 刊本。

右明楊慎撰。雜論書帖。所録成説與己説相半。

古法書苑三册古畫苑三册 刊本。

右二書皆明王世貞輯。分述書法、畫品源流。多有可採。

筆元要旨一卷 刊本。

右明諸生山陰徐渭撰。亦論書法者。

元牘紀一册 刊本。

右明秣陵盛時泰輯。皆題跋碑帖語。時泰於嘉靖間取羅原溥、姚元白兩家所藏而鑒别之者。其論頗資考證。

書纂五卷 寫本。

右書考六書源流，兼及文房諸具。乃明代人所撰。自題云「正德辛未祖父翠渠病叟書」，蓋以授其孫南鳳也。姓字無考。

書法雅言一册 刊本。

右明中書秀水項穆撰。有沈思孝序。論次書法凡十七篇。穆爲墨林山人項元汴子。元汴天籟閣藏書畫甲天下，世盛傳之。

筆道通會一卷 刊本。

右明太學生秀水項道民撰。亦多運筆法。道民，穆從弟也。

書法離鈎十卷 刊本。

右明錢塘潘之淙輯。詳論書法，末及音韻。

書法會編三卷 刊本。

右明舉人慈溪張夢錫撰。亦析論點畫波磔諸法，分門類次。

皇明書畫史四卷 寫本。

右明嘉定劉璋撰。述明代帝王及藝苑文士書畫，分家論次。并取元人史譜之佚於紀載者録附焉。

游鶴堂墨藪二卷　曝書亭藏刊本。

右明楚中周之士撰。考書法原委，兼采各家評跋。末録明代能書人姓氏凡一百九家，而以己及朱之藩殿。

真蹟日録三卷　刊本。

右明吳郡張丑撰。所録歷代真蹟兼採書畫者。後附《清秘藏》二卷。

珊瑚網古今法書題跋二十四卷〔一〕　寫本。

右明秀水汪砢〔二〕玉輯。皆評論碑帖及名家墨蹟語。凡前人欵識及收蓄私印俱録焉，而於墨蹟則悉載其原文。自序云：所書真蹟詩文後，石刻繼之，復搜載記收藏家爲書憑，附以往哲名言爲書旨、書品云。

〔一〕　盧文弨批：「前尚有《名畫題跋》二十四卷，此分置於後。」

〔二〕　「砢」當作「砢」。

書畫跋跋六卷　刊本。

右明尚書餘姚孫鑛撰。「書畫跋跋」云者，跋王世貞之書畫跋，以訂之也。

書訣一册　寫本。

右不著撰人。亦論書法，并記歷代善書人姓氏。

書學彙編十卷 寫本。

右國朝萬斯同撰。以時代編次古今書家，人繫以傳，詳其本末。亦陳思《小史》之流也。其書家爲正史所載與所佚者悉分别著之，即以見其非苟作耳。

書畫題跋記十二卷續十二卷 知不足齋寫本。

右國朝嘉興郁逢慶輯。采唐、宋、元、明書畫題跋及詩詞畫彙録之。郁氏於明代收藏稱富，故見聞亦頗廣云。

天發神讖碑釋文一卷 寫本。

右國朝祥符周在浚撰。碑爲皇象書，吴天璽年建，在今江寧上元縣。其文奥，且久斷缺難讀，在浚因考而釋之。

禊帖綜聞一册 倦圃藏刊本。

右國朝蜀中胡世安輯。似未見桑、俞二家書而作者。然録及元明諸公考跋，亦足以廣後來之聞識焉。

瘞鶴銘考一册 小山堂寫本。

右國朝吴郡汪士鋐撰。焦山《瘞鶴銘》，舊石久圮於江。康熙壬辰陳振奇徙置山麓。相傳爲右軍書，又云顧逋翁，昔人辨論多矣。士鋐因備採諸説并圖其石於卷端而爲此考云。

分隸偶存二卷 刊本。

右國朝編修鄞縣萬經輯。録隸書碑版，自漢魏迄元明，并作隸人姓氏與其題識彙而存此。

唐朝名畫録一册 刊本。

右宋吴郡朱景元輯。録唐代畫家，第其品格。

五代名畫補遺一卷 刊本。

右宋彭城劉道醇輯。分人物、山川、走獸、花竹、屋木、塑作、雕木凡七門，計二十四人。有嘉祐四年陳洵直序。

宋朝名畫評三卷 寫本。

右前人撰。亦分人物、山水、林木、獸畜、花卉、鬼神、屋木七門，凡九十二人。而以神品、妙品、能品三者别識之。

林泉高致一册 寫本。

右宋温縣郭思輯。載王維、荆浩、李成三家論山水法，并思父熙《林泉高致山水論》等篇，總題曰《林泉高致》。後附董羽《畫龍緝議》。

郭氏山川訓纂一册 寫本。

右前人輯。此專述其父熙論畫之語。後附《圖畫見聞誌補》一卷。

畫史會要五卷 刊本。

右明宗室朱謀垔撰。述畫事，溯上古迄於明代，各家按世次詮敘焉。

畫繼補遺二卷 寫本。

右書有明人小序云「嘉興吴景長所記」。按《通考》：《畫繼》，鄧椿撰。則此當以補鄧書也。紀宋代畫家凡九十有九，元代諸家附焉。

中麓畫品一卷 刊本。

右明章丘李開先撰。雜論畫品及各家師法。

畫志一卷 寫本。

右明沈與文撰。志王維至商琦凡十有八家。後附葉夢得評畫行詩註一篇。與文自號姑餘山人。

繪事微言四卷 刊本。

右明泰州唐志契撰。首卷自論畫法，餘則删纂前人畫史二十六種彙次成編。

無聲詩史七卷 刊本。

右明曲阿姜紹書〔一〕撰。多論明人畫品。

〔一〕「書」字原脱，今據《四庫總目》及康熙五十九年刻本補。

寶繪録二十卷 刊本。

右明華亭張泰階輯。自唐至明，名畫皆著於録。

珊瑚網古今名畫題跋二十四卷附録一卷 寫本。

右明汪珂〔一〕玉輯。彙録宋、元、明諸家評品名畫跋語，搜採頗富。間有自作畫跋亦附焉。自序云：「幾幾乎山檮杌，水春秋，草木狀，《爾雅》注矣。」附録一卷係畫法。

〔一〕「珂」當作「砢」。

歷代畫家姓氏韻編六卷 寫本。

右書以韻編姓，各注里籍出處大畧，并表其所長。其釋、道、閨秀等别附後。題曰「小長蘆顧仲清編次，孫秀虎補輯」。按書中所採姓氏迄於國朝，當爲秀虎所補，則仲清或是明人。

分宜清玩籍一册 寫本。

右書係明相嚴嵩籍没時所録官簿。皆琴硯書畫名色。殆後人類次題以今名者。

讀畫録四卷 刊本。

右國朝周亮工撰。録李日華迄章谷諸家，人各爲傳，韻語逸事悉採入焉。後附王時敏至王蓍等姓氏，則皆未及列傳者。

繪事備考八卷 刊本。

右國朝三韓王毓賢撰。採輯古今繪事，多所考正。

烟雲過眼録二册 寫本。

右國朝周在浚輯。因其父亮工所獲明代及國初名人畫册題跋彙爲此録。題曰「烟雲過眼」，則襲周公謹之舊也。

畫法年紀一册 刊本。

右國朝郭礎撰。前半備列畫家姓氏，悉以時代編之，而各注所長於下。後半則皆畫評也。

南宋院畫録八卷 寫本。

右國朝厲鶚撰。首卷總述。二卷以下録李唐迄李永凡九十有四人。皆掇拾羣書爲之。

國朝畫徵録三卷續録二卷 刊本。

右國朝秀水張庚撰。叙述畫家源流師法，各加評論。

説家類四 小説

小字録七卷 黄氏《書目》作《陳古賢小字録》。 刊本。

右書首卷爲宋陳思輯，後六卷爲明沈宏正續輯。

同姓名録十二卷 刊本。

右明鄞縣余寅撰。

同姓名録八卷 寫本。

右國朝錢塘王廷燦輯。以上二書皆摘録古今姓名相同者。

别號録八卷 刊本。

右國朝崑山葛萬里輯。考南宋以下及明人别號，以韻次之。自序云：「文章、節義、功名、道德之人大半入焉。陳之几案，可當指掌之圖；攜之行笈，足施負版之敬。」

實賓録一册 寫本。

右不著撰人。卷中自署「蘇臺雲翁」。亦録古人别名各爲注焉。

姬侍類偶二卷 寫本。

右宋周守忠輯。專録古今女子事跡相類、名字相偶者。如碧玉、緑珠、好好、亭亭之類。韻以四言，皆於句首見其名氏。凡八十有八聯，共得百八十有二人。各隸本事爲之注。有嘉定間自序及鄭域序。

補妬記八卷 寫本。

右書前六卷爲妬記，七卷爲雜妬，八卷爲總序。按晁公武《讀書志》作一卷，云：「古有《妬記》久亡。

不知何人所補。其事自商周至於唐代。」今書題曰京兆王績編，并及五代時事。

宫閨小名録五卷 刊本。

右國朝長洲尤侗輯。因洪遂〔一〕、王銍〔二〕、張邦幾諸家所著《侍兒小名録》遂爲補輯。起漢迄明，上自后妃，下逮仙鬼，並列於編。

〔一〕「遂」原作「遵」，今改正。

〔二〕「銍」原作「鈺」，今改正。

回文類聚五卷 刊本。

右書初本爲宋桑世昌所纂，明時張之象增之，國朝朱存理更爲續采者。

銀鹿春秋一册 寫本。

右明吴郡陸嘉穎撰。按銀鹿，唐顔峴家僮名。後事魯公終身，至禍害不避，奉公喪以歸。是書所載皆奴僕忠於事主者，故以銀鹿爲名。又附女奴於後。

字觸六卷 刊本。

右國朝周亮工輯。隨拈一字，旁達其義。蓋即射覆遺意也〔一〕。

〔一〕盧文弨批：「比附不切。」

茶董二卷 刊本。

右明江陰夏樹芳撰。論次茶話。自謂品别淄澠，判若南董，故名。

茶史二卷 刊本。

右國朝淮右八十老人劉源長撰。采陸羽、裴汝以下諸家之説。分産茶、品茶、製茶各類。條記故寔詩歌，視《茶董》爲詳。

茶經一卷 刊本。

右明徐渭撰。

酒史六卷 刊本。

右前人撰。以上二書皆考述茶酒典故及名人韻事。

酒概四卷 刊本。

右明無錫沈沈輯。爲書二十二門，如酒源、酒名之類。

蟫史十一卷 刊本。

右明嘉興穆希文輯。蓋以蟫之蠹於書，而文爲諸蟲作一史也。

蟹畧四卷 小山堂寫本。

右宋高似孫撰。序云：「余讀傅《蟹譜》，惜其徵録太畧，爲加集以廣見聞。」

晴川蟹録四卷後蟹録四卷 刊本。

右國朝孫之騄撰。前後録皆四門。凡蟹之故寔與夫食蟹之方、詠蟹之作，靡所不綜焉。

蟲天志十卷 刊本。

右明吴淞沈弘正撰。分諸蟲爲六門。一曰鬭，鬭雞之類。二曰舞，舞鶴之類。三曰能言，鸚鵡之類。四曰傳書，雁之類。五曰識字，鶴識字之類。六曰奏技，紡線、叩頭之類。皆紀故寔佳語。

異魚圖贊四卷補三卷 刊本。

右明楊慎撰。搜輯水族出産，品味、形質俱著録焉。

烏衣香牒四卷 刊本。

春駒小譜二卷 刊本。

右國朝侍郎海寧陳邦彦撰。二書一爲燕譜，一爲蝶譜，悉採古今故寔、詩詞彙録之。

開顔録二卷 刊本。

右宋校書郎周文玘輯。纂述史傳故寔凡可解頤者，録爲一書。總三十有五事。

投轄録一册 寫本。

右宋王明清撰。録宋時見聞瑣事。

北牕瑣語一册 寫本。

右明鄞縣余永麟輯。雜誌明代朝野軼事，兼附瑣語俚詞。

冶城客論二卷 寫本。

右明長洲陸采撰。亦劄記見聞瑣事，多涉幽異。

效顰集二卷 刊本。

右明趙弼撰。爲傳記二十五篇。雜及善惡果報之事。宣德壬子王静序。

續玄怪録四卷 寫本。

右宋李復言輯。皆唐代幽怪之事。

燃犀集四卷 刊本。

右不著撰人姓名。亦輯怪異之事。凡七十二則。

獪園十六卷 刊本。

右明吳縣錢希言輯。其書畧仿《齊諧記》、《虞初志》之體。

才鬼記十六卷 刊本。

右明梅禹金輯。凡古今鬼物之能以才見者，裒集其逸事詩詞成編。

藝玩類

琴史六卷 寫本。

右宋秘書省正字朱長文撰。字伯原，人稱樂圃先生。前五卷紀古帝王、歷代人物之精於琴學者。後一卷辨論琴理，凡十一篇。錢曾曰：「此書序於元豐七年。上自帝堯，下至宋趙抃，凡有涉於弦徽間者，逐卷裒次。而牧翁録其中董庭蘭一則，以辨房琯之受誣，最爲有識。他如宋太祖謂五弦琴文武加之以成七，乃留睿思而究遺音，作爲九弦之琴，五弦之阮。苟非伯原此書，不復知琴有九弦者矣。」

琴譜正傳六卷 刊本。

右明黄獻撰。自跋云：「弘治丙辰進入内府，時年方十一。蒙孝廟皇上命，學琴書於司禮監竹樓戴公，頃刻無忘獲成其業。今年六十餘，恐泯其傳，乃托同志助資刻之。」

太古遺音四册 刊本。

右明金陵楊掄輯。詳考五音及歷代琴曲指法。前列圖式。

琴瑟譜三卷 刊本。

右明瓊州生員汪浩然撰。首卷總考琴瑟制度原委。後二卷分考曲調，審其指法。

青蓮舫琴雅三卷 刊本。

右明松江林有麟撰。前一卷列琴式。後二卷採古今論琴之語及題詠諸作。

德音堂琴譜十卷 刊本。

右國朝新安汪天策撰。

琴學心聲二卷 刊本。

右國朝莊〔一〕臻鳳撰。諧聲譜詞製爲十六則，於古曲外别爲十六曲。前列律吕圖説及指法之要。並採各體詩歌以附之。

〔一〕「莊」字原誤作「張」，據《四庫總目》、《江蘇藝文志·南京卷》改正。

琴談二卷 刊本。

右國朝新安程允基撰。乃備載琴操及製琴之法。

琴學二册 刊本。

右國朝貢生嘉善曹庭棟撰。内篇二十二，證正律之外有變律、半律，與《律吕新書》之説相發明。外篇則薈萃古今琴説考訂焉。

五知齋琴譜八卷 刊本。

右國朝江都徐俊撰。採古今琴操，詳論五調三聲。本其父琪舊譜而成。

羯鼓録一卷 寫本。

右唐婺州刺史南卓撰。詳著羯鼓形製、聲調，并唐開寶時事及後之善於其技者。馬氏端臨曰：「見《崇文總目》。羯鼓夷樂與都曇荅鼓皆列於九部，至唐開元中始盛行於世。卓所記多開元天寶時曲云。」

銅劍讚一篇 寫本。

右梁江淹撰。歷引紀傳，詳以銅爲兵之制。

宣德鼎彝譜八卷 寫本。

右明大學士楊榮撰。叙述宣德年間鑄造郊壇、太廟、内廷供用鼎彝等器共一百一十七欵。

遠西奇器圖説録三卷 刊本。

右明西海鄧玉函所口授，關中王徵譯其説而摹繪之。皆西洋人造器之法式。徵序言：「《圖説》全帙巧器極多。其或不甚關日用，如飛鳶、水琴等類，又或非國家工作之所急需，則不録。特録其最切要者。」

文房四譜五卷 寫本。

右宋翰林學士蘇易簡撰。滴器附於硯譜，筆格附於筆譜水。筆譜居二卷，餘各一卷。每譜分門，一叙事，二造，三雜説，四辭賦。惟筆譜多一門，曰筆勢。有徐鉉序。

古今文房登庸録一册 寫本。

右明建業黄謙撰。因舊有文房十八士圖讚，又續纂十事以應二十八宿之數。有弘治壬戌自題詞。

其目先進十八人。筆曰毛中書,墨曰燕正言,硯曰石端明,筆架曰山架閣,水滴曰水中丞,硏曰楮待制,砑子曰貝光禄,閣手曰竺秘閣,鎮硏曰邊都護,刀曰刀吏書,印曰印書記,界方曰黎司直,蠟斗曰黄秘書,糊曰胡都統,界尺曰方正字,筆池曰曹直院,剪曰齊司封,盤曰盤都丞。續進者十人。錐子曰丁刺史,印色曰朱鴻盧,拂子曰須闒制,書燈曰尤待詔,燈屏曰穆平章,書桌曰戚都憲,粉板曰白修文,牙籤曰相監寮,書掛曰祝統制,點筆杖曰谷校書。徵拜諸賢尚方天禄等文及續召諸作因爲擬補。

十處士傳一卷 刊本。

右明檇李文立撰。倣韓愈《毛穎傳》之體,取衾枕鑪帳等物各爲之傳。共十篇。

宋紹聖李伯揚墨譜三卷 寫本。

右宋趙郡李孝美撰。圖一卷,式一卷,法一卷。有宋馬涓、李元膺二序。按馬氏《經籍考》有《孝美墨苑》三卷,當即此書。

墨史三卷 寫本。

右元吴人陸友撰。銓次魏晉以後製墨各家源流派别。

方氏墨譜六卷 刊本。

右明歙縣方于魯輯。首列雜文。下分國寶、國華、博古、博物、法寶、鴻寶六類。

程氏墨苑三十二册 刊本。

右明歙縣程君房輯。倣方于魯《墨譜》，分六類編次，曰元工，曰輿地，曰人官，曰物華，曰儒藏，曰緇黄。

吴氏墨記一册 刊本。

右明歙縣吴頤元輯。紀明歙人吴山泉製墨之法及名人投贈詩文。

硯箋四卷 寫本。

右宋高似孫撰。考硯所産，及凡詩賦、銘贊、雜文之爲硯作者。

欣賞硯譜一卷 刊本。

右明茅康伯撰。温博序。與《箋》互有詳畧。繪硯圖十七，《箋》所未及。

印人傳三卷 刊本。

右國朝侍郎祥符周亮工撰。亮工有印癖，因最精於此藝。人各爲傳，而所述多有不涉印事者，則又借以攄其所感，示不徒爲小技作也。

印典八卷 刊本。

右國朝吴縣朱象賢輯。博採印璽源流，以及前人評論并歌咏記序，分類編次。

香譜四卷 天一閣寫本。

右元河南陳敬編。博采諸香出處製法并附詩文。至治壬戌熊朋來序云：「河南陳氏《香譜》，自子中至浩卿再世乃脱稿。凡洪、顔、沈、葉諸譜具在此編。」按洪駒父有《香譜》，顔持約有《香史》，沈立之有《香譜》，葉庭珪有《香録》。

香乘二十八卷 刊本。

右明淮海周嘉胄撰。亦博採香事，悉其名類。

雲林石譜三卷 刊本。

右宋山陰杜綰撰。乃考訂名石，辨其出産形質，爲品目之。

素園石譜四卷 刊本。

右明雲間林有鄰撰。檢取羣籍中如壺中九華、寶晉齋研山之類，各爲寫形題咏。

適情録二十卷 刊本。

右明永嘉林應龍撰。即圍碁譜，分正兵、奇兵等二十部。後有碁經圖説。

洞天清録一卷 寫本。

右宋宗室趙希鵠撰。古琴辨三十二條，古硯辨十二條，古鐘鼎彝器辨二十條，怪石辨十一條，硯屏辨五條，筆格辨三條，水滴辨二條，古翰墨真跡辨四條，古今石刻辨五條，古今紙花印色辨十五條，古畫辨二十九條。按此書明寧藩曾刻之。

羣芳清玩一册 刊本。

右明吳縣李嶼撰。彙輯金石書畫蘭菊譜箋共十二種。

雪菴清史五卷 刊本。

右明沙縣樂純撰。皆游玩賞鑒諸事。

張氏藏書二册 刊本。

右明生員崑山張應文撰。乃考古銅玉及琴譜茶經。

長物志十二卷 刊本。

右明長洲文震亨撰。震亨字啓美，官武英殿中書舍人。謂室廬宜如何營造，器什、琴劍、書畫、筆研等何者爲佳，宜何如安排，花木宜如何蒔植，爇香煮茗宜依何法。蓋猶愈于無所用心者矣。

李氏居室記五卷 刊本。

右明河南李濂撰。係自著堂閣諸記并文房雜器諸箴銘。

類事類

編珠四卷

續編珠二卷

歲華紀麗四卷
謝華啓秀二卷 俱刊本。

右《編珠》隋著作郎杜公瞻於大業七年奉勅撰。所引多緯書。自序謂朱書者故寔，墨書者正義。原四卷，内佚二卷。國朝高士奇得於内庫書籍廢帋中，以隋世類書僅見此，因爲補之。又自續二卷，並取唐韓鄂所撰《歲華紀麗》、明楊慎所撰《謝華啓秀》二書彙刻之。

晏公類要一百卷 天一閣寫本。

右宋宰相臨川晏殊撰。分門各載故事而討論之。此書流傳久缺，他本止三十七卷，今本全載序目，中缺四十四卷，與錢塘吴氏所藏鈔本多十九卷，至此本所缺而吴本有者又十六卷。

晏元獻公類要三十七卷 瓶花齋寫本。

右前人撰。即錢塘吴氏本也。前載曾南豐序，稱公所《類要》上中下三帙，總七十四篇。此本止三十七卷，其目録自成首尾，無斷缺之迹，疑即前書而後人重編者。每條下間有注云「四世孫袤補闕」字様。今與前書仍兩存之。

紺珠集十三卷 寫本。

右書紹興丁巳左承直郎灌陽令王宗哲序云：「不知起自何代。建陽詹公以寺丞出鎮臨汀，示兹集校勘。」而明天順七年錢塘賀榮識云：「馬氏《經籍考》據晁《志》作朱勝非撰。」勝非當紹興建炎間居相位，紹興四年始乞終喪制。王宗哲序在紹興七年，俱同一時。勝非在當時位顯名著，非隱約山林者，何以不能詳究其寔。又公武在紹興間，家藏書極多，得南陽公書五十篋。其守榮州時，日夕校讎，著《讀書志》二十卷。今所傳止五卷，二十字疑誤〔一〕。此皆必有所據，因附識於此。

〔一〕盧文弨批：「姚應續本係二十卷，與馬氏《通考》所引俱相合。」

羣書考索前集六十六卷後集六十五卷續集五十五卷 刊本。

右宋國子博士金華章如愚輯。此書詳文物典章之原委。前集分十五門，後集分九門，續集分十七門。

楊氏六帖補四十二卷 寫本。

右宋代郡楊伯嵒輯。以補白居易、孔傳世〔一〕之《六帖》也。

〔一〕孔傳字世文，此「世」字衍，當删。

紀纂淵海一百九十五卷 天一閣寫本。

右宋福州教授金華潘自牧輯。分二十二部，一千二百四十六門，每門以四部爲次。嘉定己巳自序云：「自少嗜書，引用前輩類書紀事體，參以纂言自成一編。東陽賈君昉成甫求室吾妹，間語及之，於是慨然從臾。十涉春秋，繙卷數萬而書稍就。又得金華汪君淳叔川贊决而增益之。」其書尾著泰定乙丑圖沙書院刊行。

緯畧十二卷　寫本。

右宋高似孫輯。似孫既作《經畧》、《史畧》、《子畧》、《集畧》、《詩畧》，復取其事之逸者瑣者編之，與諸畧相爲經緯。

緯畧類編三十五卷　天一閣寫本。

右書亦專取瑣逸之事以類次之。卷首止署「崇德芹溪沈」五字，未詳其撰人。

事文類聚前集六十卷後集五十卷新集三十六卷别集三十二卷續集二十八卷外集十五卷遺集十五卷　刊本。

右宋建安祝穆輯。先以羣書要語，次以古今事寔，次以古今文集。分綱列目，采摭頗爲詳焉。

全芳備祖前集二十七卷後集三十一卷　寫本。

右宋天台陳景沂撰。寶祐丙辰自叙云：「於花果草木必全且備，所集凡四百餘門，非全芳乎。凡事實賦咏樂府必稽其始，非備祖乎。」又寶祐癸丑安陽韓境序。

古今歲時雜咏四十六卷　寫本。

右宋眉山蒲積中輯。因樓鑰《歲時雜記》而續之者。

海録碎事二十二卷 刊本。

右宋泉州守葉廷珪輯。凡分門一百七十有五。此書初名《一四録》，取羣籍中碎事繁文，自一字至四字，以類爲次。後改今名。

翰苑新書前集七十卷後集二十六卷又六卷續集四十二卷別集十二卷 寫本。

右書明陳文燭云：「此編爲宋人所作，向無梓本。」

錦繡萬花谷前集四十卷後集二十九卷續集四十卷別集三十卷 刊本。

右書前有宋淳熙間撰書人自序。以上二書俱未詳撰人姓名。

裁纂類函一百六十卷 寫本。

右元廬陵周宏道輯。類纂史事，自帝王起，總録部止，凡二十二門。虞集序。

羣書會元截江網三十五卷 元刊本。

右書元國史院編修官東陽胡助序，稱其摭拾古今，分類纂集。謂之「會元」者，以其有會歸之地也。謂之「截江網」者，以見其無遺漏之虞也。惜成書者不著姓名。其書爲至正四年所刊。

萬卷菁華前集八十卷後集八十卷續集三十四卷 天一閣寫本。

右書題曰「太學新編聲律資用萬卷菁華」，又題曰「太學續編歷代事寔」，無序跋，故未詳其撰人姓名。

類雅二十卷 寫本。

右書亦未詳撰人姓名。其體分類纂言。

羣書集事淵海四十七卷 刊本。

右書纂集故事。分門十，爲目五百七十二。弘治乙丑謝遷序，稱此書門分彙列，俱有條貫。所采自春秋戰國迄於前元。而不著名氏，豈元末喪亂之際，窮居避世而托志於文字以終其身者，如虞卿之徒歟。少監賈公偶得之書肆，鋟梓以廣其傳云云。按《百川書志》云弘治間人撰，屬誤。

羣書拾唾十二卷 刊本。

右明臨江張九韶輯。摘羣書之要類次之，以便童習。自天文至釋家凡十二門。

可知編八卷 刊本。

右明楊慎輯。以天、地、人總列三部。復於各部下分標門類，使覽者易知。

三才圖會一百六卷 刊本。

右書天文、地理、人物三門，係明參議上海王圻纂。自時令以下至文史十一門，圻子思義所續。其大指以凡類家俱詳於文而畧於圖，故專以圖爲主。今惟前三門圖甚詳，爲諸類書所無。其餘據凡例云：凡時令、宫室、身體、衣服、禮樂、文史、人事與夫器用、草木、鳥獸、昆蟲之類俱各有圖。第卷帙浩繁，未易卒舉，當俟續梓。

稗史彙編一百七十五卷 刊本。

右前人撰。自天文至志異分二十八門。其目三百有二十。序謂取仇遠之《稗史》、陶九成之《説郛》删汰增益而成。

名義考十二卷 刊本。

右明户部郎西楚周祈撰。分天、地、人、物四總部而條繫之。專以考證名義所自始。其於象緯、名物、訓詁、方言之類靡不詳晰。

天中記六十卷 刊本。

右明沔陽陳文燭輯。起天文終鳥獸，分類頗詳。天中，汝南山也，取著作藏名山之意以名。萬曆乙未屠隆序。

華夷花木鳥獸珍玩考十二卷 刊本。

右明西吳慎懋官輯。分花木考六卷，鳥獸考一卷，珍玩考一卷，續考三卷，雜考一卷。懋官，蒙之子也。

異物彙苑五卷 刊本

右明太倉王世貞輯。於各書中專述物異，以類次之，凡二十七門。

異物彙苑十八卷 刊本。

右明浮梁閔文振輯。亦志物異并各著其所出。其體例與前書相仿。

彙苑詳註三十六卷 刊本。

右明國學生晉江鄒道光輯。録典故而分門彙之，各係以注。

事詞類奇三十卷 刊本。

右明武進徐常吉輯。所采皆經史百家中奇語。

黔類十八卷 刊本。

右明泰和郭子章輯。此則皆史傳瑣事。係官黔時所作。

劉氏類山十卷 刊本。

右明宜川知縣桐城劉胤昌〔一〕輯。其徵事屬辭皆撮舉其要。自象緯方輿以下分七十二類。

〔一〕「劉胤昌」原作「張允昌」，今據《中國古籍善本書目》、《皖人書録》改。

詞林海錯十六卷 刊本。

右明江陰夏樹芳輯。乃采纂説部中雋語。

留青日札三十九卷 刊本。

右明教諭錢塘田藝衡輯。第蒐其僻事隱語，亦以類次之。自甲至癸爲十集。

事言要元三十卷 刊本。

右明福建陳懋學輯。分天集三卷，地集八卷，人集十四卷，事集二卷，物集三卷。萬曆間魏濬序。

文苑彙雋二十四卷 刊本。

右明鄞縣屠隆輯。分二十四門。於《唐類函》、《天中記》、王氏《彙苑》、《事文類聚》四編中擇其要者，標題分注，則仿《初學記》之例。

茹古畧集三十卷 刊本。

右明程良孺輯。述古事古語爲賦，共三百九十四篇。其所遣用於詩文爲多。

説類六十二卷 刊本。

右明林茂槐輯。皆取材唐宋人雜著，無經史之文。

時物典彙二卷 刊本。

右明李日華輯。自天文至鳥獸，爲類二十有四。

巵林十卷 刊本。

右明莆田周嬰輯。乃采史籍中語各爲標題。末附補遺一卷。

事物紺珠四十一卷 刊本。

右明揚州黄一正輯。自天文至瑣事止，凡四十七部。每部各分細類，並加注釋。

學古適用編九十一卷 刊本。

右明侍郎吳郡吕純如輯。所采歷代事寔足爲後人法式者。分九十一門。

沈氏學弢十六卷 刊本。

右明刑部郎嘉興沈堯中輯。所采皆軼事。凡二十八門。

合纂類語三十二卷 刊本。

右明錢塘魯重民輯。乃詳於纂言而畧於紀事者。

傭吹録二十卷 刊本。

右明文德翼輯。所載故事名物俱爲偶儷之語。

古今記林二十九卷 刊本。

右明婺源汪士漢輯。自天文至蟲魚，爲類二十有七。卷帙不多而所采書七百餘種，並列於首。自序謂博不傷繁，約不傷陋。

竹香齋類書三十七卷 刊本。

右明錢塘張墉輯。首倫類品行，次及政事、藝術、輿地、象緯等類。自述云：「六經之書如日中天，無敢去取。而史籍浩瀚，難以兼綜默識。故於各史擷其菁英，蓋不及雜説稗官者。」

博學彙書十二卷 刊本。

右國朝蕭山來集之輯。蒐采經史乃并及前人緒論，以究名物源流。

三才藻異三十三卷 刊本。

右國朝鄭屠粹忠輯。標題各載事類而以韻語編之。

典引輯要十八卷 刊本。

右國朝懷寧丁昌遂輯。專取經傳典故而各舉其要，以資舉業家之考證。

李氏類纂四册 寫本。

右國朝嘉興李繩遠輯。分職官、姓氏、事類、物類四門。

錦帶補注一册 天一閣寫本。

右宋杜開注。取梁蕭統《十二月錦帶書》，於每篇下各爲之注。

日涉編十二卷 刊本。

右明應城陳堦撰。乃分記十二月典故。每日又各載故寔詩詞。

行年録二十四册 刊本。

右國朝侍郎廣昌〔一〕魏方泰輯。此則自一歲至百歲，古今事蹟分年録之。

〔一〕「廣昌」原作「廣東」，據《四庫總目》、《中國人名大辭典》改正。

藝林纍百八卷 刊本。

右明華亭李紹文輯。録古人成語之有數者，從一至百，聚而類編之。如一則一丘一壑，百則百穀百年之類。

駢志二十卷 刊本。

右明常熟陳禹謨輯。録古事之相比者。每條並舉二語，并注其出處。

古事比五十二卷 刊本。

右國朝桐城方中德輯。亦録事類相同可爲比例者。分門纂之。

文選雙字類要三卷 刊本。

右宋學士蘇易簡輯。摘録《文選》字法，比而屬之。爲門四十，爲類五百。

文選類林十八卷 刊本。

右宋清江劉攽輯。乃掇取《文選》中字句類而次之。

文選錦字録二十一卷 刊本。

右明淩廸知輯。以前二書繁簡不齊，因爲損益成編。凡分四十六門。

修詞指南二十卷

右明國子監助教東海浦南金輯。以部統類，以類統篇。乃彙《爾雅》、《左腴》、《漢雋》諸書而釐補之。

廣修辭指南二十卷 刊本。

右明陳與郊輯。以廣浦南金之原編也。

考古辭宗二十卷 刊本。

右明提學高安況叔祺〔一〕輯。亦增益浦南金之書而爲之者。

〔一〕「祺」原誤作「洪」，據《四庫總目》、《千頃堂書目》改。

堯山堂偶雋七卷 刊本。

右明蔣一葵輯。多載六朝唐宋之聯句駢語，考其出處。

四六叢珠彙選十卷 刊本。

右明當塗教諭晉江王明嶅輯。本宋葉氏原編，復取其精語分聯摘之，以爲臨文遣用之資。

增修詩學押韻淵海二十卷 刊本。

右元建安嚴毅輯。本梅縣蔡氏原本重爲編之。列平韻三十部，於每字下分字類、詩料兩門編入。有至正庚辰張復序。

思元齋均藻二卷 刊本。

右明楊慎輯。亦分韻編集各書典實。

三體摭韻十二卷 寫本。

右國朝監生秀水朱昆田撰。採古今騷、詩、詞三體雋語，依韻分編。凡習見者俱不録。昆田，彝尊子也。

杜韓集韻八卷 刊本。

右國朝桐鄉汪文柏輯。取唐杜甫、韓愈二家之詩編入四聲，使學者知造句押韻之法，以爲古韻通轉之證。

璧水羣英待問會元選要八十二卷 刊本。

右宋建安劉達可輯。自萃新至數學共十六門。爲宋時塲屋所用。淳祐間陳子和序。

射林八卷 刊本。

右明吴郡朱光裕輯。分輿象、君臣、政事、藝文、禮樂、彊戎、田賦七門。多及明代時事。

羣書纂粹八卷 刊本。

右明吴郡徐時行輯。分類録諸書中粹語，亦爲塲屋應用之本。

叢書類

曾公類説六十卷 刊本。

右宋尚書郎温陵曾慥輯。摘録羣説，自《穆天子傳》以下共二百五十二種。標舉條目而録原文於下。每種間著其書之撰人、來歷。天啓丙寅劉序謂書成於紹興六年。

百川學海十册 刊本。

右宋鄭左圭輯。説部一百種，分爲十集。

續百川學海十六册 刊本。

右明昌江吴永輯。所采凡一百二十種，亦分十集以續左圭所未録。

廣百川學海十六册 刊本。

右明北海馮賓可輯。所采凡一百三十種，亦分十集，以廣左、吴所未録。

翰苑叢抄二十卷 刊本。

右書未詳撰人。所抄係宋代各家雜著，有關翰苑者爲多。

溪堂麗宿集一册 天一閣寫本。

右明曹文炳輯。首《昭明遺事》，不署名。次《程氏字訓》，宋程若庸著。《經傳要旨》，宋本心、岷麓二先生著，不署名。《文會燕語》，東正鋒著。《巴山夜語》，戚璞著。《林下常談》，孔嚴化著。《山村雜言》，齊邇莊著。《漁艇野説》，武惠孫著。《林泉村話》，孟德厚著。《蓮幕燕談》，不署名。凡十種。

古今説海一百四十二卷 刊本。

右明黄標尊輯。分説選、説淵、説畧、説纂四部。所采小説凡一百三十五種。其書爲嘉靖甲辰刊。

稗海續稗海共四百四十六卷 刊本。

右明尚書會稽商濬輯。自序謂取鈕氏世學樓藏本選校付梓。而近世郎廷極序云：「是書纂於會稽鈕黄門石溪，其甥商景哲雕之。距今百五十年。余近得其板於襄平蔣氏，從而釐其亥豕。有卷帙不全者，復證之《津逮》本中補其一二。凡爲種七十有四。」

丘陵學山十二册 刊本。

右明王完輯。隆慶戊辰自序云：「《丘陵學山》，配《百川學海》而纂之者也。《學海》始聖業圖纂，止於宋耳。《學山》自《大學》古本始，以《千字文》爲編，凡數十種。進未已也。」今本訂四十四種，至師字號止。

稗乘二册 刊本。

右明陳元允輯。共采小説四十二種。分爲四類，曰史畧，曰訓詁，曰説家，曰二氏。史畧如《晉文春秋》、《漢武事畧》之類。訓詁如《樂善録》、《訓子言》之類。説家如《因話録》、《攬轡録》之類。二氏如以經釋宗、辨禪之類。

眉公秘笈正集二十卷續集五十卷普集四十六卷彙集四十一卷廣集五十卷 刊本。

右明華亭陳繼儒輯。皆薈萃説部之書而間以自著附之。

古今逸史十六册 刊本。

右明新安吳琯輯。自《方言》以下至《集異記》凡四十二種。

明人百家小説八册 刊本。

右明沈廷松輯。所采多明人説部。自王世貞《皇明盛事》，迄祝允明《義虎傳》，凡一百有九種。

鹽邑志林五十五卷 刊本。

右明海鹽知縣黄岡樊維城輯。所采凡四十種，始吴陸績《易解》，終明姚士粦《見只編》。又以吕元善《金門志》附焉。以著書者皆鹽邑之産也。

烟霞小説五册 刊本。

右明侍郎鄞縣范欽輯。所采小説自《吴中故語》及《猥談》凡十種。

陸氏虞初志八卷 刊本。

右書所采小説家自吴均《續齊諧記》以下凡三十二種。無序跋、目録，不署名。

山居雜志四册 刊本。

右明新安汪士賢輯。取稽含《草木狀》以下凡二十種彙刻之。皆動植類。

璅探十卷 刊本。

右明李蘅輯。卷各一種。宋有盧襄之《西征記》、石茂良之《避戎夜話》。元有徐顯之《裨傳》。餘七種皆明人雜著。

欣賞編八卷 刊本。

右明茅瑞徵輯。徐中行序謂吴郡沈潤卿先生《欣賞編》十卷，此則茅子所續者，一切游藝賞心及嬉戲之事凡六十五種。

顧氏雜録十册 刊本。

右書所彙皆名人逸士著述，共四十種。顧氏亦未署名。

賴古堂藏書四册 刊本。

右國朝祥符周在都輯。在都搜輯海内鉅公碩儒各成一家言者，自周亮工《觀宅吉祥相》迄郭領華《漁談》止，凡十種。在都，亮工子也。

檀几叢書二集五十卷 刊本。

右國朝錢塘王晫、新安張潮同輯。顔其額曰《國朝名家小品五十種》。

奇晉齋叢書四卷 刊本。

右國朝貢生平湖陸烜輯。所采自李濬《松窻雜録》至楊慎《雲南山川誌》凡十六種。

天文術算類

陶隱居重定甘巫石氏星經一册 寫本。

右梁陶弘景輯。以甘氏、巫氏、石氏三家星官著於圖録後。附張衡《星官大象賦》。

玉曆通政經三卷 寫本。

右書不著撰人姓名。乃論天文占驗。唐太史李淳風序。

靈臺秘苑十五卷 寫本。

右宋司天監于大吉、丁洵同輯。專言星象。

天文主管一册 寫本。

右書題云：「明昌二年金司天臺少監臣武亢重行校正。」以《步天歌》分繪其圖而解之。詳註某星主某事，現某象則主應某事，故曰主管。後附《周天元象賦》。

革象新書二卷 刊本。

右元鄱陽趙敬撰。備載曆數星學諸考。

測圓海鏡十卷 刊本。

右元翰林學士欒城李冶撰。紀勾股算法。附明顧應祥《分類釋術》。

清類天文分野之書二十四卷 刊本。

右明洪武間欽天監編成經進之本。以十二分野星次分配天下郡縣，又於郡縣之下詳載古今沿革之由。

觀象玩占十二册 寫本。

右書題云「唐太史令李淳風撰」。第一册爲《太乙玉鑑風雨賦》，有圖。第二册爲《步天歌》。以下十册共五十卷，爲《觀象玩占》。凡天地日月五緯二十八宿及衆星風雲雷雨等之占驗，每引史事以證。按第一册前有李淳風序云：「録成五十篇，名曰《觀象玩占》。」但此書中所引有唐文宗、肅宗之事，必非淳風所作。《明史·藝文志》有《觀象玩占》十卷，旁註云不知撰人。或云劉基輯。未知即此書否。

星占三卷 刊本。

右書繪列各圖以占驗吉凶晴雨等事。題曰：劉青田先生家藏秘本在齊餘政星占，裔孫孔昭補衍，後學史可法較訂。

天文秘畧一卷 寫本。

右書據《明史》稱劉基《天文秘畧》一卷。太白山人周應治序云：「新安胡子所刻《天文秘畧》，其説本諸劉青田氏，而參以夾漈氏之《通志》、丹元子之《步天歌》，占候躔度可按圖而索也。」按劉自序云：「名曰《鬼料竅》，又名曰《天文秘畧》。」序内稱臣，當是經進本。

天學會通一册 刊本。

右明大鬲穆尼閣撰。專明推算躔度諸法。

天元玉曆祥異賦十册 《明史·藝文志》作七卷。寫本。

右書不著作者姓名。其書考驗災祥，各繪圖象，下方附朱子及各史志論説。有明洪熙御製序。

二十五言一卷 刊本。

職方外紀五卷 刊本。

右前書本西人利瑪竇所述。《職方外紀》明艾儒畧增釋，楊廷筠彙記。乃推演論天水火氣土，並有圖說。

渾蓋通憲圖說二卷 刊本。

右明仁和李之藻輯。自序云："全圖爲渾，割圜爲蓋，渾儀語天而弗該厚載，周髀兼地而見束地圓。以渾詮蓋，蓋乃始明。以蓋佐渾，渾乃始備。崔靈恩以渾蓋爲一義而器測蔑説亦莫考，故爲此書。憲者，法也，謂其法相通也。"

天心復要二册 寫本。

右明新安鮑泰撰。專論推測度數，分列圖說。

回回曆法四册 寫本。

右書卷末有承德郎南京欽天監副具琳誌云："此書上古未有也。洪武十一年，遠夷歸化，獻土盤曆法，預推六曜干犯，名曰經緯度時。度曆官元統去土盤，譯爲漢算，而書始行於中國。歲久湮没。予任監副，於成化六年具奏修補，蒙准。至十三年而書始備。"

太陽太陰通軌二册 寫本。

右明五官保章戈永齡撰。係明欽天監推算曆法。

象緯彙編二卷 寫本。

右明蘄陽韓萬鍾撰。首列總圖。次采丹元子《步天歌》及圖，分釋之。并附馬氏《通考》所載諸志于各星之下，以便省覽。

弧矢算術一册 刊本。

右明吳興顧應祥撰。因弧矢一法失其真傳，取諸家算書參附己意補輯成編。

象林一卷 刊本。

右明嘉興陳藎謨撰。首載《步天歌》，次考躔度變占。

星曆釋意二卷 刊本。

右明提學晉興林祖述撰。引證羣籍，參考星曆歲時。

通書捷徑〔一〕二册 刊本。

右明鄞縣樓楷撰。推筭諸星，值日吉凶。有嘉靖癸亥自序。

〔一〕「徑」原作「經」，據《四庫總目》及盧文弨校改。

九圜史一卷 刊本。

右明吳郡趙宧光輯。首載九圜各圖，後附六匌曼。係宧光游南雍時所録。

天官翼一册 寫本。

右明董説撰。推算歲差之法爲《太祖曆元辨》、《焉逢攝提格解》、《歲差表》、《歲差紀會》、《歲差定論》

五篇。後有缺頁。

天文精義賦四卷 刊本。

右書岳熙載撰。于天體、渾大、分野、日月、五星、列宿各爲一賦，并爲集註焉。

梅氏曆算全書二十九種 刊本。

右國朝宣城梅文鼎撰。二十九種者，《五星紀要》一卷，《火星本法》一卷，《七政細草補注》一卷，《二銘補注》一卷，《曆學駢枝》四卷，《揆日候星紀要》一卷，《塹堵測量》二卷，《方圓冪積》一卷，《幾何補編》五卷，《解割圓之根〔一〕》一卷，《平立定三差説》一卷，《曆學問答》一卷〔二〕，《籌算》七卷，《少廣拾遺》一卷，《三角法舉要》五卷，《弧三角》五卷，《勾股闡微〔三〕》四卷，《環中黍尺》六卷，《交會管見》一卷，《冬至考》一卷，《諸方日軌》一卷，《度算釋〔四〕例》二卷，《方程論》六卷，《筆算》五卷，《歲周地度合考》一卷，《曆學疑問》二卷，《曆學疑問補〔五〕》三卷，《古算衍〔六〕畧》一卷，《交食蒙求》三卷。

〔一〕「根」原作「割」，據《四庫總目》、《中國叢書綜録》改。以下均參二書。

〔二〕「卷」原誤「答」。又此下脱《筆算》五卷。

〔三〕「微」原作「疑」，今改。

〔四〕「釋」原作「測」，今改。

〔五〕「補」字原脱，今補。

〔六〕「衍」原作「術」，今改。

勾股述二卷 小山堂收藏刊本。

右國朝海寧陳訏撰。剖晰勾股源流。黄宗羲爲之序。

勾股引蒙二册 刊本。

右前人撰。以古《周髀》積幂皆勾股法，而勾股尤爲測量諸法之原。附載明唐荆川、李凉菴二論。

勾股矩測解原二卷 刊本。

右國朝監生黄百家撰。考矩度直影横影，以明推測之原。并附各圖。間亦引及陳訏之説。

隱山鄙事四卷 刊本。

右國朝李子金輯。就西人利瑪竇之《幾何原本》及艾儒畧所傳之《幾何要法》二書，子金爲之删注，題曰《幾何易簡集》。子金，字子金，隱山，其號也。

管窺輯要八十卷 刊本。

右國朝總兵六安黄鼎輯。分類纂集天文家言，詳於占驗。

九章録要二册 刊本。

右國朝松江屠文漪輯。自乘除法至借徵法凡十二法。

中星譜一册 刊本。

右國朝仁和胡〔一〕亶撰。審中星以定二分二至，參考各書並繪圖繫説。

〔一〕「胡」原誤「吳」，據《四庫總目》及盧文弨校改正。

天下山河兩戒考十四卷 刊本。

右國朝當塗徐文靖輯。詳考南北兩戒山河分野之次。前八卷專取《唐書·天文志》爲之註釋。後六卷參取《晉》、《趙》、《宋》三史重加補訂。卷首繪列二十四圖。

天漢全占一册 天一閣寫本。

右書詳繪星象。首載《步天歌》，後繫諸星考證。

天文諸占一册 天一閣寫本。

右書占驗吉凶，列載星垣圖考。前有缺頁。

青羅曆一册 天一閣寫本。

右書詳考五曜二十八宿之伏見退留，以推其真度。

通占大象曆星經三卷 天一閣寫本。

右書繪列宿諸圖，各有注釋。以上四書俱未詳撰人姓名。

五行類

大定易數五册 天一閣寫本。

右書署宋邵雍撰。推測星命之術。

易尚占一卷 刊本。

右元李清菴撰。大德丁未保八稱爲瑩蟾子。李清菴云此卜筮之捷法也。旨趨與市肆間卜筮之書大同小異。顧旨切而近，詞簡而當。

白猿經風雨占候説一册 天一閣寫本。

右明青田劉基撰。取漢諸葛亮《白猿經占》逐加注釋，後附圖解。

範圍數二册 寫本。

右明工部主事嵩洛趙迎撰。與《易冒》等書同類。有嘉靖壬辰自序云：會粹術數家言，删煩正訛，别之以類。前圖式門，次起例門，又次源流、格類等門，凡分門十五。自謂可以依經考斷，應驗如神。

礲菴槧一卷 刊本。

右明陳藎謨撰。有與黄道周論《三易洞璣》並道周往復筆札附。

五行類事占驗徵〔一〕九卷 刊本。

右明詹事府通事舍人河南李淑通撰。推演洪範五行五事之説，博採歷朝災祥事跡以證之。有正統五年自序。

〔一〕按：「驗徵」二字《四庫總目》作「徵驗」。

五行類應九卷 刊本。

右明御史武進錢春輯。自謂本於《通考》爲多。初成於中州李氏淑通，重修於張氏賁通，名曰《五行類事占徵應》。錢氏重加增修而更其名。

筮簏理數日抄二十卷 刊本。

右明柯珮輯。首列書訣奇遁及後天、洪範、八卦、五行之説。

易冒十卷 刊本。

右國朝瞽目布衣新安程良玉撰。專主占卜之術，分九十一章。自序得於星元師及枯匏老人之傳。

神樞鬼藏二册 天一閣寫本。

右未詳作者姓名。自序云：「上以宣天道之化，中以彰神明之德，下以括地利之真。」分十一章，條陳一百一十九事。雜論陰陽《易》數。

太乙金鏡八卷 天一閣寫本。

右書作于唐開元間者。推算太乙諸法以及九宫〔一〕分野，間引經義并太公、張良、李淳風之言而折衷之。題云「内供奉待詔臣王希明修集」，蓋經進之本。

〔一〕「宫」字原作「官」，據盧文弨校改。

河洛真數二卷 寫本。

右宋陳摶撰。以河洛之數推闡六十四卦義例，兼及五行納甲之説。

太乙統宗寶鑑二十卷 海寧許氏學稼軒寫本。

右書以太乙周行統運六十四卦，旁綜星象，兼注史事，標類成編。係大德七年曉山老人自序。

太乙十精風雨賦五册 天一閣寫本。

右書推太乙九宫之數以占風雨。

太乙專征賦一册 寫本。

右書專言遁甲之術。

太乙成書八册 寫本〔一〕。

右書按九宫八卦五行生剋，前以歲合，後以月配。

〔一〕「寫本」二字原無，此據盧文弨校補。

東方朔占書三卷 寫本。

右書占測風雨星月，及太歲六十年週而復始災祥之驗。

占候書十册 寫本。

右書第一册據《步天歌》分繪星象各圖。以下詳列諸占法，每舉一占則繪一圖於上方，而歷引史志及諸天文家言注于下爲證。如雲物現某氣象，則其占應某事。

祥異賦七卷 寫本。

右書分賦日月星氣風角，各著占驗。凡五十六篇。

海上占候一卷 寫本。

右書詳占潮汐、風雨、晴晦。以上八書俱未詳撰人姓名。

黄帝奇門遁甲圖一册 寫本。

右宋兵部尚書楊維德輯。條列奇門定例，著有一十九圖，各爲之説。

奇門遁甲賦一册 寫本。

右書不著撰人姓名。卷首缺序目。載賦一篇，分節注解。後附《烟波釣叟歌》諸篇并圖式。

靈棋經一册 寫本。

右書不著撰人姓名。詳靈棋之法，布棋成卦以占兵〔一〕行吉凶。後有劉基序。《明史·藝文志》載劉基注〔二〕《靈棋經〔三〕》二卷〔四〕疑即此書。

〔一〕 盧文弨批：「不專主兵。」

〔二〕 「注」字盧文弨補。

〔三〕 「經」字盧文弨補。

〔四〕 「二卷」二字盧文弨補。

遁甲吉方直指一册 寫本。

右明登仕郎五官司歷河南蘭陽王巽曳輯。闡發陰陽之數，删除諸凶，選合吉曜。後附圖説。有永樂甲午自序。

奇門説要一册 寫本。

右明郭仰廉輯。專論遁甲之法，并附歌訣諸圖。

奇門總括一册 寫本。

右明泰和蔣時吉輯。自序謂得《遁甲》舊本，知其要領，又採取《符應經》中合用條例彙成一編。

七元六甲書一册 寫本。

右書不著撰人姓名。多論奇門趨避之法，兼占候。

奇門要畧一册 寫本。

右書不著撰人姓名。衍奇門推算之法，採輯諸説，各附釋文。

六壬畢法一册 寫本。

右元凌福之撰。以六壬法編爲七言韻語分注於下。有寶慶改元年甲辰自序，言宗宋邵彦和之法。

六壬軍帳賦一卷 寫本。

右書劉啓明撰。言行軍時休咎。

六壬心鏡三卷 寫本。

右書題曰「不欲子東海徐道符撰」。是書推論六壬數學，分門繫訣自注。凡一百八十一篇。以上二書俱未詳時代。

大六壬無惑鈐一册 寫本。

右書不著撰人姓名。每舉一課加以斷語，著其吉凶。

六壬五變中黄經一册 寫本。

右書未詳撰人姓氏。論六壬凡四十五篇，分段注釋。

六壬觀月經一册 寫本。

右書不著撰人姓名。係六壬數學分爲八門占驗。

六壬行軍指南十册 寫本。

右書不著撰人姓名。排列自甲子至癸亥六十日期，每日下分排各課以推吉凶。

通玄先生五星論一卷玄妙經解一卷 寫本。

右書論官命五星。相傳是唐玄宗時張果所撰。其《經解》係元主簿瑞安滄洲鄭希誠所釋。末附鄭氏觀星口訣，則希誠所著。

大定新編四卷 刊本。

右書皆言星命之學。其説頗詳。

吕氏摘金歌一册 寫本。

右書詳載五星十二宫限度，以定窮通休咎之驗。

寸金易簡一册 寫本。

右書備載子平格局。題曰「西蜀易鏡先生述」。

五星要録三册 寫本。

右書論命編爲韻語，加以詮釋。又引歷代諸通顯貧夭者之命局以證之。

五曜要流二册 寫本。

右書論五曜支干，配合生剋以占人休咎。

五星考三卷 刊本。

右書論十二宫安命五星躔度，并詳列各命格以占休咎。以上六書俱未詳撰人姓名。

肘後神經三卷 刊本。

右明宗室寧獻王權撰。推算諸星煞吉凶以爲選日趨避之法。

通書大全三十卷 刊本。

右書不著撰人姓名。序稱清江宋魯珍有《通書》，金溪何景祥有《歷法集成》，取二書彙合之。詳于人事之占。

星禽直指一册 寫本。

右書不著撰人姓名。推星命之説。其《鑑形賦》一篇逐節分解。

禽心易見一册 寫本。

右明贛州池本理撰。著演禽之法以占諸事吉凶。後有禽斷秘訣歌。

禽總法二册 寫本。

右書詳奇門之術。載總訣、總咒、符篆各圖并入門九星兵法。

演禽圖訣二册 寫本。

右書叙二十八宿變化生剋以凴占驗。

演禽心法一册 寫本。

右書演甲子六十卦圖，占驗行兵吉凶。

演禽通纂一册 寫本。

右書演配禽象以推運限。以上四書俱未詳撰人姓名。

玉髓真經三十卷後集二十一卷 刊本。

右宋國師張洞玄輯。明張經序云：「宋張子微氏，洞曉陰陽，推測造化。乃採諸家所長而參以獨見。龍明貴賤，穴別正偏，砂之順逆，水之向背，凡前人所未發者皆發明無隱。又擬諸形容以作圖象。而劉允中之注釋，蔡季通之發揮，皆互相表章，如指諸掌。曰玉髓，以言乎至精。曰真經，以言乎至當。蓋集其大成而爲地理全書也。」嘉靖間福州刻。

撥砂經四卷 刊本。

右宋處州廖禹撰。係禹門人彭大雄編次並彙圖説。

天皇鰲極鎮世三卷 寫本。

右書爲真人丘延翰正傳，唐楊筠松補義，宋吳錦鑾、廖禹編輯。

地理玉函纂要二卷 寫本。

寸金穴〔一〕法二卷 寫本。

右二書俱未著撰人姓氏。

〔一〕「穴」原作「六」，據《浙江省第六次呈送書目》改。

定穴立向要訣四册 寫本。

右四書俱係堪輿家言。各有圖説，彙爲一編。

青囊經三卷 刊本。

右書華南逸民陳摶釋注，金精山人廖瑀補注。

青烏經一卷 刊本。

右秦樗里子嬴疾撰。

狐首經一卷 刊本。

右宋濟水游光敬集注。

青霆經一卷 刊本。

右漢留侯張良撰。宋張元注。

葬書古本一卷 刊本。

右晉郭璞撰。明黄慎訂。

葬經今文一卷 刊本。

右宋蔡元定纂。明張希元註。以上六書係崑山盛符升彙刻，總名《地學古經》。

堪輿玉尺經十卷 刊本。

右元太史邢州劉秉忠撰。專明地理。劉基、賴從謙爲注。

地理總括六册 刊本。

右明鄱陽羅鈺撰。明理氣，審星垣，參用二劉、廖、賴諸家之説。

都天流年圖説二册 寫本。

右明豫章黄汝和撰。排次六十年都天圖説以明陽宅修方之法。有萬曆戊申自序。

十代風水地理十卷 刊本。

右明熊紀達輯。分列伏羲、風后以下爲十代，推衍地理之説。

地理人天共寶十二卷 刊本。

右明海陽黄慎輯。博蒐堪輿家各種著述並繫圖説。

地理述八卷 刊本。

右國朝尚書海寧陳詵撰。謂《天玉》、《青囊》二經爲堪輿理氣之祖，後世賴公《催官篇》及《玉尺經》無非本二經以發明之。故此編專述《天玉》、《青囊》之義而無不與《催官》、《玉尺》相吻合。凡四經所不載者俱可置之卮言不論。

理氣考正論一册 學稼軒藏寫本。

右國朝新安楊光先撰。自序謂《理氣》一書，惟《催官篇》專論納甲，而久誤後天以爲先天，無當于二天二盤陰陽五行之理，無關羅經之用。世之羅經盛推新安，以爲賴、董諸人久遊其地，其書多傳于此方。然考之各家藏本，咸以虚危之間爲子中，張三度爲午中，及先天後天之理無别，正針中針縫針三盤之用不明，以至艮丙庚爲浄陰山，坤乙癸爲浄陽山，七十二龍之大空詳節，六十龍之壬初起，甲子六十關煞之濶狹，雙山三合元空水法之悖理，洪範五行，連山歸藏，天地父母，遊魂絶體，諸卦之穿鑿，種種迷昧牽合，始知新安之本亦無根據之學。

山法全書十九卷 刊本。

右國朝古婺葉泰撰。採楊、吴各家之説，詳於山巒，以别於平陽。

地理傳心全集二十五卷 刊本。

右國朝許明撰。輯要十卷，六法六卷，三强六卷，陽宅四卷。備載五行十七家之法。

地理圖經合注一卷剋擇備要三卷 刊本。

右國朝上虞趙斌輯。前二卷係郭璞《葬經》，斌爲輯注。三、四卷曰《平陽真傳》，出其師釋友真所授。五卷曰《陽宅纂要》，并另編《剋擇備要》三卷，皆斌自撰。

夢占類考十二卷 刊本。

右明長洲張鳳〔一〕翼輯。紀古今夢兆。自天象至説夢分類三十有四。

〔一〕「鳳」原誤作「鴻」，據《四庫總目》改。

夢兆要覽二卷 刊本。

右明禮部尚書鄱陽童軒撰。乃考列史傳所載夢驗。

古今識鑑〔一〕八卷 刊本。

右明尚寶少卿鄞縣袁忠徹撰。採古今相法有奇驗者。

〔一〕「鑑」原作「見」，據《四庫總目》及盧文弨校改。

兵家類

左氏兵法畧三十二卷 刊本。

右明按察司僉事常熟陳禹謨輯。摘取《左氏傳》中論兵語標題于前，而以羣書參證之。

禮緯含文嘉三卷 倦圃藏寫本。

右宋觀察使張師禹撰。分天鏡、地鏡、人鏡三門。共六十篇。有紹興辛巳自序。

太公兵法一册 寫本。

右書按《隋志》有二卷、六卷者，今止一卷。又太公有《六韜》六卷，元豐中與《孫子》、《吴子》等書頒行武學，號七書。而先儒疑之，謂太公遇文王事尚未可信，況談兵者。葉水心亦以語類《孫》、《吴》，疑爲僞托。然則此書亦未必爲太公所作。

黄石公行營妙法三卷總論一卷 寫本。

右書言軍中占驗、風雲、氣候之術。跋云世傳黄石公書。

將苑一册 寫本。

右書總括兵法，共論五十條。據正德庚午寧仲升序云，此書出於周源所藏，相傳諸葛武侯著。

李衛公望江南歌一册 寫本。

右書記行軍占驗。附李淳風《占法》、諸葛亮《氣候歌》二篇。題曰李衛公，恐誤。按李靖有《六軍鏡》三卷，《李衛公問對》三卷，見於《唐藝文志》及《文獻通考》。《通考》又有《兵要望江南》一卷。晁氏曰：「其書雜占行軍吉凶，寓聲于《望江南詞》，取其易記憶。《總目》注爲武安軍左押衙易静撰。」或即此書而誤冠以李衛公歟。

將門秘法陰符經二卷 寫本。

右宋亳州陳摶撰。論軍中占驗之事。附《安營立寨法》一卷。按摶《本傳》云摶著《指玄篇》八十一章，又《三峯寓言》、《高陽釣潭》等集而不及此書。豈《宋史》偶逸歟，抑後人僞托也。

虎鈐兵經二十卷 刊本。

右宋烏江主簿吴郡許洞撰。採取孫子、李筌之精要，詳天時人事之變而以己意附論之。洞，字洞天，邃于《左氏春秋》。見《吴郡圖經續記》。

武經總要四十卷 寫本。

右宋天章閣待制晉江曾公亮等編定。分制度十五卷，邊防五卷，故事十五卷，占候五卷。晁氏曰：「康定中，朝廷恐羣帥昧古今之學，命公亮等采古兵法及本朝計謀方畧，凡五年奏上。御製序。」

黄帝陰符經講義四卷 寫本。

右宋永嘉夏元鼎撰。章分句晰，發明經義甚詳。附圖説一卷。元鼎嘗應賈、許二帥幕，出入兵間，故其書不徒爲空言云。

太白陰經八卷 寫本。

右書不著撰人姓名。統論兵陣之法及占驗。按唐李筌有《太白陰經》十卷，未知即此否。

軍占雜集一册 寫本。

右書不著撰人姓名。亦言軍中占候之術。

陰符經注一册 寫本。

右書不著撰人姓名。所集乃伊尹、太公、范蠡、鬼谷子、張良、諸葛亮、李筌七家之注。

三畧直解三卷 寫本。

右書署曰「前辛亥進士太原劉寅解」。乃因《太公兵法》、《黄石公素書》原本分節詮解之。按寅有《七書直解》二十六卷，此則七書之一。

紀效新書十四卷 刊本。

右明少保右都督定遠戚繼光撰。紀行軍方畧。自《束伍篇》至《練將篇》分十二類。又有《練兵實紀》九卷。

古今兵鑑三十二卷 刊本。

右明順天府尹内江鄭璧輯。纂述歷代用兵之事。後四卷兼詳禽遁奇門諸法。萬曆戊午焦竑序。

軍權四卷 刊本。

右明江左何良臣撰。述古今用兵機宜，凡一百四十七篇。

陣記四卷 寫本。

右前人撰。此則耑述陣法，故名。

運籌綱目十卷決勝綱目十卷 刊本。

右明右副都御史陝西巡撫歸善葉夢熊撰。二書乃備述軍務機宜，引證前人成事而加以論斷。據《明史·藝文志》載夢熊《運籌綱目》而不及《決勝》，偶遺之耳。

閫外春秋三十二卷 刊本。

右明漢陽尹商輯。雜採史傳將畧而附以評語。按唐少室山布衣李筌嘗有《閫外春秋》十卷，起周武王勝殷，止唐太宗擒竇建德。則是書乃襲用其名而增益之者。

武備志二百四十卷 刊本。

右明歸安茅元儀輯。分部爲五，兵訣評十八卷，戰畧考三十三卷，陣鍊制四十一卷，軍資乘五十三卷，占度載九十三卷。有天啓辛酉顧起元序。元儀，字止生，鹿門之孫。

戎事類占二十一卷 刊本。

右明豫章李克家輯。亦載行軍占驗之術。

參籌秘書十卷 刊本。

右明貴溪汪三益輯。專述太乙、六壬、奇門、禽遁、觀占之法，以爲行軍之訣。有崇禎戊寅自序。

農家類

齊民要術十卷 刊本。

右後魏高陽太守賈思勰撰。記民俗歲時治生種蒔之事。凡九十二篇。

農桑通訣六卷 刊本。

農器圖譜二十卷 刊本。

穀譜十一卷 刊本。

右三書元東魯王楨撰。詳載農桑藝植蔬穀及器具等物，並有圖説。惟《穀譜》内缺末一卷。

養餘月令三十卷 刊本。

右明戴羲撰。所記皆種植、畜牧、養生諸事。

汝南圃史十二卷 刊本。

右明吴中周文華撰。乃分紀花木蔬果種植之法。

郊外農談三卷 刊本。

右明慈谿張鈇撰。亦雜記種植。鈇，字子威，能詩，有《碧溪集》。

野菜博録三卷 刊本。

右明新安鮑山編。分草、木二部。草部二卷，木部一卷。各繫圖説。

壽親養老新書四卷 元刊本。

右宋承奉郎興化令陳直撰。載四時調攝諸事。元鄒鉉重爲增廣。

三元延壽書四卷 刊本。

右元李鵬飛撰并序。皆論服食起居養生之法，附圖説。鵬飛稱九華真心老人。其書爲錢塘胡文焕校刊。

飲膳正要三卷 刊本。

右元太醫忽思慧撰。論列養生服食及物性之宜。有天曆三年進表。虞集奉勅撰序。今本爲明景泰七年重刊。

多能鄙事三卷 刊本。

右明太史青田劉基撰。分飲食、服飾、百藥、農圃牧養、陰陽占卜五門。爲卷十二。有嘉靖間程法序。今止飲食一類，非全書。

臞仙神隱二卷《明史·藝文志》作四卷。 刊本。

右明寧獻王權撰。備載服食養生四時藝植之事。臞仙者，王號也。

安老書三卷懷幼書一卷 刊本。

右明監察御史劉宇輯。前三卷宋陳直、鄒鉉等所撰。後一卷明婁子真所撰。多言服食調養醫藥之方。宇彙而校釋之。

飲食須知二册 刊本。

右國朝朱泰來撰。分飲食類爲八門，詳列品味。

金漳蘭譜三卷 寫本。

右宋趙時庚撰。分列蘭品，兼詳栽種澆灌之法。

百菊譜六卷 刊本。

右宋山陰史鑄輯。史正志嘗有《菊譜》一卷。是書採輯仍其舊本，附載題咏。

蘭易二卷 寫本。

右書上一卷題宋鹿亭翁著。下一卷題明簟溪子著。上卷以《易》配蘭，自十一月復蘭起，至十月坤蘭止，名曰《天根易》。下卷以藝蘭之法爲傳十二章，以配十翼，並附蘭史。

藝菊志八卷 刊本。

右國朝嘐城陸廷燦撰。乃博采菊譜、古今賦菊詩文并藝植之法。

牡丹史四卷 刊本。

右明亳州薛鳳翔撰。戲效史體，有紀、表、書、傳、志諸目，故名。

永昌二芳記三卷 刊本。

右明張志淳撰。係山茶、杜鵑二花之譜。合二花之類而別其種與名爲二卷，復以前人之詩歌辭説附爲一卷。

花史二十七卷 刊本。

右明嘉興仲遵〔一〕撰。分花之品、花之候、花之友、花之器等名色。

〔一〕按：此即《花史左編》，原書題「槜李仲遵王路纂修」。《千頃目》、《浙江通志藝文志》、《四庫總目》均以王路爲著者姓名，仲遵爲字。考該書陳繼儒序稱「吾友王仲遵」，則姓王，名路，字仲遵。此以「仲遵」爲著者姓名，非也。

枝語二卷 刊本。

右國朝孫之騄撰。

倦圃蒔植記三卷 寫本。

右國朝侍郎秀水曹溶撰。以上二書皆雜記草木花果。

醫家類

葛仙翁肘後備急方八卷 刊本。

右書本晉葛洪所撰，屢經後人增損者。有抱朴子自序，華陽陶隱居序。今本爲明嘉靖間吕顒重刊。

褚氏遺書一册 刊本。

右齊侍中褚澄編。凡十篇。係唐末人發塚所得石刻。

重刊巢氏諸病源候總論五十卷 刊本。

右書隋大業中太醫博士巢元方奉勑所撰。薈萃羣説，研究脉理。列諸病爲綱，諸病下分列諸症候。有宋翰林學士奉勑撰序，不署名。

經史證類大觀本草三十一卷目録一卷 刊本。

右宋唐慎微撰。有大觀二年通仕郎杭州仁和縣尉艾晟序畧云：「謹微因見聞所逮，博采而備載之。于本草圖經之外又得藥數百種，益以諸家方書與夫經、子、傳記、佛書、道藏，凡詳明乎物品功用者各附于本藥之左。其爲書六十餘萬言，名曰《經史證類備急本草》。集賢孫公得其本鏤版，以廣其傳。蓋仁者之用心也。」按謹本作慎，避宋諱也。

瓊瑶發明神書二卷 二老閣藏刊本。

右宋賜太師劉真人集，不著名。專論針灸之書，載經絡腧穴并醫治諸法。前有崇寧間序。按序有云：「許昌滑君伯仁父，觀其圖彰訓釋，綱舉目張，足以爲學者出入向方，實醫門之司南也。書既成，徵予序之。」則是書似伯仁注解。伯仁係明初人，而見于崇寧間序，恐誤。

瘡瘍經驗全書十三卷 刊本。

右宋合肥竇漢卿輯。原名《竇太師全書》。漢卿以瘍醫行于慶曆、祥符之間。隆慶中，其裔孫夢麟重爲增訂梓行。

醫説十卷 刊本。

右宋新安張杲撰。首載列代名醫自三皇及近代各名家醫論。有朝奉大夫權發遣鄞州羅頊序，謂其三世精于醫術。今本爲明嘉靖間重刊。

類症普濟本事方十卷 刊本。

右宋學士許叔微輯。博採名方而分類辨其症候。附醫案。

如宜方二卷 天一閣藏元刊本。

右元東平艾元英輯。古來各方取易使民宜之之義。有至正間林興祖、至治間吴德昭二序。

扁鵲神應鍼灸玉龍經一册 二老閣寫本。

右元婺源王氏撰。不著名。專論鍼灸之法。凡一百二十八穴，訣八十五首。有天曆己巳武林周仲良跋，云其托名扁鵲者，重其道而神之也。

素問抄補正十二卷附診家樞要一卷 刊本。

右明餘姚滑壽撰。壽，字伯仁，曾師事京口名醫王居中。以《素問》中多錯簡，分藏象、經度、脉候、病能、攝生、論治、色診、鍼刺、陰陽、標本、運氣、彙萃爲十二類。

靈秘十八方加減一册 天一閣藏刊本。

右未詳何人所集。有嘉靖間泰和歐陽烈序。所載十八方，皆參伍舊方而爲之者。

普濟方一百六十八卷 天一閣寫本。

右不著撰人姓名。凡論一千九百六十，類二千一百七十五，法七百七十八，方六萬一千七百三十九，圖一百三十九。查《明史·藝文志》周定王《普濟方》止六十八卷，今此書共一百六十八卷，内缺四册。

銅人針灸經七卷 天一閣藏刊本。

西方子明堂灸經八卷 天一閣藏刊本。

右二書不著撰人姓名。俱專言鍼灸部穴禁忌，周身穴道分某某處詳論之，并著各圖。

脉因證治八册 寫本。

右書不著撰人姓名。詳開病症，并按四時氣候列方于下。

醫學正傳八卷 刊本。

右明〔一〕虞摶〔二〕撰。有正德乙亥花溪恒德老人自序，謂私淑丹溪之遺風，以證分門。每門先論症，次脉法，次方治。皆採輯列代名醫之語，更以得于家傳及己所親試驗者附入焉。前有《醫學或問》五十條。

〔一〕「明」下盧文弨補「義烏」二字。

〔二〕「摶」原作「搏」，據《四庫總目》及盧文弨校改。

玉機微義五十卷 天一閣藏刊本。

右書明楊士奇序云：「此編輯于會稽徐彦純，吴陵劉宗厚續，有增益。皆明于醫者。凡五十卷。」

醫史十卷 刊本。

右明山西僉事浚儀李濂輯。自序云：「《醫史》者，余輯前史所載方技列傳以爲學醫者之正宗也。史無傳而諸名家文集有爲之撰傳者，亦採録之。都無可考而醫術顯著，則僭爲之補傳。凡得七十有二人。」

醫開七卷 刊本。

右明魏人王世相撰。自號清溪子。謂摭秘採玄，于萬法千機若有管轄。涇野師愛之，命名《醫開》。蓋世相嘗從學于吕氏柟云。

志齋醫論二卷 刊本。

右明鄞縣高士撰。專論療治痘症之法。

袖珍小兒方十卷 刊本。

右明衢州徐用宣專輯小兒科諸方。分爲七十二門。

東垣珍珠囊二卷 刊本。

右明李景撰。論用藥諸例。凡十七篇。

經驗良方十一卷 天一閣藏刊本。

右明布政使閩人陳仕賢撰。搜輯古方，分門編次。卷首有《醫指脉訣》、《本草要畧》。

避水集驗要方四卷 天一閣藏刊本。

右明鳳陽董炳輯書傳經驗諸方。隆慶間趙完璧爲序。係炳當淮水浸堞，避居危樓所作，故名。

神應經一册 二老閣藏刊本。

右明陳會撰。醫士劉瑾增校。專紀鍼灸之術。稱得于梓桑君席宏遠之秘傳。

運氣定論一册 刊本。

右明吴興董説撰。因《素問》運氣説在《六元正紀大論》内，書亡已久，因辨唐王冰僞撰之謬。共十二篇。

石山醫案三卷 刊本。

推求師意二卷 刊本。

痘治附辨一卷 刊本。

痘治附方一卷 刊本。

右四書明祁門汪機撰。門人陳桷〔一〕校勘。機號石山，故曰《石山醫案》。《推求師意》者，朱丹溪之門人所述，機爲序而表之。《痘治》二書，機自著。

〔一〕「桷」原作「桶」，據《四庫總目》改。

類經圖翼十一卷附翼四卷 刊本。

右明會稽張介賓撰。本《内經》《素問》、《靈樞》分類纂輯，詳註五行生化及經脉所在，著爲圖説，以志翼經之意。

蘭室秘藏三卷 刊本。

右明李杲撰。以各症分二十一門。每門前列論，次列方。

仁端録十六卷 寫本。

右明嘉興徐謙撰。專論治痘諸法。其條列方論頗詳。謙，字仲光，自號醉里澄觀散人。

赤水元珠三十卷醫旨緒餘二卷醫案五卷 刊本。

右明休寧孫一奎輯。究悉病源，分門彙載之。以辨症爲主。

萬氏家抄濟世良方六卷 刊本。

右明鄞縣萬邦孚輯。前五卷係其祖表所纂。後一卷邦孚所增。

名醫類案十二卷 刊本。

右明歙縣江瓘撰。乃纂輯列代醫案。

本草乘雅十二册 刊本。

右明錢塘盧之頤撰。以《神農本經》三百六十五種原應周天之數，無容去取，但古有今無存空名者居三之一，因于《本經》實取二百二十二種，又將歷代名家所纂自陶弘景《别録》至李時珍《綱目》諸書内共採一百四十三種，以合三百六十五之數。

傷寒指掌十四卷 寫本。

右明仁和皇甫中撰。原始《内經》，並採張機諸家之説。

神農本草經疏三十卷 《明史·藝文志》二十卷。刊本。

右明常熟繆希雍撰。自序謂據經以疏義，緣義以致用。參訂疑誤，分門闡發，並著論三十餘首。

聖濟總録纂要二十六卷 刊本。

右書吴山濤序云：宋徽宗政和間，詔集海内名醫，出御府所藏禁方秘論，纂輯成編。再刻于金大定。三刻于元大德。原本二百卷。今本爲新安程材就原書纂取其要，仍冠以宋徽宗原序及元重校時集賢學士焦養惠進書序，并與事諸人銜名。

馬師津梁八卷 寫本。

右書本明馬元儀撰。元儀醫學曾親炙于李士材、喻嘉言。此書爲其門人姜思吾校。近雍正間新安汪廉夫得而序之，題今名。

普門醫品四十八卷 刊本。

右書國朝郎廷模序云：昔中丞王公肖乾爲此書，于《本草綱目》中摘録其方之善者，旁推諸名家驗方，詳列症候彙編之。附《醫品補遺》四卷。王名化貞，諸城人。

痊驥通元論六卷 天一閣藏刊本。

右明卞寶輯。録醫馬諸法。凡三十九論，四十六記。

張氏醫通十六卷 刊本。

本經逢原四卷 刊本。

診宗三昧一卷 刊本。

纘論緒論一卷 刊本。

右國朝長洲張璐撰。其子監生張以柔輯。康熙四十四年南巡時恭進。交御醫張叡有查看，得「此書原于《内經》，可比證治準繩」等語。

古方選注四册 刊本。

右國朝吳縣王子接撰。取張機及前人成方發明治法。末附藥性。子接，字晉三，葉桂師。

傷寒分經十卷 刊本。

右國朝海鹽吳儀洛輯。本張機《傷寒論》分經修辨之。又以喻昌言〔一〕原注間有訛謬，更爲改正。

〔一〕 喻昌，字嘉言。則「言」字誤衍，當删去。

成方切用十四卷 刊本。

右前人撰。取古今成方一千三百餘首。皆切于時用之方。本經按證，以發其微。

臨證指局十卷 刊本。

右國朝吳縣葉桂撰。乃門人輯其經驗醫案記録成編。

道家類

老子翼三卷 刊本。

右明修撰上元焦竑輯。于上下二篇輯注釋凡六十四家，排纘成編，而自附《焦氏筆乘》于末，并録考異。

莊子義海纂微一百六卷 寫本。

右宋中都道士褚伯秀輯。本陳碧虚所纂八家之注，益以郭象、吕思卿以下十三家注解，并附伯秀己説薈萃成編。

參同契發揮三篇釋疑三篇 刊本。

右元俞琰撰。以朱子、蔡元定、袁機仲證正《參同契》義有未盡，更爲闡明。

无能子三卷 寫本。

右書據《新唐書·藝文志》神仙家云，不著人名氏，光啓中隱民間。

仙苑編珠三卷 寫本。

右唐天台道士王松年輯。録上古迄唐、梁以降修真學道者二百三十二人。斆《蒙求》，四字比韻成文，爲之注。

雲笈七籤一百二十二卷 小山堂藏刊本。

右宋朝奉郎充集賢校理張君房輯。君房因奉勅詮次《道藏》，得以探討纂成此編。自序云：「掇雲笈七部之英畧，寶藴諸子之奥，總爲百二十二卷。事僅萬條，習之可以堦雲漢之遊，覽之可以極天人之際。」今本爲明清真居士張萱校訂。

昭德新編三卷 小山堂藏寫本。

右宋尚書澶州晁迥撰。乃論天地之理，兼及老、莊之旨。

三洞羣仙録三卷 寫本。

右宋道士陳葆光輯。所採皆歷代神仙事跡。序末署云：「紹興甲戌譽里竹軒書」，未詳何人。

悟真篇注疏八卷 寫本。

右元紹興路儒學教授戴起宗輯。本紫陽真人張平叔所著。其徒翁葆光原注。陳達靈傳起宗爲之疏證。

鳴鶴餘音八卷 寫本。

右元仙遊道士彭致中輯。所採乃古今仙真歌詞，多曠達之語。前有虞集序。

徐仙翰藻十四卷 刊本。

右書載記序、詩、賦、書、啓、贊、銘、疏、牒等作，皆出徐仙降神之筆。仙名知證，詳《五代史》中，爲徐偃王之後。石晉天福二年，以兵事没于福州，爲神。宋嘉熙二年勅封靈濟真人，祠于鰲峯之陽。元時顯跡特異。有至正乙未周壯翁序，言其大畧如此。後附《贊靈集》四卷，則皆元明間士夫之詩文也。閩人彙而梓之。

金丹大要十卷 刊本。

右書上陽真人撰。弟子天琮歐陽天璹序。

金碧古文龍虎經三卷 刊本。

右書宋保義郎王道注疏。淳熙十四年進。

周易參同契解三卷 刊本。

右書抱一子陳顯微注。

周易參同契通真義三卷 刊本。

右書宋朝散郎真一子彭曉注。

周易參通契分章注三卷 刊本。

右書上陽子注。

丹書一卷 刊本。

右書係《金丹四百字内外注》。不著姓氏。

玄學正宗二卷 刊本。

右元俞琰撰。

悟真篇注疏三卷 刊本。

右書象川無名子翁葆光注。集慶真元子戴起宗疏。

諸真元奥集十卷 刊本。

右書紫霞山人涵蟾子編。

羣仙珠玉集四卷 刊本。

右係羣仙詩文。未詳何人所集。以上十書統名《金丹正理大全》，明嘉靖間宗室周恭王睦㰘校刊，有序。

霞外雜俎一册 刊本。

右明敖英序云：「鐵脚道人所著，多發養生之旨。道人姓杜，名巽才。」

鶴林類集四册 曝書亭藏刊本。

右明道士周元初輯。第載其師法授受并投贈詩文。

觀化集一册 刊本。

右明西奧弄九山人雲仙約佶撰。明宗室也。有羅洪先序。

栖真志四卷 刊本。

右明夏樹芳輯。自周秦至元代之修真静攝者，各詳其事蹟。

玉洞藏書四卷 寫本。

右明應城李堪輯。本《悟真篇》原文，删其繁複，闡明龍虎鉛汞之術。

真詮二卷 倦圃藏寫本。

右書有序云：「葆真子所留《真詮》，余舊嘗删節之矣。然猶病其多，今重爲訂正。撮其要旨，置之几案，時自考覽，爲精進之序。亦以比于三年之艾云。」署「丁酉立秋夢覺子書于掛瓢齋」，未詳姓名。

得一參五七卷 刊本。

右國朝會稽姜中真撰。取《陰符經》、《道德經》、《參同契》、《黄庭經》、《悟真篇》五書合注之。自謂得教外别傳，號得一子，故以名書。

萬壽仙書四册 寫本。

右國朝金壇曹無極輯。專論養生、按摩、導引之法并著圖，如熊經、鳥伸之五禽戲。

釋家類

大唐西域記十二卷 刊本。

右唐釋玄奘譯。乃翻譯西域各國風土爲撰次之。

六祖大師法寶壇經三卷 刊本。

右唐釋慧南撰。其門人法海等所集。附柳宗元、劉禹錫及釋契嵩所作碑頌。

大方廣圓覺經近釋二卷 刊本。

右明釋通潤撰。依經分節詮釋之。

妙法蓮華經台宗會儀十六卷 刊本。

右明釋智旭撰。亦依經詮釋。于每節之首標列經文大旨。

金剛經正文小疏二卷 刊本。

右國朝工部主事江都張標撰。以舊注無善本，獨標己意詮解。

法藏碎金録十卷 刊本。

右宋少傅澶州晁迥撰。多論禪理。署有「趙府居敬堂」字樣，未詳。

證道歌一卷 刊本。

右宋釋元覺撰，釋彦琪注。乃推闡禪理爲曹溪宗。

林間録二卷後集一卷 刊本。

右宋釋德洪輯。即洪覺範，一名惠洪，筠陽人。多禪門故事雋語。大觀元年謝逸序，稱其呻吟謦欬，皆成文章。凡二百餘事。《後集》則自著讚銘詩篇。

覺迷蠡測三卷 刊本。

右明管志道撰。亦論禪理。後有《剩言附録》一册。自謂與幻然子段侯辨論而作。

爨下語二卷 刊本。

右明新安張子遠撰。自作曠達語，編爲偶對。

寰有詮五卷 刊本。

右明太僕卿仁和李之藻撰。之藻歸田後，與波爾杜曷傅汎際繙譯内典，研論本始，摘取天、土、水、氣、火所名五大有者而創譯之。

法喜志四卷 刊本。

右明夏樹芳輯漢唐宋元諸名人之涉于禪學者。

高峯語録一册 刊本。

右宋釋原妙撰。原妙駐錫、杭、湖各山寺，示其僧徒所作。明僧繼倫重刊。

天目中峯和尚廣録三十卷 刊本。

右元釋明本撰。彙載示衆法語及所著詩文偈頌。

憨山緒言一卷

觀老莊影響論一卷 俱刊本。

右二書明釋德清撰。乃闡發梵學，證以老莊之旨。

即山集六册 寫本。

右明釋達月撰。皆示徒法語并雜著詩文。

天慧徹禪師語録二卷 刊本。

右國朝釋天慧撰。門人釋際聖編。

恬退録十四卷 刊本。

右國朝釋明鼎撰。明鼎主磬山、理安等處講席。其弟子實勝等編次。〔一〕

〔一〕 盧文弨批：五月廿二日燈下閲。